rad Armbruster

ermachen!

Meinrad Armbruster

Selbermachen!

Mit Empowerment aus der Krise

unter Mitarbeit von
Inés Brock, Daniel Joachim,
Janet Thiemann und Ilona Wuschig

HERDER

FREIBURG · BASEL · WIEN

MIX
Papier aus verantwortungsvollen Quellen
FSC® C083411

www.herder.de

Satz: Barbara Herrmann, Freiburg
Herstellung: CPI books GmbH, Leck

Printed in Germany

ISBN 978-3-451-31597-8

Inhaltsverzeichnis

II. Teil

Anhang

Überblick

Don't worry be happy. Make efforts!

Meher Baba

Was ist mit uns los?

Kennen Sie das? Das Leben könnte so schön sein, voller Annehmlichkeiten, Luxus, ausgiebigem Konsum, Reisen. Die Technik nimmt uns die Arbeit ab, die freie Zeit wird mehr, die Zahl unserer Unterhaltungsmöglichkeiten steigt kontinuierlich. Unsere Eltern und Großeltern hätten von den vielen Anwendungen, derer wir uns heute selbstverständlich bedienen – digitale Medien, Handy, Internet –, noch nicht einmal zu träumen gewagt.

Und trotzdem bleibt unsere Freude über all den Fortschritt oft nicht ungetrübt, denn wir können die damit verbundenen Kosten immer weniger übersehen: die allgemeine Beschleunigung des Lebens, die immer größere Austauschbarkeit und Beliebigkeit des einzelnen Menschen, der rasche Wandel von Klima und Umwelt. Wie oft ertappen wir uns angesichts dessen, was wir tun, mit einem schlechten Gewissen, egal, ob wir einkaufen, mit dem Auto fahren oder uns durch die Medien berieseln lassen. Meist spüren wir, dass mindestens ein Ideal auf der Strecke bleibt: menschenwürdige Austauschverhältnisse, Schutz der intakten Umwelt oder persönliche Kreativität und Selbstverwirklichung. Unser modernes Leben hinterlässt in uns Unzufriedenheit und einen faden Beigeschmack.

Wir leben offensichtlich in einem Zeitalter der großen Ambivalenzen – einerseits haben wir (zumindest theoretisch) eine immer größere Zahl an Möglichkeiten, wie wir unser Leben optimieren und den Genuss weiter steigern können; andererseits leiden wir darunter, dass genau diese Optionen uns einengen, dass wir uns von uns selbst entfremden, uns vor der Zukunft ängstigen und uns die Komplexität der institutionellen und technischen Sachzwänge zu überwältigen droht.

Der Zwiespalt

Seien wir ehrlich: Irgendwie haben wir alle ein mulmiges Gefühl. Wir werden den Eindruck nicht los, dass etwas völlig Neuartiges auf uns zukommt, aber wir wissen nicht, ob es gut ist oder schlecht. Viele versuchen deshalb, sie einfach zu ignorieren: die Krise oder – um es in unseren Worten zu sagen: die Zeitenwende.

Einerseits: Die Erde vermüllt, die Ressourcen sind erschöpft, das innere und äußere Gleichgewicht geht verloren, die Systeme sind überlastet – der Kollaps scheint sich zu nähern, in kleinen Schritten, jedes Jahr, in Etappen, bald hier, bald dort, mancherorts schon jetzt, andernorts in zehn, global in zwanzig, fünfzig Jahren. Ein Umsteuern erscheint nur um den Preis des Zusammenbruchs vorstellbar, wir steigern das Tempo, viele kommen außer Puste, manchen geht schon jetzt die Luft aus, sind erschöpft, krank. Wir verbrauchen, verschwenden, zerstören mehr, als wir aufbauen. Trotzdem, viele machen weiter, als ob es kein Morgen gäbe. Andere halten betroffen inne – wollen und können so nicht mehr weitermachen. Sie wollen die Kluft zwischen dem bislang als gut empfundenen Leben und der rasenden Moderne nicht noch größer werden lassen.

Andererseits: Die Zeitenwende bringt atemberaubende Innovationen, die das Leben für die allermeisten einfacher, komfortabler und vernetzter machen. Wir leben als erste Menschen in einer Epoche, in der Hunger, Armut und Krankheiten fast überall besiegbar erscheinen. Jeder Mensch kann – zumindest theoretisch – mit jedem Menschen an jedem beliebigen Punkt der Erde kommunizieren. Probleme können wir rational lösen. Alle Informationen, alles Wissen und Erfahrungen können wir zu jedem beliebigen Zeitpunkt abrufen. Die digitale Telekommunikation hilft uns, Wege einzusparen und uns trotzdem zu sehen, zu hören und miteinander zu sprechen. Mitbestimmung, Teilhabe und direkte Demokratie sind keine Utopien mehr. Ressourcen werden effektiver eingesetzt, vielfach geteilt und Redundanzen vermieden – ein neues Reich der Freiheit rückt zum Greifen nahe.

Wir können etwas tun!

Dieses Buch ist für alle, die diesen nagenden Zwiespalt kennen. Für alle, die nicht mit dem diffusen Missbehagen stehen bleiben möchten. Für alle, die selbst etwas tun möchten. Dieses Buch zeigt anschaulich, wie ganz normale Menschen, Sie und ich, etwas im eigenen Leben verändern können – einfach, weil sie es wollen. Es beschäftigt sich anhand praxisnaher Ausführungen damit, wie man die eigene Kraft- und Machtlosigkeit überwinden kann. Im Mittelpunkt des Buches steht das Empowerment, die Selbstbemächtigung. Empowerment fördert eine positive Grundeinstellung, die für jeden von uns im Alltag zugänglich, trainierbar und anwendbar ist. Das Buch richtet sich sowohl an den »Laien-Leser«, der mehr darüber erfahren möchte, wie er sein Leben besser in die Hand bekommt, als auch an den »Fachleser«, der eine gut gegliederte Präsentation der Möglichkeiten des Empowerments sucht.

Was bietet dieses Buch?

Erstens, wir laden Sie ein, genauer hinzuschauen, warum viele Menschen erschöpft, ausgebrannt oder einfach deprimiert sind. Wir vermeiden den viel strapazierten Begriff der Krise: des Individuums, der Weltwirtschaft oder des Klimas. Vielmehr sehen wir eine Epoche der Zeitenwende auf uns zukommen – eine

Ära, die gleichermaßen ein Füllhorn der menschlichen Selbstverwirklichung, aber auch ein apokalyptisches Pandämonium über uns entfalten kann.

Zweitens, ohne zu belehren vermitteln wir den Lesern die wichtigsten Begrifflichkeiten von Empowerment. Entlang der Frage »Empowern – Was ist das?« assoziieren wir individuelle, ökonomische, ökologische und ethische Problemfelder mit der Selbstbemächtigung. Es geht inhaltlich dabei unter anderem um die Veränderung der Umstände, die Endlichkeit der Ressourcen, vor allem und im Besonderen um das persönliche Glück. Das Buch bietet Lösungen an, wie man sich im Alltag empowern kann, also Anleitungen für den Einzelnen selbst, für das Tätigwerden in einer Gruppe, für den Beruf, das Leben im Kiez.

Drittens, wir konzentrieren unseren Blick auf den Einzelnen. Dabei schauen wir konkret auf unsere (Grund-)Bedürfnisse, deren Erfüllung eng mit dem persönlichen Lebensglück gekoppelt ist. Bedürfnisse stehen in sehr enger Beziehung mit dem Körper und den Gefühlen. Jede Art von Veränderung benötigt handlungsleitende Motivationen, die umso stärker sind, je mehr Leib und Seele in Einklang stehen. Deshalb ist es wesentlich, eine Klärung der Bedürfnisse vorzunehmen.

Viertens, wir schauen uns an, was die Wissenschaft zu sagen hat, bleiben aber nicht bei theoretischen Überlegungen stehen. Wir geben Psychotipps und einen Überblick über Stolpersteine auf dem Weg zum Empowerment. Eine Schatzkiste sowie Mut machende Mantras sind auch dabei.

Fünftens, aller Anfang ist schwer, auch das Empowern. Deshalb konkretisieren wir das Thema in zwei Essays, stellen motivierende Best-Practice-Beispiele vor und reflektieren am Schluss in einem Interview mit einer Empowerment-Ausbilderin die Vermittlung unserer Methode.

Fazit: Sie halten also kein rein akademisches Buch in Ihren Händen, sondern eines, das Ihnen ganz praktisch hilft, einen

Ansatzpunkt zu finden, mithilfe von Empowerment den Alltag und das Zusammenleben mit anderen Menschen besser zu strukturieren. Wir bemühen uns, viele alltagstaugliche Beispiele und Ideen einzustreuen, so dass das Buch neben den Anregungen und neuen Informationen durchaus auch ein wenig Unterhaltungswert besitzt. Womit Sie jetzt dran wären, sich selbst ein Bild zu machen. Happy Empowerment!

Meinrad Armbruster

PS: Mit diesem Buch knüpfen wir an die Empowerment-Kongresse 2007 und 2009 sowie an die Mappiness-Convention 2013 in Magdeburg an. Bei diesen Veranstaltungen wurde die Praxistauglichkeit des Konzepts als Mittel des gesellschaftlichen Wandels in unterschiedlichen Zusammenhängen und Anwendungsmöglichkeiten diskutiert. Bereits 2008 wurden im sogenannten Magdeburger Memorandum »Zehn Denkanstöße zur Entwicklung der Bürgergesellschaft« verabschiedet.

I. Teil

1. Empowerment und Zeitenwende

Zeitenwende

Warum wählen wir den Begriff der Zeitenwende und nicht den der Krise? Aus unserer Sicht ist der Terminus »Krise« negativ belegt, inflationär und verbraucht. Er impliziert Fatalismus, aber keinen Aufruf zur eigenen Initiative. Alles und jedes wird heutzutage mit der Krise assoziiert: Sie umfasst nicht nur die ernsteste aller Gefahren, den Klimawandel. In ihr sind auch die systemischen Krisen enthalten, die alle aufs Engste ineinander verwoben sind – die Umwelt-, Wirtschafts-, Finanz-, Wachstums- und Überproduktionskrise, die Demografiekrise sowie die Vertrauenskrise in die politischen Metasysteme – also die ganzen globalen Probleme und Herausforderungen. Unsere gesamte Lebensart scheint mit der Krise verstrickt. Der Begriff ist so allumfassend und abschreckend, dass er auf der psychologischen Seite eigentlich nur noch zu Verdrängung, Verleugnung und Rationalisierung führen kann. Das hilft aber nicht weiter.

Die Begrifflichkeit der Zeitenwende hingegen ist offen und beinhaltet auch die Möglichkeit eines guten, menschenfreundlichen und harmonischen Ausgangs. Mit der Zeitenwende verbinden wir eine optimistische, positive Grundeinstellung – auch wenn wir nicht so naiv sind, die Augen vor den Bedrohungen der Gegenwart zu verschließen. Mit der Zeitenwende verbinden wir darüber hinaus die Überzeugung, dass die Zeit reif ist und bereits alles an Wissen und Technologie vorhanden ist, um die bestehenden Probleme zu lösen. Wenn wir also unsere Fähigkeiten nutzen, können wir sogar einer hoffnungsvollen Ära entgegengehen.

Statt eines Prologs
Menschen wollen eigentlich überall

* in Frieden leben –
deshalb befreunden sie sich.
* in Wohlstand leben –
deshalb helfen sie sich.
* in Muße leben –
deshalb verwirklichen sie sich.
* in Gemeinschaft leben –
deshalb verständigen sie sich.
* mit der Natur leben –
deshalb mäßigen sie sich.
* ihren Kindern eine Zukunft geben –
deshalb engagieren sie sich.
* einfach gut leben –
deshalb ermächtigen sie sich.
* Empowerment!

Übersättigung oder ein gutes Leben

Viele Motive, die das eigentliche »gute Leben« ausmachen, kommen unserer Meinung nach in dieser Zeit zu kurz: Die Bedürfnisse nach einer sich selbst genügenden Existenz und nach Selbstverwirklichung, liebevollen Beziehungen, Lust, Freundschaften und Solidarität, sinnvollen nichtmonetären Tätigkeiten und Muße. Ihnen gegenüber stehen die Überbefriedigung der Komplementärbedürfnisse und die Unterbefriedigung der primären Bedürfnisse. Daraus resultieren stressbedingte Störungen und chronisches, aber selten erkanntes und entsprechend diagnostiziertes psychisches Leiden. Unsere unbefriedigende Situation äußert sich in negativen Befindlichkeiten, einseitiger materieller Orientierung, verzerrter Wirklichkeitswahrnehmung, Ruhelosigkeit, psychosomatischen Krankheiten und einem destruktiven Verhältnis zur Natur.

Wir beschreiben Empowerment als eine positiv-normative Philosophie. Damit drücken wir die Überzeugung aus, dass die meisten Menschen nach einem Dasein, einem »guten« Leben streben, das sich an moralischen Werten und ethischen Maßstäben orientiert.

Aristoteles, einer der bedeutendsten Philosophen, bestimmt das Gute als die vernünftige, in die Gesellschaft eingebettete Tätigkeit, die ihren Zweck in sich selbst hat. Glückseligkeit (*eudaimonia*) stellt sich ein, wenn Menschen es verstehen, sich unter den Bedingungen praktischer Vernunft denkend, redend und handelnd in der Gemeinschaft zu verwirklichen. Kurz: Glück entsteht durch das richtige Tun, das uns mit anderen Menschen verbindet.

Gut ist, was mir nützlich ist, meint hingegen der Staatstheoretiker Thomas Hobbes. Seiner Meinung nach steht den Menschen allzu oft ihre anthropologische *Conditio humana* im Weg: Es gelingt ihnen nicht, ihre Neigung zu Furcht und Selbstsucht, ihr Streben nach Dominanz, Reichtum und Sicherheit zu beherrschen. Wir allein scheinen demzufolge nicht zu wissen, wie wir Befriedigung aus Tätigkeiten ziehen sollen, die wir nicht vorwiegend zum eigenen Vorteil, sondern auch aus Verbundenheit zum Wohl der anderen tun. Zur Überwindung des Naturzustandes postuliert Hobbes deshalb die Übertragung der Macht, im Besonderen des Selbstbestimmungs- und Selbstverteidigungsrechtes, auf einen äußeren Souverän, auf den Staat. Dem entgegengesetzt fordert wiederum der Nationalökonom John Stuart Mills, dass alles staatliche und gesellschaftliche Handeln darauf ausgerichtet sein muss, dem Individuum eine freie Entwicklung zu gewähren.

Die Erfordernisse der Moderne bedienen sich nun gerade jener menschlichen Eigenschaften, die für Egoismus, Durchsetzungswillen und Wettbewerb stehen. Durch den Pakt mit dem Eigennutz verfügen wir in der entwickelten Industriegesellschaft über mehr Waren und Dienstleistungen, über mehr Gesundheit, Bildung und Mobilität als jede Generation zuvor. Leider scheint es ein faustisches Bündnis zu sein. Denn die nicht-merkantilen Wesenszüge der Menschen – Spiel, Muße, Schöpferkraft, Geselligkeit – werden durch den Zwang zu fortlaufender Geldvermehrung und Warenproduktion verdrängt, der untrennbar mit diesem Pakt verbunden ist: Nicht mehr der Sinn und Nutzen, der Gebrauchswert einer Sache, interessiert, sondern allein der Besitz und ihr Tauschwert.

Alles tendiert dazu, vergleichbar, konvertierbar und relativierbar zu werden. Die Einzigartigkeit unserer Existenz macht weitgehender Beliebigkeit und Austauschbarkeit, die Qualität der Quantität Platz. Das Gefühl für den Wert der Person, das eigentlich Menschliche schwindet, die besondere Eigenheit des Privaten, Subjektiven und Emotionalen, des Absichtslosen, des Spiels und der spontanen, freien Zeitgestaltung. All dies sind aber Phänomene, deren Wert wir nicht in neutralen Geldeinheiten wiedergeben können.

Heute können wir mit Stolz sagen: Wir Menschen haben uns emanzipiert. Die Aufklärung, die Verbannung der Götter ins Exil, die Beherrschung der Natur und der Wegfall von Tabus haben uns geholfen, die Welt unvoreingenommen zu sehen, ja, sie nach unserem Bilde zu gestalten. Es ist ein Raum der Rationalität und der Machbarkeit entstanden, zugleich aber auch, um mit Max Weber zu sprechen, eine »Entzauberung der Welt«. Damit assoziiert ist die immer sichtbarer werdende Gefahr, zwischen die Mahlsteine dieser entgötterten Welt zu geraten.

Persönlicher Reichtum und grenzenlose Freiheit, die Glücksversprechen der industriellen Revolution, wenden sich nach zwei Jahrhunderten ständig steigenden Wohlstands gegen uns selbst. Eine massive Ungleichverteilung der Vermögen unterminiert die Demokratie, der entgrenzte Verbrauch fossiler Brennstoffe droht das Klimasystem zu kippen, immer mehr Menschen leben mit dem Risiko einer prekären Existenz, das heißt immer größerer Unsicherheit in wirtschaftlicher, sozialer und ökologischer Hinsicht – die industrielle Revolution beginnt, ihre Kinder zu fressen.

Das gute Leben

Ein gutes Leben ist in unserem Konzept eine gesicherte, erfüllte Existenz, die den Besitz materieller Güter einschließt, aber weit darüber hinausreicht. Sie gewährt den Menschen Würde und die Entwicklung ihrer Persönlichkeit, Lust und Muße, Verbundenheit mit anderen Menschen und der Natur. Sie leben selbstbestimmt und erfahren soziale Anerkennung und Wertschätzung durch andere. Konkurrenz spielt eine eher spielerische und untergeordnete Rolle. Als Grundhaltung und Werkzeug verschafft Empowerment den Menschen Zugang zu ihren Ressourcen, das heißt zu ihren ungenutzten psychologischen Fähigkeiten und Handlungsweisen, die sie aktivieren können, um ihre Bedingungen zu verbessern und zu erweitern. Mit ihrer Hilfe realisieren sie das gute Leben.

Eine kurze Erklärung zum Begriff »Empowerment«

Die deutsche Übersetzung von Empowerment im Wortsinn lautet »Ermächtigung, Bevollmächtigung, Übertragung von Verantwortung«; das Verb *to empower* wird übersetzt mit »jemandem mehr Macht geben, jemanden befähigen, jemanden bemächtigen, jemanden in der Macht gleichstellen, zur Teilnahme zulassen«. Da die Substantive Ermächtigung und Bemächtigung starke Anklänge an das nationalsozialistische Ermächtigungsgesetz vom 24. März 1933 und die daraus folgende Gleichschaltung haben, ist ihre Aura in Deutschland denkbar negativ. Wir halten es für unmöglich, das deutsche Wort als alleinstehenden Begriff in einem neutralen Sinn zu verwenden. Deshalb haben wir uns für den englischen Begriff Empowerment entschieden.

Überdies ist Empowerment als Begriff international gebräuchlich und wird auch in der Fachliteratur zur Geschichte der sozialen Bewegungen verwendet. Seit den achtziger Jahren des vergangenen Jahrhunderts finden wir ihn in der Gemeindepsychologie,[1] der Sozialen Arbeit,[2] in der Psychotherapie,[3] der internationalen Entwicklungshilfe.[4] Empowerment entwickelt sich zu einem Schlüsselbegriff in der Diskussion der Zivilgesellschaft und des bürgerschaftlichen Engagements. Darüber hinaus ist Empowerment auch im Bereich der Wirtschaft als wirksames Konzept in Management und Führung anerkannt.[5]

Unsere Sicht auf Empowerment

Empowerment ist eine absichtsvolle, an Werten orientierte zwischenmenschliche Aktivität. Es umfasst eine Ansammlung individueller und sozialer Überzeugungen und Handlungen. Durch den gezielten Einsatz von Empowerment werden die positiven seelischen Ressourcen des Einzelnen zur Entfaltung angeregt. Auf diese Weise verstärkt sich die persönliche Neigung, sich entsprechend dem eigenen biopsychosozialen Potenzial zu entwickeln. Empowerment hilft so, einen größeren Reichtum an verfügbaren Erlebens- und Verhaltensweisen zu gewinnen.

Empowerment wird durch selbst- und gruppenbezogene Aktivitäten, sogenannte Anstöße, realisiert. Anstöße bestehen vor allem in aufbauender, gegenseitig anerkennender Ermutigung, sokratischem Dialog und Handeln auf gleicher Augenhöhe. Sie erfordern Übung und befördern Selbstwahrnehmung, Selbstkompetenz und Selbstbestimmung.

Mithilfe von Empowerment befriedigen wir im Besonderen die Grundbedürfnisse nach soziabler (vs. egoistischer) Selbstverwirklichung und solidarischer (vs. kompetitiver) Kooperation. Sie bilden die Grundlage für ein erfülltes und verantwortungsvolles sowie sinnhaftes und genussreiches Dasein. Dazu brauchen wir vor allem Muße, Ausgleich und humorvolle Gelassenheit, nicht aber so sehr materielle Dinge.

Empowerment gründet auf einer positiv-normativen Handlungsphilosophie. Wer sich dafür entscheidet, benötigt die Bereitschaft zur persönlichen Überprüfung: Sich Rechenschaft geben, sein Leben selbst in die Hand nehmen, seine

Bilanzen ins Gleichgewicht bringen. Hierfür braucht es dreierlei: innere Achtsamkeit, wohlwollendes Engagement für sich und andere sowie einen sorgsamen Umgang mit der Natur.*

Themen im Hintergrund

In diesem Buch beschäftigen wir uns mit drei Fragen, die uns ebenso wie vielen Zeitgenossen auf den Nägeln zu brennen scheinen:

- Wie können wir unsere nichtmateriellen Bedürfnisse stärken?
- Wie können wir unsere schädlichen Lebensgewohnheiten ändern?
- Wie können wir zu einer positiven Zeitenwende beitragen?

Wir sind davon überzeugt, dass die Zeitenwende durch systemische Konstruktionsfehler der kapitalistischen Lebensform beschleunigt wird. Die vielfältigen und oft widersprüchlichen gesellschaftlichen, wirtschaftlichen und politischen Prozesse lassen sie wenig beeinflussbar, oft sogar gefährlich erscheinen. Wenn wir auf Empowerment setzen, drückt sich darin unsere Überzeugung aus, dass jeder Einzelne zum Gelingen der Zeitenwende beitragen kann.

Wir zählen Menschen, die mit Empowerment sympathisieren, zu den »Neuerern«. Die *Innovators*, wie sie der Soziologe Everett Rogers in seiner Theorie der »*Diffusion of Innovations*« beschreibt,[6] stellen eine Minderheit von zweieinhalb Prozent dar. Die *Early Adopters* mit 13,5 Prozent übernehmen die Neuerung früh. Wenn man es schafft, eine *Early Majority*, eine frühe Mehrheit von 34 Prozent zu gewinnen, besteht die Chance, die

---

* Die Schwierigkeit, Empowerment zu operationalisieren, spiegelt sich in einer Fußnote wider, in der 1984 einer der theoretischen Väter des Ansatzes, Julian Rappaport, auf die Unbestimmtheit des Konzepts verweist: »The idea is more important than the thing itself. We do not know what empowerment is, but like obscenity, we know it when we see it. The idea stimulates attempts to create the thing itself« (S. 2).

Neuerung in die Breite zu tragen. Mit diesem Buch arbeiten wir daran, aus zweieinhalb Prozent 34 Prozent werden zu lassen.

Globale Beschleuniger und ehrbare Kaufleute

Die Beschleuniger der Zeitenwende beruhen auf unübersichtlichen gesetzlichen Regelwerken, auf Mathematik und Algorithmen. Die meisten Personen sind mehr Marionetten in einem globalen System denn selbstbestimmte Akteure. Es besteht eine wechselseitige Abhängigkeit aller mit allem, die es auch den aufgeklärten Bürgern der Zivilgesellschaft sehr schwer macht, auszuscheren und auf der Grundlage eigener Werte und Überzeugungen zu handeln. Früher galt unter ehrbaren Kaufleuten das Prinzip, nur solche Geschäfte abzuschließen, die für das eigene Unternehmen, für die Gesellschaft und für die Umwelt nützlich sind. Es wurde langfristig und nachhaltig gehandelt. Sollten wir in unserem Leben nicht dazu zurückkehren?

Empowerment kann 1.) als *persönliches* und 2.) als *gegenseitiges Bemächtigen* verstanden werden. Die Verhältnisse, wie wir sie in der Gegenwart vorfinden, sind veränderbar – allerdings unter dem Vorbehalt, dass es uns möglich ist, a) die Chance zu ergreifen, unsere nicht genutzten individuellen Ressourcen zu aktivieren und b) in soziales Handeln umzusetzen. Der Zugriff auf die vorbewussten Ressourcen verhilft uns, unser Handlungsspektrum zu erweitern und als »Lebenswelt-Experten« allein oder mit den anderen zu agieren.

Empowerment definieren wir als die Kunst der Selbstbemächtigung. Die Bemächtigung erfolgt von innen nach außen. Die Kunst setzt andauerndes persönliches Üben voraus. Der Weg zur Meisterschaft führt von der individuellen zur gemeinsamen Initiative: Die soziale Resonanz von Self-Empowerment schließt langfristig die Tür zum Gruppen-Empowerment auf. Empowerment wirkt über unsere Anstöße und über das eigene Vorbild: *Make efforts!*

Selbstbemächtigung – Die drei Künste

- Persönliche Lebenskunst: Self-Empowerment
- Gemeinsame Lebenskunst: Empowering people
- Kunst der ausgeglichenen Bilanzen: Konvivialität

Aus eigener Kraft die Realität verändern

Der Philosoph Jürgen Habermas stellt in seiner Theorie des kommunikativen Handelns fest: Wer etwas ausspricht, also den anderen etwas von sich *mit-teilt*, verändert damit schon die Realität. Grandios, mit anderen geteiltes Sprechen bringt eine neue Wirklichkeit hervor! Wenn wir bereits mit bloßem Sprechen unsere Wirklichkeit bewusst verändern, wie viel mehr dann durch unsere Anstöße im sozialen Raum, durch wertegeleitetes *Mit-Tun*, durch Empowerment. Allerdings wissen wir nur allzu gut, dass eine verbale Einstellungsänderung noch lange nicht zu einer stabilen Änderung in unserem Verhalten führt. Um unser Leben zu verändern, sollten wir demnach über die Sprache hinausgehen.

Empowerment bedeutet in unserem Sinne praktisches Handeln, nämlich bestimmte Dinge entweder aus eigener Macht und absichtsvoll in Bewegung zu versetzen – oder sie eben auch ganz bewusst zu lassen: Zum Beispiel die gemeinsame Solaranlage auf dem Dach des Mehrfamilienhauses zu organisieren oder die Flugreise durch eine Bahnfahrt zu ersetzen oder durch eine Skype-Konferenz für einen CO_2-Ausgleich zu sorgen. Das kann jeder aus eigener Entscheidung und eigener Kraft heraus. Die Haltung, die uns zu Empowerment führt, und der daraus resultierende Anstoß machen den Unterschied. Damit können wir die scheinbar so festgefügte Realität verändern.

Die Sicht von Amartya Sen: Das gute Leben ökonomisch betrachtet

Amartya Sen, der bekannte Wirtschaftsnobelpreisträger, beantwortet die Frage, was ein gutes Leben sei, so: Freunde besuchen und einladen können, auf dem Laufenden bleiben über das, was geschieht und worüber die anderen reden, Teilhabe am öffentlichen Leben – ein Leben ohne Scham. Er sagt weiter: Dafür müssen die materiellen Erfordernisse für das physische, psychische und soziale Gedeihen befriedigt sein. Der Bezugsrahmen für die gesellschaftliche Funktionsfähigkeit ist das aktuelle Konsumniveau. Dieser kann in allen Gesellschaften recht ähnlich sein.

Das heißt, alle Menschen brauchen ein Auskommen, das sie mit allem Lebensnotwendigen versorgt, Bildung, Wohnung, Kommunikation, Mobilität, Bürgerrechte. Mit dem Bezug auf das Konsumniveau trifft Sen den Nerv des Empowerment-Ansatzes. Es ist eine variable Größe, es kann wenig sein, impliziert aber Verteilungsgerechtigkeit und orientiert sich an dem jeweils Möglichen und Angemessenen.

In unserem Buch gehen wir zum einen davon aus, dass die vornehmste Pflicht jedes Einzelnen darin besteht, für das eigene materielle, psychische und soziale Wohlbefinden zu sorgen: Self-Empowerment. Zum anderen halten wir es für ebenso wichtig, dafür zu sorgen, dass jeder andere über vergleichbare Möglichkeiten verfügt: Gruppen-Empowerment. Um zu diesen Zielen zu gelangen, wollen wir klären, in welchem Verhältnis diese beiden Dimensionen zueinander stehen: Welche Bedürfnisse sind bei jedem von uns zu berücksichtigen – Bedürfnisse, für deren Befriedigung wir gleichermaßen bei uns selbst und bei den anderen Sorge tragen sollten.

Das Glück selber machen

> *Es ist nicht genug zu wissen – man muss auch anwenden, es ist nicht genug zu wollen, man muss auch tun.* J. W. v. Goethe

Viele von uns kennen Bobby McFerrins Nummer-eins-Hit *Don't worry be happy.* Manch eingefleischter Fan weiß, dass dieses Pop-

Zitat auf einen etwas wunderlichen spirituellen Meister namens Meher Baba (1894–1969) zurückgeht. Meist wird die dritte Empfehlung dieses Gurus unterschlagen: *Make efforts!* Wir Autoren stellen diesen Aufruf an den Anfang unseres Buches. Mach Dir keine Sorgen! Sei glücklich! Streng Dich an! Wir glauben, es geht in unserer Zeit genau darum: Sich ins Zeug zu legen, es selbst zu tun, jetzt zu handeln. Denn das gute Leben gibt es nicht umsonst: Du kannst die Großwetterlage nicht verändern, aber das Klima an dem Ort, an dem Du lebst. Dort kannst Du Dein Glück machen. Unser Tipp hierfür heißt: *Gib Anstöße!*

Keine Entmächtigung der anderen durch Empowerment

Um Missverständnissen vorzubeugen: Empowerment ist das Gegenteil der Aneignung von Macht auf Kosten anderer. Einige Kritiker meinen, dass Empowerment eine Defizitdiagnose im sozialarbeiterischen Sinn voraussetzt: Wer empowert, ist stark und braucht einen Schwächeren. Deshalb erscheint uns eine Abgrenzung mithilfe der Negation notwendig. Wir sind uns dabei sehr wohl bewusst, dass die Verneinung – wie schon Sigmund Freud lehrte – ins Spiel bringt, was sie verneint. Die Auseinandersetzung mit Entmächtigung anderer und der Bemächtigung der Vielen auf Augenhöhe gehört aber unseres Erachtens zum sokratischen Dialog, der ein untrennbarer Bestandteil von Empowerment ist.

Empowerment, so wie wir es verstehen, richtet sich ausdrücklich nicht an Menschen, die wir sozialarbeiterisch aus Benachteiligung, Abhängigkeit und Bevormundung befreien wollen. In der Sozialen Arbeit besteht paradoxerweise ein Gefälle zwischen den Helfern und Klienten, zwischen den Experten und Hilfebedürftigen, zwischen den Mächtigen und Abhängigen.

Dort gerät Empowerment zu einer Sozialtechnologie, welche alte Hierarchien fortschreibt. Positives Empowerment jedoch – analog zum Prinzip der Demokratie: ein Mensch, eine Stimme – ist die Selbstbemächtigung der Vielen auf gleicher Augenhöhe.

Was wir mit Empowerment wollen: PAK statt KAP

Wir verstehen Empowerment als neuen Anfang, als das genaue Gegenteil des passiven Alltagstrotts – als Instant-Anleitung zum selbstinitiierten Handeln, hier und jetzt. Als den ersten Schritt, den wir jeden Tag immer wieder aufs Neue gehen können, unabhängig davon, dass wir auch mal auf die Nase fallen und Misserfolge einstecken müssen. Mit den Menschen, mit denen wir zusammenleben, für den Ort, wo wir wohnen.

Unsere Strategie: PAK statt KAP. Brechen wir aus unserer wohlfeilen, aber folgenlosen Knowledge-Attitude-Practice-(KAP)-Welt aus: Wir wissen zwar eine Menge, ändern deshalb aber unsere Haltung noch lange nicht und verharren im Stillstand. Wir wollen hin zur aktiven Practice-Attitude-Knowledge-(PAK)-Haltung: Wir probieren Neues aus, öffnen uns für Erfahrungen und erweitern unser Wissen und unsere Spielräume. Nicht warten, bis irgendwelche Großkopfete – von der Wissenschaft über die Politik über die Verwaltung über die Verbände – ihre Weisheiten von oben nach unten durchreichen, in der irrigen Annahme, dass sich die Menschen da draußen dafür interessieren und sie umsetzen.

Nein, es reicht! PAKen wir's an – mit unseren Anstößen!

Wir beginnen im Kleinen, nämlich bei uns selbst, bei Freunden, auf den Ebenen, die wir bespielen können. Wir setzen die Fähigkeiten ein, die wir durch Empowerment zusätzlich gewonnen haben. Wir handeln, suchen uns Verbündete, warten nicht, bis die da oben es für uns tun. Die Vorgehensweisen wählen wir selbst: das eigene Thema, das gemeinsame Anliegen, punktuell, zeitlich begrenzt oder umfassend. Vorbilder sind die Selbsthilfe-, Frauen- und Bürgerinitiativen, die Gründer, die Start-ups, die Social Entrepreneure. Unterstützung und Anleihen geben uns die Psychologie, die Soziologie, die

Philosophie und die Ökonomie. Wir suchen, was uns für unsere Praxis stimmig scheint. So hat Empowerment viel mit Selbstbildung zu tun. Das Tolle: Änderst Du Dich, ändert sich auch die Haltung der anderen. Gemeinsam kommen wir schneller ans Ziel – und lernen darüber hinaus eine Menge voneinander. Fangen wir an.

Empowerment – keine Gutmenschen-Attitüde

Empowerment ist unverdächtig, ein moralinsaurer Aktivismus von Gutmenschen und Weltverbesserern zu sein, weil es seine Kraft aus eigenen Reserven für produktive Veränderungen zieht.

Empowerment folgt keinen vorgegebenen Regeln: Vielmehr erzeugt die Selbstbemächtigung erst ihren Gegenstand. Es ist vor allem die Akzentverschiebung vom Besserwissen zum Selber-Handeln. Durch Empowerment werden die vielen Einzelnen aktiv: Persönliches und Gemeinsames vor Ort, gute Absichten, Praxisnähe und Offenheit spielen eine größere Rolle als abgehobene Theorien oder ethische Postulate aus dem Elfenbeinturm.

Ob innere Achtsamkeit oder solidarische Aktion, ob veganes Essen oder Fleichkonsum, ob Erlebnisreisen in exotische Gefilde oder Kampf gegen Fluglärm, innerstädtisches Autofahren oder öffentlicher Personennahverkehr – es ist prinzipiell ununterscheidbar, welches Anliegen richtiger ist oder welchem mehr Aufmerksamkeit gebührt. Individuell Erwünschtes und gesellschaftlich Erwünschtes und umgekehrt – eine Klärung der Interessen kann nur in der Auseinandersetzung und im Ausprobieren bestehen. Psychogruppen, Selbsthilfe-Initiativen, Bürgerforen, Zukunftsdiskurse, Volksabstimmungen sind Empowerment-Formen im konstruktiven und produktiven Streit, die eine neue Beziehung zwischen Selbst und Gesellschaft hervorbringen. Wir orientieren uns mit Empowerment an dem, was erreichbar, teilbar und nachhaltig ist,* im besten Fall Eigennutz und Gemeinnutz zusammenbringt.

---

* Wir benutzen den Terminus im Sinne von Hans Carl von Carlowitz, der 1713 erstmals »Nachhaltigkeit« als Dreieck beschrieben hat: ökologisches Gleichgewicht, ökonomische Sicherheit und soziale Gerechtigkeit. In der abendländischen Kultur hat die Idee der Nachhaltigkeit, der guten Obhut (lat.

Self-Empowerment und Gruppen-Empowerment: Zwei Seiten einer Medaille

> *Wir haben dann gut philosophiert, wenn wir nicht mehr philosophieren müssen, sondern einfach gut und glücklich handeln können.*
> Ludwig Wittgenstein

Unsere Hinführung zum Empowerment beginnen wir am einfachsten mit dem Konstrukt des Self-Empowerments. Self-Empowerment versetzt uns in die Lage, durch die Bewusstmachung eigener ungenutzter Potenziale kraftvolle Veränderungen in der äußeren Welt hervorzurufen. Das klingt trivial, weil zu oft durch unlautere und irreale Glücksversprechen in Ratgebern missbraucht. Es geht uns aber weder um positives Denken, naiven Zweckoptimismus, Selbstoptimierung oder eine sonstige Form der *Corporate Happiness*. Tatsächlich geht es uns darum, wie wir uns in den Stand versetzen können, unsere persönlichen, wirtschaftlichen, sozialen und kulturellen Anliegen selbst in die Hand zu nehmen.

Ganz unbescheiden sprechen wir von der Revolution durch Selbermachen: Wir formatieren unser Handlungsspektrum neu, indem wir unsere unterschwelligen Fähigkeiten *identifizieren*, sie ans Tageslicht des *Bewusstseins* befördern, sie dort *kristallisieren* und in handlungsbezogene *Anstöße* verwandeln. Worauf es am Anfang vor allem ankommt, ist unsere Haltung. Damit meinen wir innere Achtsamkeit in Verbindung mit der Bereitschaft, Impulse zu geben. Wir können lernen, uns für die

---

custodia, custodire, bewachen, (be)schützen), eine lange, tief in die Vergangenheit reichende Geschichte. Ihrem Schlüsselbegriff, *praevidere* – vorausschauen und vorsorgen – ist eine reiche geistesgeschichtliche Tradition zu eigen und erstreckt sich von Moses' Genesis über den »Sonnengesang« von Franz von Assisi bis zum Zeitalter der Aufklärung (Descartes, Spinoza) und kehrt als »sustainable development« in der Rio-Konferenz von 1992 wieder.

positive Zeitenwende einzusetzen, wenn wir die Formel (Identifizieren → Bewusstmachen → Kristallisieren → Anstoßen) mit den passenden Instrumenten (Self-Empowerment und Gruppen-Empowerment) kombinieren.

Self-Empowerment: Anleitung zur persönlichen Lebenskunst

> *Ich bin meine Welt, und wenn ich unter der Welt leide, kann ich nichts anderes dagegen tun als mich zu verändern.*
>
> Ludwig Wittgenstein

Mit Empowerment anzufangen bedeutet vor allem, mehr als bisher Sorge zu übernehmen: Im eigenen Leben nicht länger gleichgültig zu bleiben gegenüber

- der eigenen Einflusslosigkeit,
- den nicht beantworteten Sinnfragen,
- der schleichenden Vereinnahmung durch systemische Zwänge,
- dem dadurch verursachten Leid.

Self-Empowerment bezweckt, sich das Leben zurückzuholen: mehr Selbstbestimmung, mehr Verfügung über die eigene Zeit, mehr aktive Entscheidungen, kurz, mehr Selbstverwirklichung.

Am Anfang steht die persönliche Rechenschaft über die eigene Existenz, das eigene Gewordensein: Kann ich mein Leben so leben, dass ich vom Ende her gesehen mit seinen Ergebnissen zufrieden sein werde? Tue ich heute genug, um im Alltag und in meinen Beziehungen Freude und Lust zu erleben? Geben meine Aktivitäten meinem Leben einen Sinn? Gebe ich der Gesellschaft so viel zurück, wie sie mir gibt? Sorge ich dafür, dass die Enkelgeneration so gute Chancen hat wie ich? Stehe ich in Einklang mit der Natur? (Wer eine dieser Fragen mit Nein beantwortet, und das ist fast jeder von uns, könnte dies als Einladung zum Self-Empowerment betrachten …)

Wir werfen einen ersten Blick darauf, wie das neuzeitlich geprägte Alltagsleben und der industrielle Konsumismus zu unserer zweiten Natur geworden sind. Wir werden aus psychologischer Sicht zunächst den Prozess und die einzelnen Schritte untersuchen, die zu unserem gegenwärtigen Zustand geführt haben. Wir hoffen, daraus mehr Einsichten für Selbstverwirklichung und gemeinsames Tun zu gewinnen.

Empowerment – eine realphilosophische Einordnung

Mit der Setzung der »positiven Normativität« versuchen wir, den Schwächen des Relativismus und des Wertfreiheitsprinzips zu begegnen. In Anerkennung des Spannungsverhältnisses, das zwischen objektiver Wahrheit und normativer Richtigkeit besteht, nehmen wir eine realphilosophische Position in Hinblick auf die Grundbedingungen des Menschen ein. Sie entspringt dem historischen, interkulturellen und pragmatisch-dialektischen Diskurs vor dem Hintergrund der humanistischen und demokratischen Ideengeschichte. Ihre Kennzeichen sind Verständlichkeit, subjektive Wahrhaftigkeit und herrschaftsfreie Kommunikation. Ihr Anspruch ist es, über die Grenzen von politischen, ethischen und religiösen Doktrinen Eckpunkte der lebensförderlichen Bedingungen menschlicher Existenz zu konstituieren: Ihre Prinzipien sollen im Kern universell und verbindlich sein.[7] Positive Normativität sollte sich nach unserer Auffassung an der Minimalanforderung orientieren, dass *alle* Menschen Zugang zu lebenswichtigen Ressourcen haben und sie über die Möglichkeit verfügen, ihr Leben selbstbestimmt zu führen. Die Minimalanforderung ist dann verletzt, wenn die aktuelle Selbstverwirklichung geringer ist, als sie aufgrund der gesellschaftlichen Entwicklung sein könnte. Das Normative liegt, wie Sen es ausdrückt, in dem Bestreben zur Integration von subjektiv vorhandenen und objektiv möglichen Bestimmungen des individuellen Lebens.[8] Als normatives Handlungsziel wollen wir einen Zustand des Gleichgewichts anstreben, der sich einstellt, wenn wir nicht mehr verbrauchen als wir einbringen, wenn jedem die gleichen Rechte zustehen und wenn es allgemeine Norm ist, überall für gleichwertige Lebensverhältnisse Sorge zu tragen. Empowerment betrachten wir als ein wesentliches Mittel, die notwendigen psychologischen Ressourcen zu aktivieren.

Psychologie und Empowerment

> *Lebe so wie du denkst. Sonst wirst du irgendwann so denken, wie du lebst.* José Mujica

Seit etwa einem Jahrhundert konfrontiert uns die Psychoanalyse mit der Tatsache, dass wir selbst für das psychologische Klima in unserem Zusammenleben verantwortlich sind. Sie fordert uns auf, auch unsere unbewussten emotionalen und motivationalen Anteile verstehen zu lernen und Konflikte zu analysieren. Heute teilt uns die Wissenschaft überdies mit, dass wir – bewusst oder unbewusst – auch zu maßgeblichen Gestaltern unseres atmosphärischen Klimas geworden sind. In Abwandlung eines Wortes von Sigmund Freud stehen wir jetzt in der Pflicht, endlich selber Herr im eigenen Haus zu werden.

Im Empowerment sehen wir ein Faustpfand, der die Menschen befähigt, mehr über sich selbst zu bestimmen: Menschen, die gelernt haben zu empowern, entscheiden eigenmächtig über Ausmaß, Tempo und Qualität ihrer gesellschaftlichen Vereinnahmung. Empowerment gründet auf den zwei gut überprüften psychologischen Annahmen, dass

- einerseits jede Veränderung der äußeren Welt zugleich auch eine Veränderung der psychischen Innenwelt zur Folge hat;
- andererseits jede persönliche Veränderung der leib-seelischen Innenwelt eine Veränderung der äußeren Welt bewirken kann.

Unsere Aufmerksamkeit in diesem Buch gebührt dem zweiten Aspekt, dem unseres Erachtens heutzutage noch viel zu wenig Aufmerksamkeit entgegengebracht wird. Empowerment stärkt die Kräfte zu selbstbestimmtem Handeln und zur non-kompetitiven Kooperation. Die Botschaft lautet: Wir werden Autoren unseres Lebens, Mitgestalter einer gemeinsamen Geschichte!

Außen: Alles, was von draußen auf uns einstürmt, wird von unserer Psyche aufgesogen. Wir können uns nur zu einem Bruchteil darüber Rechenschaft geben und werden überflutet. Unsere seelische Tiefenstruktur setzt sich somit aus weit mehr Eindrücken aus der Außenwelt zusammen als wir je mit unserem Bewusstsein erfassen können. Unser Verstand kennt nur die Oberfläche. Dies gilt für alle Ereignisse, seien sie tagesaktuell oder epochal.

So sind die großen Umwälzungen der letzten Jahrhunderte in unserem »psychischen Apparat«, in unseren Körpersensationen, unseren Gefühlen, in den unzähligen Automatismen des Alltags zu einem überwältigenden Teil präsent, nicht aber in unserem bewussten Denken. Wir sind keine Individuen *sui generis*, sondern auch und vor allem das Produkt einer historischen Entwicklung. Dazu zählen insbesondere unsere Lebensstile, die wir als Reaktion auf technische Entwicklungen, politische Machtverhältnisse und Umweltveränderungen entfaltet haben. Sie üben einen tiefgreifenden Einfluss auf unser Seelenleben aus: Die meisten Gefühle und Vorstellungen, die wir für völlig selbstverständlich und natürlich halten, sind keineswegs naturgegeben, sondern sozial und kulturell überformt. Für die Menschen der gesellschaftlichen Moderne stehen sie in einem engen Abhängigkeitsverhältnis mit den Spielregeln der kapitalistischen Wirtschaftsform, vor allem mit der Wettbewerbslogik.

Innen: Wir behaupten, mit jeder Veränderung unserer psychischen Binnenwelt vergrößern wir unsere Fähigkeit, einen Wandel der äußeren Welt zu bewirken. Das impliziert, dass nicht nur die »Tatsachen der Welt da draußen« unsere Erkenntnisse und Handlungen leiten. Vielmehr sind es ebenso unser Bauchgefühl, unsere Intuition und unser Denken, unsere persönlichen Eindrücke, unsere sozialen Fantasien, Träume, Sehnsüchte und Vorstellungen. Durch Identifizieren, Bewusstmachen, Kristallisieren und Anstoßen gewinnen wir eine neue

Qualität: die Ressourcen. Daraus leiten wir den speziellen Ansatzpunkt für unsere Art von Empowerment ab: Wir können mit jeder Transformation der Innenwelt – von uns selbst gewollt und umgesetzt – Anstöße für eine Veränderung unserer Lebenssituation und den Bedingungen in unserer Umgebung auslösen. Daraus entsteht der Spielraum für Alternatives, für kreative Impulse, Bewegungen und Handlungen!

2. Empowerment: Eine Anleitung

Sich Rechenschaft geben: Auf dem Weg der Selbsterforschung

Um es am Anfang ein bisschen pathetisch auszudrücken: Erst wenn wir uns mit Leib und Seele, mit Herz und Hand, also *ganz* einbringen, können wir unser Verhalten wirklich ändern und die Zeitenwende positiv gestalten. Im Folgenden wollen wir zunächst beispielhaft den Prozess des Self-Empowerments illustrieren, dessen Ziel die stufenweise Veränderung des eigenen Lebens hin zu mehr immateriellen Inhalten, zur Muße, zu ausgeglichenen Bilanzen, zur Enkelfreundlichkeit ist.

Es handelt sich um einen prototypischen Zyklus mit Höhen und Tiefen, wie wir ihn beispielsweise auch bei der Bewältigung von Krisen, einschneidenden Lebensereignissen oder Trauer durchmachen. Nicht alle vorgestellten Stufen werden in der Praxis von jedem durchlebt; auch die Reihenfolge kann individuell durchaus variieren. Nichtsdestotrotz werden nicht wenige Leserinnen und Leser, die sich mit der Zeitenwende auseinandersetzen, das Erleben in den einzelnen Etappen wiedererkennen, weil sich in ihnen der Geist einer tiefgründigen Krise widerspiegelt.

Hier nun die sinnbildlichen Stufen des Zyklus, den wir durchlaufen, wenn wir uns Rechenschaft geben:

- Entfremdung
- Leere und Chaos
- Irrsinn der Vernunft
- Depression
- Reinigen und Loslassen
- Versöhnung und Dankbarkeit
- Kraftschöpfen
- Festigen und Erweitern

Entfremdung. Diesen Begriff gebrauchen wir, wenn wir eine innere Distanz zu unseren eigenen Bedürfnissen und Gefühlen feststellen. Es ist die Wahrnehmung der Ferne von körperlicher, sinnlicher und geistiger Befriedigung. Es ist die Wahrnehmung von Funktionieren, Angepasstsein und Mitlaufen, von Abhängigkeit, Zeitknappheit und Nicht-mehr-über-sich-selbst-verfügen-Können. Anstelle von Selbstverwirklichung und solidarischer Kooperation überwiegt die Macht der Sachzwänge. Die kreative Schaffenskraft wird eindimensional überformt: durch Geld, Konsum und Status, durch außenkontrollierte und arbeitsteilige Tätigkeiten.

Leere und Chaos. Wenn wir versuchen, im oben beschriebenen Zustand der Entfremdung zu erkennen, wo wir uns gerade auf unserem Lebensweg befinden, passiert es nur allzu oft, dass wir keinen inneren Widerhall mehr finden. Genauso oft kann es passieren, dass wir auf einen Wirrwarr widersprüchlicher Stimmen oder einen schrillen Tinnitus stoßen, der sich nur schwer abstellen oder dämpfen lässt. Beide Arten der Erfahrung ängstigen uns, versetzen uns in Überaktivität oder Lähmung, weil sie mit Leere und Chaos assoziiert sind. Die Erfahrung macht uns bewusst, dass der Zugang zu uns selbst gestört ist, dass wir dabei sind, unsere Existenz zu gefährden: Wir haben nicht gut genug für uns gesorgt, der Preis ist Gefühllosigkeit, innere Ruhelosigkeit und Unordnung. Um uns zu beruhigen, lenken wir uns ab, durch Arbeiten, Käufe, Filme oder Alkohol.

Irrsinn der Vernunft. Wenn der Wahnsinn epidemisch wird, heißt er Vernunft, formulierte bereits 1898 der Wiener Oskar Panizza. Der Psychiater wollte uns zeigen, dass das, was landläufig als psychische Gesundheit ausgegeben wird, schwerlich als normal zu bezeichnen ist. Die Lebensstile des Industriezeitalters werden durch Manien, Hyperaktivitäten und Obsessionen, also im Grunde ernsthafte Verhaltensauffälligkeiten, beherrscht. Die Normalität beziehungsweise das, was wir für das »moderne Leben« halten, besteht demgemäß im Ausleben psychischer Defekte. Psychische Defekte führen langfristig zu persönlichem Siechtum und Zerrüttung des Zusammenlebens.

Meist sind es Gadgets, Fetische, Symbole der Selbsterhöhung und der narzisstischen Selbstbespiegelung, mit denen wir uns umgeben. Andere Namen der Dämonen: Geld, Luxusobjekte, Titel, Prestigekonsum, Kommunikationsmedien. Sie äußern sich in Form von Geltungs-, Allmachts- und Besitzansprüchen, in Selbstoptimierungs- und Perfektionsidealen. Sie werden belohnt mit ununterbrochenem Thrill, ultimativem Nervenkitzel und Rauschzustand. Für sie sind wir bereit, unsere Ruhe, unseren Komfort, unsere Selbstbestimmung hinzugeben. Hinter ihnen stehen sorgfältig ausgetüftelte Algorithmen, die ein einziges großes Ziel verfolgen: Profitmaximierung.

Sie präsentieren sich im Gewand der sozialen Anpassung und des Erfolgs, des Vergleichs, Sieger versus Verlierer: »Unterm Strich zähl ich«, lautet ein populärer Werbeslogan. Sie stellen uns so auf, wie wir die Welt wahrnehmen sollen: das Ich gegen die anderen. Letztlich sind es aber Besessenheit und Abhängigkeiten, anthropologische Verwundbarkeiten, denen wir erlauben, stärker als unsere aufgeklärte Vernunft und unser Bauchgefühl selbst zu werden.

Depression. Manchmal werden eine oder mehrere der genannten Widersprüchlichkeiten, die tief in unsere körperliche und seelische Matrix eingraviert sind, an die Oberfläche gespült. Wenn wir beispielsweise die eigene Situation trotz hohen Lebensstandards als zerbrechlich, entfremdet oder sinnentleert wahrnehmen, kann es passieren, dass wir in eine Art von Depression fallen: Überforderung, Stress und Niedergeschlagenheit werden uns bewusst, Erschöpfung, Einsamkeit und arbeits-

oder konsumbedingte Krankheiten nagen an uns, wir fühlen uns schon durch minimale konjunkturelle Schwankungen existentiell gefährdet. Schlimmer noch, uns dämmert, dass uns unsere Tiefenwahrnehmung nicht trügt: Die Natur wendet sich gegen uns.

In solchen Situationen fangen wir an zu begreifen, was wir üblicherweise verdrängen. Plötzlich verspüren wir unmittelbare körperliche Sensationen, vielleicht unangenehme Angstzustände, kalter Schweiß tritt auf die Stirn, der Herzschlag stolpert, das Blut sirrt in den Ohren, der Puls rast, ein inneres Erschaudern erfasst uns. Wir werden für einen Moment, in dem unsere Abwehrmechanismen schwächeln, gewahr, dass wir ein existentielles Signal empfangen haben: Es steht uns vor Augen, wie fragwürdig unser Tun ist. Wir erfassen in diesem Augenblick intuitiv, was in unserem Dasein wirklich zählen würde: das eigene Leben leben, sich Freude gönnen, Beziehungen pflegen, in Harmonie mit der Natur sein. Alles Dinge, die nichts kosten, außer unsere Zeit. Meist gehen wir schnell darüber hinweg, beschämt, irritiert und ratlos. Wenn wir die Zeichen jedoch ernst nehmen, zwingen sie uns, in den Spiegel zu schauen und zu entscheiden: Den Anstoß aufzunehmen und etwas Bestimmtes in sein Leben zu bringen – *make efforts*! Oder aber wir entscheiden uns, der Depression unsere pharmazeutischen Waffen zu zeigen und uns ganz schnell »zuzudröhnen«.

Reinigen und Loslassen. Wenn wir uns für die »*efforts*« entschieden haben, ist die Stufe erreicht, das bisherige Handeln in Frage zu stellen und es teilweise oder sogar komplett neu auszurichten. Diese Konfrontation ist eine Berg- und Talfahrt: mit Schmerzen und Erleichterung, mit Freudensprüngen und Krämpfen, mit Konflikten und Einsichten, mit neuer Harmonie und alten Auseinandersetzungen. Sie bewirkt Gefühlsstürme und Unwohlsein, die notwendigerweise zu einer körperlich-seelischen Reinigung und zu einem Neuanfang dazugehören, soll er von Tiefe und Dauer sein. Überhaupt nicht zu unterschätzen: Die Konfrontation wirbelt unsere Lebenswelt, die Familie, unsere Beziehungen, die Arbeitsstelle gehörig durcheinander. Etwas wirklich zu ändern, erfordert den ganzen Menschen.

Zu den schlimmsten Ängsten, die uns heimsuchen, gehört diejenige vor einem materiell bescheidenen Leben. Wir fürchten die persönliche Verarmung, den gesellschaftlichen Abstieg und den Rückfall in die Zeiten frühkindlichen Ausgeliefertseins. Es hilft uns dabei wenig, wenn wir uns bewusst machen, dass es sich hierbei um Einflüsterungen des Über-Ichs, vergegenständlicht durch unsere derzeitige Macht-, Wirtschafts- und Gesellschaftselite, handelt. Eigentlich wissen wir, dass alles vorhanden ist, um ein angenehmes Leben ohne Not, Hunger und anderen Mangel zu leben. Eigentlich wissen wir, dass wir es vor allem mit einem Verteilungsproblem zu tun haben – und einem Mentalitätsproblem. Aber was nützt das?

Wir erleben möglicherweise ein Durcheinander von Angstgefühlen, Ruhelosigkeit und Ambivalenzen, spüren gleichzeitig Hoffnung und Mutlosigkeit, Freude und Wut, vielleicht fühlen wir uns befreit und zugleich existentiell bedroht. Mangelhaft erfüllte Bedürfnisse aus der Vergangenheit brechen sich Bahn, suchen nach einem Ausdruck und verlangen nach nachträglicher Befriedigung, was aber oft nicht mehr möglich ist.[1] Der Blick in die Zukunft ist von freudigen Erwartungen und Angst vor Risiken geleitet. Wir sind hin und hergerissen. Diese Phase der Umorientierung, des Sich-Trennens und des Betrauerns ist Voraussetzung für die neue Entwicklung.

Versöhnung und Dankbarkeit. Mit dem Loslassen haben wir akzeptiert, dass wir ein Weiter-So nicht mehr wollen, so sehr Angebote und Bequemlichkeiten der alten Lebenswelt auch verlocken. Wir haben Ungewissheit und Angst zugelassen, uns der Übersättigung und der inneren Leere gestellt. Zu diesem Abschied gehören Versöhnung und Dankbarkeit. Wir haben gelernt, auf unseren Körper zu hören und ein Gefühl dafür zu entwickeln, was uns guttut. Wir sind nun ein Teil der Zeitenwende und brechen auf zu neuen Ufern.

Kraftschöpfen in der Gruppe. Wir brauchen Menschen, die uns auf der Suche nach positiven Werten begleiten, die uns in unserer Entscheidung bestärken. (Man stelle sich nur den hämischen Spott über die naiven, langweiligen »Gutmenschen« vor!) Mit einer Gruppe können wir uns in unserer Sicht des guten Lebens gegenseitig stützen und eine größere Unabhängigkeit gegenüber anderen Lebensentwürfen erreichen. Durch gemeinsames, übendes Empowerment trainieren wir Sicherheit und Mitgefühl, stärken die Fähigkeit zu Genuss, zur Muße und zu tätiger Gemeinschaft.

Wir fördern persönliche und gemeinsame Ressourcen, die uns befähigen, ein Leben ohne den Druck der allgegenwärtigen Konkurrenz und unentwegten materiellen Anreize zu führen. Wir geben unsere elementaren Selbstverwirklichungs- und Kooperationsbedürfnisse den Raum, der ihnen zusteht. Wir entwickeln eine Alltagspraxis, die uns hilft, zur Ruhe zu kommen. Die Gruppe ist der Ort, wo Übungen der inneren Achtsamkeit, der meditativen Reflexion sowie der tätigen Sorge für andere ihren Platz haben.

Festigen und Erweitern. Im Laufe des Prozesses tritt nun Konvivialität an die Stelle von Konkurrenz und Vereinzelung. Die neu gewonnene Haltung konsolidiert sich in einer eigenen Lebensform. Sie erlaubt uns das Wachstum von Selbstbestimmung und Gemeinschaftlichkeit und lässt uns weniger abhängig von materiellen Kompensationen sein. Wir sind offen, unsere positiv-normative Haltung nach außen zu tragen.

Ebenen des inneren Wachstums: Das eigene Leben in die Hand nehmen

Self-Empowerment als eine vertiefte Auseinandersetzung mit sich selbst ermöglicht erst das Empowerment der anderen. Als wertegeleitete Lebenssicht lenkt sie uns, mit den Anteilen in Kontakt zu kommen, die uns befähigen, Macht über unser eigenes Dasein zu gewinnen. Jeder, der sich in der Praxis des Empowerments übt, kann sich an folgenden Dimensionen orientieren:

- Achtsamkeit: Sich in Kontakt mit dem Selbst bringen.
- Kenntnis: Sich der eigenen Ressourcen und Fähigkeiten bewusst werden.
- Resonanz: Durchlässigkeit und Austausch zwischen sich und der Welt erreichen.
- Kohärenz: Die Kräfte in ein zuverlässiges Gleichgewicht bringen.
- Wirksamkeit: Stoßkraft in seiner Alltagspraxis erzielen.
- Transzendenz: Offen sein für eine Wirklichkeit jenseits der individuellen Existenz.

ACHTSAMKEIT. Unter Achtsamkeit verstehen wir eine bestimmte Form der Aufmerksamkeit, die absichtsvoll und nicht wertend ist und die sich auf den gegenwärtigen Moment bezieht.[2] Achtsamkeit dient der Kultivierung von positiven inneren Zuständen, von Gelassenheit, Freude und Mitgefühl. Die Übung der Achtsamkeit hilft uns, bewusst Fähigkeiten wie Körper- und Selbstgewahrsein, die Regulierung der Emotionen, Selbstfürsorge, Empathie und Mitgefühl sowie Perspektivübernahmen zu trainieren. Grundlegend sind Meditationsübungen, welche die Sensibilität und Gegenwärtigkeit schulen, zum Beispiel Atemmeditation und Bodyscan. Wir lernen, das Zusammenspiel von Körpersignalen, Gefühlen und Gedanken wahrzunehmen und eine beobachtende, ruhige, innere Selbstführung zu entwickeln.

Kenntnis. Durch Achtsamkeit erkennen wir Strukturen, Muster und Inhalte, die uns im Alltag nicht oder nur wenig zugänglich waren. Wir können bestimmte Zustände, Grundgedanken und Leitideen festhalten und sie durch Identifizieren, Bewusstmachen und Kristallisieren an die Oberfläche des Bewusstseins heben. Dieser Vorgang fördert unsere *Awareness*, das heißt, eine tiefere Selbsterkenntnis. Durch sie gelingt es uns, unbekannte Dispositionen und Züge an uns zu entdecken und Fähigkeiten ausfindig zu machen, auf die wir bislang keinen Zugriff hatten – vielleicht sogar nicht einmal von ihrer Existenz wussten.

Mit dem Begriff der Kenntnis ist eine aktive Haltung verbunden. Denn sie ist die Voraussetzung für ein erweitertes Selbstbild, welches das Verhaltensrepertoire zu verändern vermag. Übungen zur Awareness umfassen alle Techniken der Introspektion, der Selbsterfahrung und gemeinsamen Inszenierung, der Biografiearbeit und des Storytelling, aber auch der Therapie und des Coachings.

Resonanz. Mit Resonanz meinen wir ein Schwingungsverhältnis, das uns mit der Welt um uns herum emotional verbindet. Sie ist wie ein Klebstoff, der verhindert, dass die Welt in hunderttausend unzusammenhängende Einzelteile, anders ausgedrückt, in neutrale Informationen zerfällt. Resonanz ist das Element des Berührt- oder Ergriffenseins. Die Eindrücke der äußeren Welt bewegen mich; zugleich spüre ich, dass ich andere erreiche und in der Welt etwas erreichen kann. Resonanz ist das Gegenteil von gefühlloser Verdinglichung. Sie steht für die Erscheinungen der Wechselseitigkeit, auf die wir als soziale Wesen existentiell angewiesen sind, zum Beispiel gemeinsames Arbeiten, Freude und Lachen sowie solidarische Gefühle.

Resonanz befindet sich in engem Zusammenhang mit Anerkennung, Lob, Bestätigung und Respekt. Sie ist essentiell für die Entwicklung des Selbstwertgefühls. Wenn ich von anderen

Menschen Liebe, Wertschätzung und Akzeptanz erfahre, ist es mir als soziales Wesen möglich, ein Leben in Würde zu führen – und ich bin in der Lage, Gleichwertiges zurückzugeben. Die Bibel empfiehlt wie alle Weisheitssammlungen der Menschheit: »Liebe deinen Nächsten wie dich selbst, so tut ihr wohl« (Jakobus 2,8).

Übungen zur Resonanz umfassen einerseits Meditationen und Selbsterfahrungen, die uns aufschließen und ermöglichen, die Perspektive einer anderen Person übernehmen zu können. Andererseits schließen sie praktische Übungen des Empowerments ein, um Mitgefühl, positive Affekte, Dankbarkeit und Empathie zu trainieren. Sie umfassen des Weiteren Gruppenaktivitäten des sozialen Lernens. Ziel ist das Einüben einer Haltung der Gegenseitigkeit: Wer andere bewegen will, muss selbst offen für Anstöße sein.

KOHÄRENZ. Kohärenz äußert sich in einem überdauernden und dynamischen Gefühl der Zuversicht in Hinblick auf die eigenen Fähigkeiten und Fertigkeiten. Den Zustand der Kohärenz erlangen wir, wenn es uns gelingt, die neu gewonnene Sicht, die Ressourcen, Fähigkeiten und Interaktionen so zu integrieren, dass sie zu unserer Persönlichkeit passen. Wir erleben die neu hinzugewonnenen Kompetenzen – vital, angereichert und entwicklungsoffen – als erweiterten Wirk- und Spielraum. Das Leben erscheint uns gestaltbarer und sinnhafter. In uns wächst die Überzeugung, über zusätzliche Potenziale zu verfügen, um aktiver als bisher mit den nichtmateriellen Ressourcen wie Begabungen, Beziehungen und Zeit umgehen zu können. Wir können den Umgang mit ihnen besser steuern. Wir lernen, Herausforderungen von Problemen zu unterscheiden.

Kohärenz erlangen wir durch die Übertragung der neu hinzugewonnenen Fähigkeiten und Fertigkeiten auf Alltagssituationen. Theaterpädagogische und psychodramatische Elemente helfen uns dabei, die erweiterten persönlichen, sozialen und kommunikativen Kompetenzen auszuprobieren. Wir werden zu Protagonisten des Schauspiels, zu Akteuren der Handlung, zu Regisseuren, Sprachkünstlern, Musikern, Meisterköchen, Gärtnern, Bienenzüchtern, Bildhauern, Forschern und Philosophen. Probehandelnd gehen wir mit Konflikten um, setzen unsere neu gewonnene Geschicklichkeit ein, suchen nach alternativen Erklärungen, versuchen vorherzusehen, wie sich zwischenmenschliche Dynamiken entwickeln, strukturieren schwierige Situationen neu, machen einzelne Lösungsvorschläge praxisfähig – und achten wachsam darauf, dass unser normativ geprägtes Handeln nie die Freiheit der anderen beschränkt.[3]

Wirksamkeit. Im Begriff der Wirksamkeit (*efficacy*) drücken wir den Glauben in unsere Stoßkraft, in unsere Leistungsfähigkeit in der Auseinandersetzung mit unserem Alltag aus.[4] Dieses Selbstvertrauen bezieht sich sowohl auf uns als Person als Ganzes als auch auf bestimmte einzelne Fähigkeiten und Fertigkeiten. Es mündet in die Überzeugung, nun auch reale Anforderungen und Aufgaben in unserer Lebenswelt spezifischer, das heißt unter Einbezug nichtmaterieller Problemlösestrategien, angehen zu können, vor denen wir vorher kapituliert haben. *Efficacy* zeichnet sich durch die Haltung aus: Ich werde es schaffen – auch wenn ich nicht immer Geld in die Hand nehme.

Wichtig dabei ist, die Ziele so festzulegen, dass wir die Resultate auf die eigenen Fähigkeiten zurückführen und erleben, dass unsere eigenen elementaren Bedürfnisse besser befriedigt werden können. Durch das Formulieren von Teilzielen erhöht sich die Wahrscheinlichkeit von Erfolgen, was unser weiteres Handeln motiviert. Die Erfolgsrückmeldungen führen zu einem euphorisierten Körper- und Bewusstseinszustand, zum Erleben von Spaß und Freude, die zum Weitermachen ermutigen und sich selbst verstärken. Haben wir erst einmal Vertrauen in einzelne Fähigkeiten in einem Bereich aufgebaut, kann es leicht übertragen werden.

Transzendenz. Transzendenz meint, dass manche Menschen einen Lebensstil anstreben, der es ihnen ermöglicht, die engen Grenzen eigener Bedürfnisse, Überzeugungen und Werthaltungen zu überschreiten und offen zu werden für größere, übergeordnete Zusammenhänge. Als Metapher kann das Flow-Erleben dienen, das vielen von uns zugänglich ist und selbst hergestellt werden kann. Darin erleben wir einen Zustand des fast zeitlosen Schwebens, der uns aus dem Alltag heraushebt, wenn sich unser innerer Reichtum mit dem eigenen Handeln und der äußeren Welt verbindet. Beispiele sind das Musizieren, das Lösen einer Aufgabe, das Malen eines Bildes oder auch das *runner's high*. Das Üben von Transzendenz ist eine unter mehreren Optionen, nichtmaterielle Haltungen zu kultivieren.

Viele spirituelle Menschen verstehen sich als Teil eines größeren Ganzen. Es ist ihnen wichtig, sich an der Schaffung von Beziehungen und Dingen zu beteiligen, die einen höheren, über sie hinaus weisenden Wert haben und nicht kommerzieller Natur sind. Sie sind bereit, einen uneigennützigen, bedeutsamen Beitrag zum guten Leben zu leisten, der ihren Zeitgenossen, kommenden Generationen und der Schöpfung allgemein nützt. Erfahrungen von Spiritualität gehen oft über empirisch erfassbare Dimensionen hinaus und muten rational orientierten Menschen manchmal fremdartig an.

Übungen umfassen ein breites Spektrum: Kontemplation und Versenkung, Naturerleben, Intimität, Hingabe und spirituelle Exerzitien sowie weitere aktive und stille Meditationsformen.

Was ist zu bedenken, wenn wir mit Empowerment beginnen?

Motivation und Rückhalt. Die Motivation zu Empowerment kann mir nicht von außen nahegelegt und schon gar nicht aufgedrängt werden. Sie entsteht, wenn ich mich durch Widersprüche, krisenhafte Entwicklungen oder Umbrüche, Stress oder Burnout beunruhigt oder zwiegespalten fühle. Nur ich selbst bin in der Lage, die Ambivalenz aufzulösen, nicht die anderen. Erst wenn ich bereit bin, sorgsam und verantwortlich mit dieser Wahrnehmung und möglichen Veränderungsfolgen umzugehen – und etwas zu tun –, sollte ich es wagen, mich der Option des Empowerns anzunähern.

Eine Empowerment-Gruppe kann ein entscheidender Schritt sein. Die Gemeinschaft gibt mir einen Schutzraum, um mich mit meiner Beunruhigung auseinanderzusetzen. Sie bietet Offenheit, Geborgenheit und Wertschätzung, ohne mich zu schonen oder mir falsche Sicherheiten vorzuspielen. In einer Empowerment-Gruppe kann ich gewiss sein, dass die anderen mich nicht zu einer bestimmten Überzeugung bekehren wollen. Denn es kann auch gute Gründe geben, warum ich mich gegen eine Veränderung meiner jetzigen Lebenssituation entscheide. Die Gruppe ist für mich im Idealfall ein Modell eines Lebens nach der Zeitenwende. Sie gibt mir Rückhalt, wenn ich ihn brauche. Der Austausch beruht auf Gegenseitigkeit, kritischem Dialog und solidarischem Handeln, wir begegnen uns auf Augenhöhe.

Was verlangt Empowerment? Empowerment setzt bei der Klärung der persönlichen Lebenspraxis an. Dabei findet mein Handeln, das zu den Ambivalenzen geführt hat, besondere Berücksichtigung. Die Aufmerksamkeit gilt den eigenen Widersprüchen, aber auch den Verletzungen, die die Gemeinschaft und die Natur erleiden, die auf mich zurückgehen. Empowerment verlangt Konsequenzen nach außen, die mein Tun betreffen. Deshalb beginnt Empowerment mit Self-Empowerment, um mehr Facetten von mir selbst kennenzulernen.

Was erreicht Empowerment? Es unterstützt mich, zusätzliche Kraftquellen in mir zu finden, um selbstwirksamer und solidarischer zu werden. Übungen in Self-Empowerment befähigen mich, sie zu identifizieren und zu festigen, aber auch meine Fertigkeiten im Umgang mit anderen auszuprägen. Es hilft mir, einen positiven, ausgeglichenen Lebensstil zu entwickeln. Self-Empowerment unterstützt mich, mein Verhältnis von Arbeit und Muße neu zu bewerten und umzugestalten.

Wie funktioniert Empowerment? Ich mache mir bewusst, wie meine derzeitige Position auf einer Lebenslinie aussehen würde. Ich erlaube mir zu fragen, inwieweit ich selbst zu Ungleichheit und Entsolidarisierung beitrage. Ich wage es, mich zu fragen, ob ich all meine altruistischen, empathischen, liebevollen, genussfreundlichen, kompetenten, kreativen, sinnsuchenden, aktivierenden, stärkenorientierten und authentischen Seiten überhaupt annehmen will. Wenn die Antwort nein heißt, ist es auch ok. Dann soll es vielleicht einfach nicht sein – oder ich bin vielleicht noch nicht so weit – oder es gibt momentan einfach Wichtigeres für mich. Auch gut so!

Auf dieser Reise in das Empowerment gehe ich ehrlich, aber freundlich mit mir um. Ich erwarte keine kurzfristigen Einsichten oder Änderungen. Ich bleibe unideologisch und offen. Wenn ich meine Motive, Werthaltungen und Wünsche aus verschiedenen Blickwinkeln angeschaut habe, kommt der Zeitpunkt, an dem sich meine künftigen Absichten klären. Nur ich merke, wann es so weit ist. Wenn ich wissen will, ob die Veränderung in eine positive Richtung geht, stehen mir zwei Prüfkriterien für das Self-Empowerment zur Verfügung:

- innerlich: Ich spüre eine Zunahme an Lebensfreude und ich möchte sie kreativ umsetzen.
- äußerlich: Meine zwischenmenschlichen Kontakte werden lebendiger und dialogischer.

Wo findet Empowerment statt und wie lange dauert es?
Ob ich im stillen Kämmerchen oder in einer Gruppe anfange, ist allein meine Entscheidung. Self-Empowerment ist eine permanente Übung; in einer spiralförmigen Kreisbewegung ermöglicht es immer wieder Klärung, Orientierung und Aktivitäten. Die Gruppe ist ein natürlicher, hilfreicher Bestandteil des Empowerment-Prozesses.

Gruppen-Empowerment: Werden wir zu Autoren der gemeinsamen Geschichte des guten Lebens!

Was für die Zeitenwende mehr als alles andere benötigt wird, sind Menschen,

- die bereit sind, ihre Ressourcen einzusetzen und ihren Bedürfnissen nach solidarischer Kooperation gestaltend Raum zu geben,
- die für lebenswerte Verhältnisse in den nachfolgenden Generationen sorgen,
- die dem konsumistischen Lebensstil ein konviviales Modell, das heißt ein moderneres, weniger kommerzielles Modell gegenüberstellen,
- die ihre eigenen Erfahrungen im Bereich der Selbstverwirklichung und Muße in positive Anstöße umsetzen.

Empowerment birgt das Potenzial einer Kettenreaktion, um den gesellschaftlichen Wandel zu entfachen. Denn erst einmal angefangen, wird es zum kaskadenförmigen Selbstläufer. Wer Empowerment praktiziert, erlebt sehr schnell, wie sich der Spirit überträgt, wie die konstruktiven Anstöße die anderen motivieren, sie mit spontanen Aktionen und guter Laune anstecken, wie sich die anderen der Umgebung mit neuem Wohlwollen zuwenden. Ein Lächeln kostet nichts, ist aber viel wert und kommt zu Dir zurück. Diesem Bild entsprechend ist Empowerment aus sich selbst heraus anregend, wertschätzt das Gegenüber und löst spontan ein positives Gefühl aus, das sich auf die Umwelt überträgt. Jedes andere Tun, gleichgültig ob aktiv oder passiv, kostet mehr Kraft. Dass es sich hierbei um keinen frommen Wunsch handelt, weist die empirische Forschung seit langem nach. So wurde in einer aktuellen Ausgabe der *Science* an 1252 Probanden aus den USA und Kanada gezeigt,[5] dass es das Glücksempfinden beförderte, wenn ihnen ein anderer etwas Gutes tat. Wenn sie selbst anderen halfen, steigerte dies das Gefühl von Sinnhaftigkeit in ihrem Leben. Die Psychologen stellten fest, dass moralisches Handeln ansteckt. Wem durch seine Mitmenschen Gutes widerfuhr, der ließ sich davon anstecken – und half auch eher einem anderen. Jede gute Tat öffnet eine Tür.

Lasst uns Empowerment-Gruppen gründen! Wir sind als Einzelne zwar nicht für den Verlauf der gesellschaftlichen Entwicklungen in der Vergangenheit verantwortlich, auch wenn diese sich in unsere Tiefenstruktur eingeschrieben haben. Aber wir sind persönlich dafür verantwortlich, wie wir hier und heute und künftig leben. Wer wir sind und was wir werden, hängt von allem Möglichen, aber vor allem von unserem eigenen Tun ab.

Wer an dieser Stelle nicht mehr länger warten will und kann, eine Empowerment-Gruppe zu gründen, erhält in diesem Abschnitt eine Art Betriebsanleitung: Empowerment als Selbstbemächtigung mit dem Ziel, es jetzt schon besser zu machen.

»Waschzettel« für den Einstieg in die Zeitenwende

a) *Persönliche Orientierung*

1. Schenke deinen Spannungen, Ambivalenzen und Sehnsüchten die notwendige Achtsamkeit: Sie sind die Stimmen deines seelischen Immunsystems.
2. Gib diesen inneren Signalen deine aufrichtige Wertschätzung: Sie bereiten deinen eigenen Wandel vor.
3. Verstehe dich als Teil eines größeren Ganzen: Die Zeitenwende ist ein gemeinsames Werk.
4. Die Veränderung lebt vom Geben und Nehmen: Empowern empowert!

b) ***Handlungsorientierung***

1. Fasse einen Beschluss über deine positiven Werte: So leitest du den Wandel ein.
2. Sorge dafür, deine Werte zu verwirklichen: Übe soziable und solidarische Anstöße.
3. Bewerkstellige deine Anstöße im Hier und Jetzt: Fang dort an, wo du lebst!
4. Empowere täglich: Jeder positive Anstoß öffnet eine Tür.

Wie finden wir eine gemeinsame Ausgangsbasis?

Am Anfang einer Empowerment-Gruppe halten wir es für vordringlich, eine Plattform zu erstellen, das heißt eine Grundlage zu finden, in der wir Einvernehmen über die geteilten Absichten anstreben. Dazu erscheinen uns Empfehlungen zur persönlichen Orientierung und zum Handeln wichtig.

Unser Hauptmotiv, eine Empowerment-Gruppe zu gründen, besteht in der Regel in ambivalenten Erfahrungen in unserer persönlichen Lebensführung. Diese werden von körperlichen und seelischen Spannungen begleitet, die von unangenehm bis unerträglich reichen. Sie stehen meist in Zusammenhang mit den verschiedenen Ungleichgewichten in unserem sozialen Umfeld und in der Gegenwartsgesellschaft, die sich in unserer Psyche niederschlagen. Beispiele sind die ständige Beschleunigung und Anonymisierung unserer Lebenswelt oder die Umwelt- und Klimakrise. Indem wir immer häufiger unter gravierenden psychosomatischen Symptomen und Störungen leiden, spiegelt uns der Körper die Widersprüche und Unverträglichkeiten der eigenen Lebensweise wider.

Empowerment will kein Rezept gegen pathologische Störungen sein. Menschen, die zu Empowerment finden, leiden weder an klinisch diagnostizierbaren Krankheiten noch an Befindlichkeitssyndromen wie zum Beispiel Burnout oder existentiellen Sinnkrisen im Sinne der Z-Kategorien der Weltgesundheitsorganisation. Sie bedürfen weder einer Therapie noch einer psychologischen oder sozialarbeiterischen Handreichung im herkömmlichen Sinn. Empowerment ist vielmehr ihre Antwort auf Entfremdung, Entmachtung und Entpersönlichung, mit der sie Veränderungen in ihrer Lebenswelt anschieben.

In das Leiden mit einbezogen sind oft die Menschen, die uns am meisten bedeuten, unsere Partner, Kinder, Freunde, unsere Arbeitsverhältnisse, unsere Gestaltung der freien Zeit, ja, sogar unsere Beziehung zur Natur.

Sokratischer Dialog

Um den befürchteten gesellschaftlichen Abstieg zu vermeiden (und unsere Gewohnheiten nicht verändern zu müssen), nehmen wir in Kauf, dass wir jedes Jahr ein bisschen schneller laufen müssen, ein bisschen mehr konsumieren, ein bisschen weniger Zeit haben. Damit wir die uns innewohnenden unvernünftigen Glaubenssätze entlarven können, hilft uns der sokratische Dialog, das heißt die Verrechnung unserer Bilanzen durch Gegenüberstellungen von Zeit vs. Hektik, Freude vs. Depression, Lust vs. (Konsum-)Rausch, Selbstbestimmung vs. Funktionieren, Zusammenarbeit vs. Konkurrenz. Ziel muss es sein, die selbstschädigenden Bewertungen zu erkennen und das gemeinsame Bewusstsein für Irrationalismen zu stärken. Gerade in der Gruppe können wir uns gegenseitig auf Negativismen und kognitive Fehlleistungen, konventionelle, aber falsche Schlüsse, Projektionen und selektive Wahrnehmungen, Übergeneralisierungen und lineares Denken, Über- und Untertreibungen sowie dysfunktionale Bewertungen wie Katastrophisieren, Muss-Denken und pauschale Personenbeurteilung aufmerksam machen.

Ebenen des Empowerments

Empowerment im öffentlichen Bereich

Gesellschaft und Prävention. Wir haben gezeigt, wie Empowerment die Fähigkeiten zur Selbstaktivierung, Kooperation und Vernetzung anstößt, Fähigkeiten, die konstituierend für Bürgerbeteiligung und Zivilgesellschaft sind. Empowerment besitzt zugleich eine große Schnittmenge mit einem anderen Gegenstand der Selbstbemächtigung, der Prävention. Unter Prävention verstehen wir vorausschauende, vorbeugende und methodische Maßnahmen, welche die sozialen, gesundheitlichen, ökonomischen, kulturellen und bildungsmäßigen Lebensbedingungen stärken und die Spannbreite künftiger Selbstverwirklichungsmöglichkeiten erweitern. In Verbindung von Verhaltens- und Verhältnisprävention bietet Empowerment einen Ansatz, der auch für viele Politikbereiche bedeutsam ist und dort Wirkung entfalten kann.

Empowerment und Prävention

Empowernde Prävention kann auf folgenden Ebenen stattfinden:

- Individuell zur Stärkung vorhandener Potenziale der Einzelnen
- Partnerschaftlich, familiär und gruppenbezogen durch die Vernetzung von Alltagsressourcen und Unterstützungssystemen sowie bürgerschaftliche Solidargemeinschaften
- Institutionell durch die Mobilisierung der öffentlichen Verwaltung und Administration sowie deren Öffnung für die gestaltende Teilhabe von engagierten Bürgern
- Struktur- und sozialpolitisch durch Verfahren demokratischer Mitwirkung in Planung, Gestaltung und Implementierung von politischen Entscheidungen und sozialen Dienstleistungen im lokalen und regionalen Umfeld
- Allgemeinpolitisch etwa durch Beteiligungsmöglichkeiten vor Ort, Abstimmungen und Volksbefragungen sowie durch Einflussnahme auf die Programme von Parteien und die Willensbildung der Entscheidungsträger

Politik. Der demokratisch geprägte Staat lebt durch die Aktivität seiner Bürger. Es liegt in seinem Interesse, Empowerment, das die Kohärenz, Selbstwirksamkeit und Selbstorganisation der Menschen stärkt, zu fördern. Es bewahrt ihn davor, einen bevormundenden, paternalistischen Politikstil der »fürsorglichen Belagerung« zu entwickeln. Mit der Förderung von Empowerment öffnet er sich der Mitgestaltung und Teilhabe durch die vielen. Staatliches Handeln bedeutet im Zusammenhang mit Empowerment, dass die institutionellen Organe mehr als bisher bereit sind, den Menschen jene Mittel zugänglich zu machen, die sie zum Erreichen ihrer partizipativen Anliegen benötigen.

Gesundheitsförderung. Im Sinne der Ottawa-Charta, einem Strategiepapier der Weltgesundheitsorganisation, ist die Gesellschaft – und im Besonderen auch die institutionalisierte Politik – in der Verantwortung, die strukturellen Voraussetzungen, das heißt auch den rechtlichen und finanziellen Rahmen, für eine verlässliche Gesundheitsfürsorge zu schaffen. Ein Beispiel kann die Gesundheitsförderung sein.

So wäre es aus unserer Sicht beispielsweise absolut sinnvoll, wenn die Krankenkassen das Empowerment ihrer Versicherten gezielt förderten. Mit einem Set von Anreizen zum Empowerment können sie ihren Mitgliedern sehr effektive Angebote unterbreiten, ein gesundes, bewegtes Leben zu führen. Die Krankenkassen könnten eine Vielzahl selbstinitiierter Angebote der Gesundheitsförderung vor Ort finanziell unterstützen, zum Beispiel in den individuellen Lebenswelten der Menschen, in Kindergärten, Schulen, Kiezen oder Senioreneinrichtungen.

Durch empowernde »Setting-Angebote«, das heißt Veränderung des Alltags durch niederschwellige systemische Interventionen in konkreten Lebenswelten wie Schule, Betrieb oder Stadtteil, erhalten dann auch Menschen Anstöße, die bislang noch nicht von den Präventionsleistungen der Kassen profitieren: Weg von der entmündigenden Heilbehandlung hin zur aktivierenden Gesundheitsförderung. Solche Angebote erfordern indes, das Vertrauen der Chefetagen in die Aktivitäten an der Basis zu stärken.

Noch fehlen die Voraussetzungen, um Prävention, Gesundheitsförderung und Politik mit Empowerment zusammenzubringen. Empowernde Prävention könnte die Königsdisziplin eines bürgerschaftlich orientierten Gesundheitssystems werden. Dazu ist einerseits erforderlich, die Zielgruppen mit ihren Erfahrungen viel stärker einzubinden. Andererseits ist die Politik gefordert, Strukturen, Entscheidungskompetenzen und Budgets gemeinsam mit den Bürgern zu entwickeln, mit denen die Präventions- und Empowerment-Programme finanziert werden können.

Empowerment im professionellen Handeln

Der Einsatz von Empowerment bedeutet einen Perspektivwechsel in professionellen Kontexten: Denn Empowerment vertraut auf die Ressourcen und die Bewältigungsfähigkeiten selbstverantwortlicher Menschen. In unserem Empowerment-Konzept gibt es keine Patienten und Klienten, keine Berater und zu Beratende, sondern »Lebenswelt-Experten«. Professionelle unterschiedlicher Fachdisziplinen agieren mit Professionellen unterschiedlicher Lebenswelten auf gleicher Augenhöhe. Empowerment ermutigt sie, ihre jeweils besondere Expertise einzubringen und einen gemeinsamen Spielraum zu kreieren.

Selbstverständlich kommen viele Situationen, in denen Empowerment angewandt wird, nicht ohne spezifisches Fachwissen aus. Für die Fachleute, also die Menschen mit einem Wissens- und Kompetenzvorsprung, ist bei der Umsetzung von Empowerment die Kenntnis und Verinnerlichung der neuen professionellen Kultur notwendig. Empowerment funktioniert nur, wenn die Experten zu einer Haltungsänderung bereit sind. Denn die »Lebenswelt-Experten« legen fest, was sie von den »Fach-Experten« brauchen. Die Erweiterung des Möglichkeitsraumes besitzt oberste Priorität. Ein Kennzeichen ist, dass es sich an der Aktivierung von Ressourcen und an partizipativen Entscheidungsverfahren orientiert.

Vier Kooperationselemente professionellen Empowerments

1. ***Orientierung an den Bedürfnissen und Bedarfen der Lebensweltexperten***

Empowerment funktioniert dadurch, dass es die Bedürfnislagen seiner Adressaten anspricht. Aufgabe des professionellen Empowerments kann in einem ersten Schritt sein, Unterstützung bei der Identifikation der jeweiligen Bedürfnisse vor Ort zu leisten. In einem zweiten Schritt kann es darum gehen, mit den Lebensweltexperten gemeinsam zu erarbeiten, wie diese Bedürfnisse am besten befriedigt werden können. In einem dritten Schritt werden Motivation und Umsetzung, aber auch die Kosten-Nutzen-Relation reflektiert.

2. ***Wertschätzung der Lebenswelt***

Jeder hat das Recht auf seine ihm gemäße Lebenswelt. Im Empowerment bringt jeder Mensch der Lebenswelt des anderen denselben Respekt, dieselbe Wertschätzung und dasselbe Verständnis entgegen wie der eigenen. Das erfordert von Professionellen besondere Empathie sowie nonverbale und sprachliche Kompetenz, denn oftmals scheitert die Zusammenarbeit an Missverständnissen in der Kommunikation. Scheinbar identische Symbole und Wörter besitzen je nach Lebenswelt ganz unterschiedliche Bedeutungsgehalte. Professionelles Empowerment setzt voraus, dass beide Seiten Gemeinsamkeiten entwickeln, um in der Lage zu sein, einen bedeutungsvollen Dialog zu führen.

3. ***Ressourcenförderung***

Unter Ressourcenförderung verstehen wir die Fertigkeit, verborgene Stärken und Kompetenzen aufzudecken, sie bewusst zu machen und ihren Einsatz voranzubringen. Ihre Aktivierung und Verstärkung ermöglicht es, dass Menschen im Hier und Jetzt ihre Entscheidung besser als bisher treffen können, künftig bestimmte Dinge in ihrem Leben anders machen und neue Ziele ansteuern. Professionelles Empowerment macht auch deutlich, dass jedes Problem zumindest im Kern Ansätze zur Lösung in sich trägt – es lässt sich dadurch zur Herausforderung wandeln.

4. *Positive Psychologie*
Positive Psychologie beschäftigt sich auf wissenschaftlicher Ebene mit den Grundlagen von Zufriedenheit, Glück, Selbstverwirklichung, Vertrauen und Solidarität. Sie ist das Gegenteil einer defizit- und störungsorientierten Haltung. Im professionellen Empowerment wird die Positive Psychologie eingesetzt, um Menschen zu motivieren, mehr von dem tun, was sie wachsen und erfolgreich sein lässt und ihre Zufriedenheit mehrt. Allgemeine Empowerment-Techniken stärken Selbstwirksamkeitsüberzeugungen, konstruktives Denken, Achtsamkeit und Kreativität, soziale Kompetenzen und umfassen Übungen und Spiele, welche neue Fähigkeiten und Fertigkeiten befördern.

Empowerment studieren

An dieser Stelle sei der Hinweis erlaubt, dass Empowerment nicht von bestimmten Vorkenntnissen oder akademischen Qualifikationen abhängig ist, sondern von der besonderen Haltung. Nichtsdestotrotz werden wir immer wieder akademischer Expertise aus spezifischen Fachgebieten bedürfen. Beispielhaft seien einige Felder mit Spezialkenntnissen benannt.

Fachexperten verfügen etwa über psychologische, ökonomische, administrative, sozial-pädagogische und gesundheitsfördernde Kompetenzen. Sie sind in der Lage, qualifizierte Beiträge zur Willensbildung und Entscheidungsfindung zu leisten, die in der Gruppe fehlen. Im Idealfall fungieren sie als Bindeglieder und Übersetzer zu öffentlichen Verwaltungen, Unternehmen und der Politik. Sie unterstützen die Lebenswelt-Experten, die gewünschten Maßnahmen umzusetzen und zu überprüfen.

Hochschulen, deren Fachbereiche Empowerment-Profile anbieten, zeichnen sich durch niedrige Zulassungsschwellen, studien- beziehungsweise berufsbegleitende Qualifizierungsprogramme sowie Aus- und Weiterbildungsmöglichkeiten aus. Sie unterstützen selbstorganisierte Studien- und Gründungsvorhaben.

Empowerment-Gruppen – lokal, regional, international

Überall dort, wo Menschen bereit sind, sich intensiv mit Fragen der Zeitenwende auseinanderzusetzen, ist Platz für eine Empowerment-Gruppe. Auf lokaler Ebene beschäftigen sie sich damit, wie Lebensfreundlichkeit und Muße erhöht werden können. Dazu gehören die Fragen der persönlichen und familiären Lebenswelten, die Gestaltung von Arbeit und Freizeit, Social Business und Gemeinwohlökonomie, gesunde Ernährung, Zusammenleben von mehreren Generationen, Kinder- und Enkelfreundlichkeit, Nachbarschaften, die Pflege von Gemeingütern (wie Gesundheits- und Sozialversorgung, Bildung; Gemeindezentren mit Teilhabemöglichkeiten, Schulen, Bibliotheken; Rad- und Joggingstrecken; Wald, Wiesen, unbelastete Landschaft; Freiräume wie Parkanlagen mit frischer Luft, Natur, Ruhe), Solargenossenschaften, Gebäudesanierung, Klimaschutz, Stadtverkehr und gemeinsame Verbesserung der Öko-Bilanz im Kiez. Stets stehen die eigenen Interessen, die Lebensqualität und das Wohlleben, die Aspekte von Selbstverwirklichung und Kompetenzentwicklung sowie der Gemeinschaftlichkeit im Zentrum.

Auf regionaler Ebene kann es um Themen wie präventive Versorgungsstrukturen, umwelt- und ressourcenneutrale Produktion, die Einführung von Arbeits- und Zeitkonten in einer Region, Regionalwährungen, Umweltschutz, Nahverkehr im ländlichen Raum, Tauschsysteme und dezentrale Energiegewinnung gehen. Auf allen Ebenen, lokal, regional und überregional, agieren die Empowerment-Gruppen. Sie nehmen beispielsweise mittels Diskussionsforen Einfluss auf politische Entscheidungsprozesse, auf die Produktionsbedingungen von Großunternehmen zuhause ebenso wie in Drittländern oder die Extraktion von Bodenschätzen zum Beispiel durch Braunkohletagebau oder Fracking.

Generell ist Empowerment mithilfe der modernen technischen Mittel viel einfacher anzuschieben als dies früher möglich gewesen wäre. Das Internet – neben den klassischen Formen, die eigenen Anliegen und Interessen vor Ort am runden Tisch zu bündeln – bietet gigantische Chancen. Menschen, die sich an den positiv-normativen Prinzipien orientieren, können sich zugleich lokal, regional wie auch überregional in Gruppen zusammenfinden. Informationsaustausch, Diskussionsforen und die Gründung von Initiativen werden über alle Grenzen hinweg möglich. Verschiedene Verfahren und Formate senken die Hürden der repräsentativen Demokratie und ermöglichen mehr Mitbestimmung im politischen Entscheidungsraum. Bürgerbegehren und Druck von unten als Instrumente zur Durchsetzung konkreter politischer Forderungen lassen sich leichter organisieren. Die Zivilgesellschaft ist dadurch weniger einseitiger Berichterstattung oder den Repressalien staatlicher Organe ausgeliefert; vielmehr gewinnt sie ihre Energie aus der Pluralität der Stimmen. Allerdings sei an dieser Stelle vor zu viel Enthusiasmus gewarnt: Die Zivilgesellschaft wird um das Recht der »informationellen Selbstbestimmung« noch hart zu kämpfen haben, wie der gegenwärtige NSA-Skandal zeigt. »Nicht überwacht zu werden, ist die entscheidende Menschenrechtsfrage des 21. Jahrhunderts«, meinte der Datenschutzspezialist Caspar Bowden in einem Interview auf ZEIT online am 2. Juni 2014.

Ausblick: Konvivialität oder Wohin führt uns Empowerment?

Ist Empowerment Mittel oder Zweck? Als Vision allein taugt die Selbstbemächtigung wohl kaum – selbst wenn sie in die Richtung eines guten Lebens weist. Jetzt scheint uns die Zeit reif, den Vorhang zu lüften und einen ersten Blick auf unsere Utopie zu werfen. Hierfür führen wir einen neuen Begriff ein: Konvivialität. Konvivial, lateinisch, bedeutet heiter, fröhlich, gesellig, gastlich. Der »*convivus*« war in alten Zeiten ein Gast und

Tischgenosse, der das Recht hatte, am gemeinsamen Leben teilzunehmen. Konvivialität, das harmonische Leben in einer entspannten Gesellschaft, ist der Zustand, den wir mittels Empowerment erreichen wollen. Konvivialität verbinden wir unabdingbar mit der neuen Kunst des Zusammenlebens.[6] Ein Leben in Würde zu gewährleisten ist nach unserer Meinung eine Staatsaufgabe im Sinne unseres Grundgesetzes. In Analogie zur »*Pursuit of Happiness*«, welche die Gründungsväter der USA in die Unabhängigkeitserklärung aufgenommen haben, erscheint uns eine «*Pursuit of Conviviality*» als Staatsziel nachgerade überfällig. Kriterien könnten sein: physisches und psychisches Wohlergehen, gute Regierungsführung, Chancen- und Verteilungsgerechtigkeit, maßvoller Lebensstandard mit ausgeglichenen Bilanzen, kulturelle und religiöse Vielfalt, Muße, Nachhaltigkeit und Solidarität.

Konvivialität ist erreicht, wenn sich ein freundliches, freies, ein nicht vorherrschend merkantiles Miteinander entfaltet. Sie hat die Qualität der Gemeinschaftlichkeit, die aufkommt, wenn Menschen miteinander arbeiten, spielen, Zeit verbringen, wenn gemeinsame Anstrengung, gemeinsames Entfalten und Lachen wichtiger sind als ego-zentrierte Wettbewerbe, Rangordnungen in Sieger-Verlierer-Kategorien und die Überwertigkeit des Materiellen. Sie umfasst Wertschätzung und gegenseitiges prinzipielles Wohlwollen ohne Vorbedingungen.[7]

Konvivialität bietet Sicherheit und Vertrautheit sowie Schutz vor Ausnutzung der Schwächeren. Sie funktioniert ohne Bedrohung, Beschämung und Beschädigung. Sie erlaubt, einander ehrlich und offen zu kritisieren, vor allem aber auch konstruktiv zu ermutigen. Im Zentrum stehen Selbstverwirklichung und Kooperation als die Konstituenten von Konvivialität. Sie ergänzen sich als komplementäre Motive und bestimmen die Aushandlungsprozesse; sie sind Ecksteine guten Lebens.

In der Konvivialität sehen wir die Basis natürlicher sozialer Beziehungen wie man sie schon immer in Familien, Freundeskreisen, in konstruktiver Kollegialität, Nachbarschaften, im Kiez und in vielen Gruppen vor Ort gefunden hat und neuerdings wieder verstärkt finden kann.[8] Arbeiten, Geldverdienen und Geschäftemachen sind zwar wichtige Aspekte; sie überragen jedoch nicht alle anderen Lebensbereiche an Bedeutung. Konvivialität drückt sich in Zugewandtheit, wechselseitiger Hilfeleistung und Loyalität ebenso aus wie in einem ausgeprägten Orts- und Regionalbezug. Man engagiert sich dort, wo man lebt. Gemeinsame Interessen und Identität, selbstgesetzte Aufgaben und die Bereitschaft, für gemeinsame Ziele zu handeln, sind ausgeprägt; Absichten und Fähigkeiten beflügeln Mut, Selbstvertrauen und Fantasie der Einzelnen. Kompetitive Konkurrenz ist möglich und manchmal sogar gewünscht und notwendig, sie dominiert aber nicht die Zusammenarbeit.

Manche Empowerment-Gruppen entwickeln sich bereits in der Gegenwart gezielt weiter und schaffen es, sich in »*communities of practice*«, zivilgesellschaftliche Inkubatoren, zu verwandeln.[9] Sie eint ein verbindliches Engagement für eine gemeinsam gewählte Aufgabe, mit dem sie Werte, Lernprozesse und Tätigkeiten verknüpfen, für das sie ihre Ressourcen zusammentun und Instrumente entwickeln und Innovationen voranbringen. Sie sind Eubiotiker, Menschen, die ihre Ideale auf gesellschaftlich relevante Brennpunkte der Wertschöpfung und Produktion übertragen und gemeinsam verwirklichen.

3. Empowerment und Bedürfnisse

Die Einteilung der Bedürfnisse im Empowerment

Eine Besonderheit des Empowerment-Ansatzes ist die Rolle, die wir der Befriedigung der originären menschlichen Bedürfnisse zuschreiben. Mit originär meinen wir nicht jene Bedürfnisse, die permanent durch die kapitalistische Lebens- und Arbeitsweise und die Warenproduktion künstlich angestachelt werden. Originäre Bedürfnisse sind im Verlauf der Evolution des zwischenmenschlichen Austausches in der Natur des Menschen angelegt worden. Sie drücken sich in unserer unstillbaren Sehnsucht nach sinnhaften persönlichen Bezügen und der Zugehörigkeit zu konvivialen sozialen Zusammenhängen aus.

Wir sind davon überzeugt, dass wir durch die Rückkehr zur Bedürfnisbefriedigung entsprechend der originär menschlichen Verfassung weitgreifende und stabile Veränderungen bewirken können. Ihre Kennzeichen sind persönliche Verhaltensmuster der Muße und Nachhaltigkeit; sie begründen die konviviale Zeitenwende. Eine solche Konstitution beruht auf einem inneren Gleichgewicht, das nicht hauptsächlich durch Arbeit und Konsum gestützt wird – ein psychisches Gleichgewicht, in dem unsere Bedürfnisse mehr als bisher durch nichtmaterielle Aktivitäten befriedigt werden.

In diesem Abschnitt erzählen wir von jenen Bedürfnissen, deren Befriedigung uns allesamt notwendig erscheint, um Konvivialität zu realisieren. Konvivialität als Ziel von Empowerment erreichen wir, wenn wir Ersatzbefriedigungen als solche durchschauen und unseren Lebensstil dahingehend verändern, dass wir Befriedigung vorrangig auf den vitalen, lebensfreundlichen Dimensionen anstreben.

Komplementärbedürfnisse

Der Ökonom und Nobelpreisträger Keynes glaubte, dass Menschen im Grunde nicht mehr wollen, als sie brauchen.[1] Er vermutete in seinem Konzept der Sättigung, dass das Wachstum von allein zurückginge, wenn erst einmal die materiellen Bedürfnisse der Menschen weitgehend befriedigt sind. Er unterschätzte jedoch den technischen Fortschritt, der immer wieder neue Bedürfnisse in den Kunden zu wecken in der Lage ist.

In der hochentwickelten Industriegesellschaft spielen so genannte Komplementärbedürfnisse eine herausragende Rolle. In der Gestalt von individuellen Konsumbedürfnissen sind sie äußerst wirkungsmächtige Treiber der Wirtschaft. Sie entstehen, wenn die Grundbedürfnisse befriedigt worden sind und die Mehrheit über die notwendigen Güter verfügt, die für ein gutes, aber maßvolles Leben benötigt werden. Viele Autoren unterscheiden zwischen Bedürfnissen und Begierden[2]: Bedürfnisse sind das, was wir für ein gutes, aber einfaches Leben benötigen; Begierden existieren nur im Kopf und können sich unendlich ausweiten.

Bei den Komplementärbedürfnissen – synonym für Begierden – handelt es sich um gelernte, durch Werbung, Modelle und sozialen Wettbewerb vermittelte unstillbare Begehrlichkeiten. Sie werden bewusst stimuliert und in bestimmte Richtungen gelenkt, um Produktion und Verkauf von Gütern zu erhöhen. Komplementärbedürfnisse sind quasi die siamesischen Zwillinge der systemischen Zwänge unseres Wirtschaftssystems.

Durch die Ausweitung der Bedürfnisse erleben sich viele von uns in einem ständigen Mangelzustand. Dieser entsteht allerdings nicht durch die objektive Knappheit der Güter, sondern durch immer extravagantere Wünsche. Eine Vielzahl wirtschaftswissenschaftlicher Autoren rekurriert gerne auf eine Unersättlichkeit menschlicher Bedürfnisse.[3] Wir meinen hingegen, dass wir schlicht an einer Kultivierung unserer nichtmateriellen Bedürfnisse arbeiten sollten.

Vitale Bedürfnisse

Das Glück muss man sich machen.

Joseph Beuys

Grundbedürfnisse

Grundbedürfnisse sind Bedürfnisse, die vordringlich befriedigt werden müssen. Sie beruhen auf einer Anpassung an die Umgebungsbedingungen, die im Verlauf unserer biologischen, sozialen und kulturellen Evolution stattgefunden hat. Können wir sie nicht ausreichend stillen, bringen wir uns existentiell in Gefahr. Grundbedürfnisse sind universal, also allen Menschen eigen und beziehen sich auf Überleben, Nahrung, Sicherheit, soziale Einbindung und Verwirklichungschancen. Sie repräsentieren jedoch nicht nur Mangelzustände, sondern stellen machtvolle Triebkräfte für Entwicklung, Handlungsinitiativen und Produktivität dar.

Vitale oder elementare Bedürfnisse heißen jene Motive, die darüber hinaus für die Verwirklichung von Empowerment notwendig sind. Elementar sind sie deswegen, weil keines von ihnen fehlen darf, sollen Selbstverwirklichung und Kooperation erreicht werden. Im Falle der Frustration der vitalen Bedürfnisse sind häufig Sinnentleerung, Gleichgültigkeit, Steigerung der Stimulation und Depression sowie langfristig autodestruktive Verhaltensweisen die Folge. Wir greifen dann oft zu kompensatorischen Ersatzbefriedigungen, die in der Regel materiell und external sind.

Wir unterteilen die vitalen Bedürfnisse in die Dimensionen Liebe, Lust, Gesundheit und Sicherheit. Ihre Befriedigung ist in abgewandelter Form und in unterschiedlicher Akzentuierung Grundthema vieler ethischer Diskurse. Sie sind auch in den Zusammenstellungen vieler anderer Autoren wiederzufinden.[4]

1. Liebe

Wenn auf der Erde die Liebe herrschte, wären alle Gesetze entbehrlich.
Aristoteles

Der Mensch, dieser *homo socialis*, wird am Du zum Ich, sagt der Religionsphilosoph Martin Buber. Der Mensch kann nur unter Menschen Mensch sein, drückt der deutsche Idealist J. G. Fichte den Sachverhalt aus.[5] Alle positive Sozialität ist irgendwie mit Liebe assoziiert, die auf emotionalen Phänomenen wie Anziehung, Leidenschaft und Verliebtheit ebenso aufbaut wie auf sozialen wie Bindung, Nähe und Austausch.

Liebe beinhaltet die Fähigkeit zu vertrauen, die Fähigkeit zur emotionalen Resonanz und Empathie. Mit Liebe bezeichnen wir die intensivsten Empfindungen der Zuneigung und Wertschätzung, die ein Mensch einem anderen Menschen entgegenbringt – und die der Erwiderung bedürfen, soll die Liebe nicht unerfüllt und unglücklich bleiben. Mit der Liebe eng verbunden ist unser Streben, das gewünschte Erleben in einen wiederkehrenden Zustand zu verwandeln, dem tiefen Wunsch, dem anderen Gutes oder Besseres zugutekommen zu lassen. Liebe bedeutet unendlich viel mehr, als für den anderen nützlich zu sein.

Zentrale Elemente von Liebe finden sich im Empowerment wieder: die Sozialität, das Angewiesensein auf Positivität und Erwiderung, die individuelle Wertschätzung, die besondere Beziehung, der Wunsch zu wachsen, die Abhängigkeit von der Resonanz des anderen. Wir können demnach ohne Anmaßung sagen, dass Empowerment und liebevoller Austausch Geschwister sind.

2. Lust

Tu Deinem Leib etwas Gutes, damit Deine Seele Lust hat, darin zu wohnen. Teresa von Ávila

Der Verzicht auf Lust und der frühe Kapitalismus. Nach dem Soziologen Max Weber ist eine gesellschaftliche Ordnung danach zu bewerten, welchem menschlichen Typus sie die Chance gibt, zum herrschenden zu werden. Das Zeitalter der frühen Industrialisierung begünstigt den asketischen Charakter, wirkungsvoll befördert durch die protestantische Gnadengewissheit. Zwei Tugenden zeichnen ihn aus. Zum einen Arbeitsamkeit: Hierdurch wird Vermögen erworben. Zum anderen Sparsamkeit: Hierdurch bleibt das Vermögen erhalten. Auf diese Weise wird der Kapitalaufbau erst möglich.

Askese verlangt die Beherrschung der Triebe, Bedürfnisse und Gedanken. Der neue »Typus Mensch« im frühen Kapitalismus soll lernen sich zu disziplinieren, Bequemlichkeiten zu meiden und mäßig im Genuss zu sein. Arbeit stellt eine rationale Form der Religiosität dar, eine moderne Art von Gottesdienst. Der gute Mensch dieser neuartigen Epoche ist jener, der am besten unablässig arbeitet. Genuss, Sexualität, ein absichtsloser Umgang mit der Zeit, kurz Lust und Muße, sind für den frühkapitalistisch sozialisierten Menschen des Teufels; sie wären eine Verschwendung all jener Güter, die wir mit Gottes Gnade noch erlangen können.

Lust als Kompass unserer Natur. Nun ist aber das Streben nach Lust zentral im menschlichen Leben verankert. Für eine konviviale Lebensweise müssen wir sie befreien. Denn stammesgeschichtlich können wir gar nicht anders, als jede Situation der Welt stets zwischen den Polen Lust oder Unlust zu beurteilen. Wir fühlen uns wohl, wenn wir unsere vitalen Bedürfnisse befriedigen können und wenn wir dadurch mit uns im Gleichgewicht sind – und umgekehrt.[6] Das Lust-Unlust-Empfinden ist der untrügliche Wegweiser bei der Orientierung, was unserer Natur entspricht.

Lust: vergnüglich, sinnbestimmt und engagiert. Sinnliche Lust ist mit direkten Belohnungen assoziiert. Zwei grundlegende Quellen der Lust sind dabei unterscheidbar: körperlich-sinnliche Genüsse und ästhetisch-intellektuelle Genüsse. Die empirische Glücksforschung beschreibt,[7] dass das subjektive Wohlbefinden am höchsten ist, wenn es uns gelingt, ein vergnügliches, sinnbestimmtes und engagiertes Leben zu verwirklichen: Selbstverwirklichung, Spiel und Muße. Sich diesem Ziel zu nähern ist wesentliches Anliegen von Empowerment: Empowernde Anstöße zielen immer in die Richtung, unsere »Lust«-Bilanzen in Ordnung bringen, sprich, eine Balance der vitalen Bedürfnisse herzustellen.

Hedonismus und Glückseligkeit. Wichtig erscheint uns, beim Begriff der Lust zwischen seiner hedonistischen und seiner glückseligen (eudämonistischen) Bedeutung zu unterscheiden – ähnlich der soziablen vs. der egozentrischen Selbstverwirklichung. Der hedonistische Lustbegriff bezieht sich auf das egoistische Wohlbefinden. Der hedonistisch orientierte Mensch vermag auch dann eine positive Gesamtbilanz zu ziehen, wenn sein Lustgewinn durch und durch selbstsüchtig ist – und auf Kosten der anderen geht. Der eudämonistisch orientierte Mensch hingegen versteht sich in der Kunst, den maßvollen Genuss der Dinge zu kultivieren und das Wohlergehen der Welt um ihn herum zu berücksichtigen. Es geht ihm auch um inneres Wachstum und das Glück, das aus seinem Handeln entsteht – er ist mehr intrinsisch motiviert.

Lust lernen – ein Beispiel. Wer schon einmal Kartoffeln im Frühjahr in die Erde gelegt hat, sie im Sommer häufelt und im Herbst wieder ausbuddelt und dann am Kartoffelfeuer brät, kennt den Unterschied! Wir können gar nicht anders als sie geschmacksintensiver, bekömmlicher oder echter zu erleben. Alles, was wir selbst schaffen und nicht nur als Fertigprodukt konsumieren, erhöht unser körperliches und psychisches Wohlbefinden. Merke: Solcher Art Glück kann man sich selbst herstellen.

Empowerment-Strategien lehren uns, wie man selbst für positive emotionale Erfahrungen sorgen und somit Lust herstellen kann. Sinnliche Erfahrung, subjektiver Genuss und Befriedigung sind Unikate und hängen eng mit eigenem Tun zusammen. Eine ständige Steigerung der Dosis, der Intensität oder des Neuheitswertes, wie sie industriell gefertigten Produkten eigen ist, sind nicht notwendig. Entfremdung, Passivität und Ideenlosigkeit sind Feinde der Lust: Der Maler ist primär seinen Farben, der Musiker seiner Komposition, der Wissenschaftler seiner Fragestellung verpflichtet – alle ziehen ihre Befriedigung aus ihrem Werk.*

Infantilismus

Wir glauben, dass die gegenwärtige Überbewertung des materiellen Überflusses und der medialen Unterhaltung – psychologisch betrachtet – letztlich in unerfüllten frühkindlichen Bedürfnissen nach Sättigung und Stimulierung verankert ist.[8] Infantile Bedürfnisse sind nur allzu menschlich und gehören zu unserer anthropologischen Ausstattung. Als Kleinkinder erleben wir einen archaischen, ungestümen Drang, unsere Grundbedürfnisse nach Bindung, Lust und Anregung zu befriedigen. Entspricht die Umwelt unseren Wünschen, erleben wir uns als Nabel der Welt, als ungeheuer vital.

* Eine vertiefende Auseinandersetzung mit dem Thema Lust, vor allem auch der sexuellen Lust, findet sich im zweiten Teil des Buches, im Essay von Inés Brock »Empowerment und Lust«.

Der industrialisierten Warengesellschaft ist es gelungen, sich dieser psychologischen Entwicklungsstufe, die mit Fantasien der allzeitigen Befriedigung und der Allmacht verbunden ist, auf materielle Art zu bemächtigen. Wir werden geradezu in eine Warenwelt hinein sozialisiert, die vorgibt, jederzeit unsere spontanen infantilen Wünsche zu erfüllen. Das bewirkt eine tiefe und umfassende Prägung des »Alles Immer Sofort«. Sie besteht in der ständigen Verfügbarkeit von Reizen und Gütern und der Befriedigung durch potentiell verfügbare Objekte. Alternative Erfahrungen, die keine unverzügliche Wunscherfüllung und damit Belohnung versprechen, haben dagegen kaum eine Chance. Der verwöhnte Säugling erträgt keinen Substanzentzug.

Wir leben seit den 50er-Jahren des vergangenen Jahrhunderts in dieser Art von Cargo-Kult: Er verdrängt zunehmend die nichtmateriellen Vergnügungen. Alles, nach dem es uns verlangt, wird auf wundersame Weise als Produkt in Reichweite gerückt. Er ist verknüpft mit der genialen Fähigkeit, uns zu unterhalten, zu trösten und uns den warmen Schein eines Sinns zu geben. Wir feiern einen Kult des Materiellen, der nicht ungefährlich ist, weil der Tanz um das Goldene Kalb seine Jünger blind für all jene Alternativen macht, die nicht dinglich und käuflich sind – und werden in kindlicher Abhängigkeit und Verantwortungslosigkeit gehalten.

Wie bei harten stoffgebundenen Süchten kann es durchaus passieren, dass bei einseitigem materiellem Konsum das Gefühl der Befriedigung früher oder später ausbleibt und der nackten Abhängigkeit Platz macht. Um dennoch das rauschhafte Erleben herbeizuführen, drehen sich nun alle Anstrengungen darum, wie eine zuverlässige Versorgung, Ausweitung und Intensivierung zu bewerkstelligen ist – auch um den Preis weiterer Abhängigkeit und Selbstzerstörung. Spätestens dann zeigen wir Symptome des Kontrollverlustes und liefern uns den Dealern aus.

3. Gesundheit

Gesund zu sein ist ein elementares Grundbedürfnis von uns allen und ein wesentlicher Bestandteil der Lebensqualität.[9] Gesundheit des Menschen ist laut Weltgesundheitsorganisation »ein Zustand des vollständigen körperlichen, geistigen und sozialen Wohlergehens und nicht nur das Fehlen von Krankheit und Gebrechen.«

Wir können unser Gesundheitspotenzial optimal entfalten, wenn wir in der Lage sind, auf Faktoren, die ursächlich für unsere Gesundheit sind, Einfluss zu nehmen: Essen, Schlaf, Bewegung, ein gutes Arbeitsklima, eine sinnvolle Freizeitgestaltung. Die Voraussetzung für ein gesundes Leben impliziert die Fähigkeit und Möglichkeit, uns selbstbestimmt die materiellen, körperlichen und geistig-seelischen Grundlagen zu schaffen. Hierfür können wir durch Selbstbemächtigung die Verantwortung übernehmen. Grundlegende Bedingungen von Gesundheit sind Bildung, Ernährung, angemessene Wohnbedingungen, Einkommen, ein stabiles Öko-System, eine sorgfältige Verwendung vorhandener Naturressourcen, soziale Gerechtigkeit, Frieden und Chancengerechtigkeit; alles mittelbare Faktoren, die wir mitbeeinflussen können – und genau da können wir mit Empowerment besonders wirkungsvoll ansetzen.

4. Sicherheit

Das Motiv der Sicherheit reflektiert das vitale Bedürfnis, die eigene Existenz durch Rechte und Gesetze in einem rechtstaatlichen Gemeinwesen zu schützen. Dazu gehören neben dem Schutz vor Willkür, Ausbeutung und Gewalt vor allem der Schutz der körperlichen Integrität, der materiellen Lebensgrundlagen, der Autonomie sowie die Achtung der persönlichen Identität und des Selbstwertes. Um uns sicher fühlen zu können, streben wir danach, uns selbst zu ermächtigen und niedrigschwellige Einflussmöglichkeiten hinsichtlich unserer eigenen Situation zu erlangen.

Wir glauben, dass uns allen eine angeborene Tendenz eigen ist, die lebensbestimmenden Dinge in die eigenen Hände nehmen zu wollen, sie an klaren Richtlinien und Werten auszurichten und sie auch zu kontrollieren. Dies geschieht am besten durch Partizipation und Kooperation, durch unsere Teilhabe am öffentlichen Leben und den Zusammenschluss mit Menschen, die vergleichbare Anliegen haben. Empowerment ist das Gegenteil der rücksichtslosen Durchsetzung egoistischer Interessen auf Kosten der anderen, aber auch des Rückzuges ins Private. Praktiziertes Empowerment stärkt unsere Fähigkeit zur Solidarität, indem wir für die eigenen vitalen Bedürfnisse eintreten – womit wir letztlich auch unsere Sicherheit erhöhen.

Selbstverwirklichungs- und Kooperationsbedürfnisse

Menschen tendieren dazu, sich in einem Spannungsfeld zwischen dem Bedürfnis nach Selbstverwirklichung und Kooperation zu entwickeln: zwischen dem Wunsch nach Einzigartigkeit und Zugehörigkeit, zwischen egoistischem Leistungsstreben und Solidarität. Beide Motivstränge mit ihren jeweiligen Vor- und Nachteilen sind für ein gutes Leben notwendig. Sie entfalten manchmal jedoch paradoxe Effekte. Selbstverwirklichung vermag erstaunlicherweise produktiv und sozial wirken; Kooperation kann ihrerseits durchaus ziemlich eigennützigen Gründen entspringen: Viel individuelles Wetteifern kann zu einseitiger Vorteilnahme aber auch zu allgemeinem Wohlstand und Fortschritt führen; viel Kooperation kann mehr Solidarität und Gemeinschaftlichkeit, aber auch mehr Delegation und Trägheit bewirken. Wenn wir also individuelles Leistungsstreben und solidarisches Handeln beurteilen wollen, müssen wir stets den Einzelfall vor Augen haben.

Soziable Selbstverwirklichung und solidarische Kooperation

Soziable Selbstverwirklichung und solidarische Kooperation stellen in unserem Ansatz die zwei zentralen Bedürfnisse dar, deren Befriedigung durch Empowerment gefördert wird. Wir sind überzeugt, dass das Streben nach Selbstverwirklichung und die Fähigkeit zu Kooperation allen Menschen gemeinsam ist. Selbstverwirklichung muss soziabel sein, um eine mitfühlende, großherzige Richtung zu bekommen; Kooperation muss solidarisch sein, um nicht in einem Wettbewerb mit wenigen Gewinnern und vielen Verlierern zu enden.

Beide sind die Voraussetzung für ein gutes Leben mit ausgeglichenen Bilanzen. Während wir soziable Selbstverwirklichung mit dem individuellen Ziel verbinden, das eigene Potenzial – also unsere persönlichen Eigenschaften, Fähigkeiten, Vorlieben, Gefühle und unser Verhaltensrepertoire – voll auszuschöpfen ohne anderen zu schaden, zielt die solidarische Kooperation auf das gemeinsame Handeln und die gegenseitige Verantwortungsübernahme. Beide sind gleichwertig und bedingen sich.

Soziable Selbstverwirklichung. Der humanistische Psychologe Carl Rogers[10] begreift Selbstverwirklichung als fundamentales Motiv menschlichen Handelns schlechthin, als »... das grundlegende menschliche Bedürfnis, sich auszudehnen, zu wachsen und zu mehren unter allen Umständen, sowie das Streben nach Autonomie, weg von äußerer Kontrolle und Zwängen.« Er definiert den Menschen in seinem Kern als »gut«; förderliche Beziehungserfahrungen gerinnen zu einem zeitlich überdauernden, positiven Selbstkonzept. Als weitere wichtige Voraussetzungen zur positiven Selbstverwirklichung sieht er Selbstvertrauen, Selbstakzeptanz und Selbstwert.

In seiner Bedürfnispyramide stellt der US-amerikanische Psychologe Abraham Maslow die Selbstverwirklichung als höchste Stufe der Entwicklung dar.[11] Maslow positioniert die Selbstverwirklichung in der menschlichen Bedürfnishierarchie noch über die Dimensionen von Liebe und Anerkennung. Der Gründervater der humanistischen Psychologie beschreibt

Selbstverwirklichung als das Bedürfnis, »... all das zu werden, was jemand werden kann ... Ein Musiker muss musizieren, ein Künstler malen, ein Poet muss schreiben. Was ein Mensch sein kann, muss er sein.«

Wenn wir uns mit dem Begriff der Selbstverwirklichung beschäftigen, begegnet uns rasch seine Gegensätzlichkeit beziehungsweise seine innere dialektische Spannung. Einerseits ist Individualismus eine Voraussetzung für Selbstverwirklichung, andererseits kann sie nur gemeinsam mit anderen Menschen gelingen, weil wir als soziale Wesen immer auf unsere Mitmenschen angewiesen sind. In westlichen Kulturen herrscht ein eher individualistischer, wettbewerbsorientierter Lebensstil mit der Betonung auf Leistung und Status vor, der mehr auf die eigenen Persönlichkeitseigenschaften, Einstellungen und Fertigkeiten zurückgeführt wird. Hingegen finden wir in den vielen Kulturen Asiens überwiegend kollektivistische Orientierungen, in denen die individuellen Bedürfnisse hinter die Interessen der Gruppe zurückgestellt werden und mehr Wert auf Gruppenzugehörigkeit, auf die Meinung und die Ansichten anderer und das Wohl der Gemeinschaft gelegt wird.

So legt das Konstrukt Selbstverwirklichung per se noch keine inhaltliche Schwerpunktsetzung der Ziele nahe, deren Erreichen wir durch Empowerment anstreben. Zu einem Teil haben viele Menschen hohe egozentrierte Ansprüche an das Ausmaß ihrer Selbstverwirklichung und denken dabei in erster Linie an ihre Karriere, ihren Status oder die Erhöhung ihres materiellen Wohlstands. Hierfür nehmen sie in Kauf, dass ihre Selbstverwirklichung auf Kosten anderer Menschen und der Umwelt geschieht. Zum anderen Teil existiert in vielen Menschen eine tiefe Sehnsucht, eine eigenständige Lebensführung jenseits der selbstsüchtig-materialistischen Ziele zu realisieren und die positiven Gefühle der Authentizität mit der Verbundenheit mit anderen Menschen und der Welt zu koppeln. Allerdings fühlen sie sich in der modernen Welt zunehmend unverstanden und verloren; vielen kommt das innere und äußere Gleichgewicht abhanden.

Wir neigen zu der Auffassung, dass zu einem erfüllten Leben sowohl die persönliche Erfahrung als auch gemeinschaftlich geteilte Erfahrung zählen, die wir bei einem Ereignis, einer Tätigkeit oder einer sozialen Interaktion machen. Für den Einzelnen wird es durch Empowerment einfacher, den eigenen Sinn aktiv zu entdecken und Bedeutung herzustellen. Mit dem Adjektiv soziabel wollen wir die negative, egoistische Seite der hedonistischen Selbstverwirklichung eingrenzen und um die Einbeziehung der sozialen, kulturellen und altruistischen Werte erweitern. Soziable Selbstverwirklichung schließt dann ganz dezidiert Individuelles und Gemeinsames mit ein.

Solidarische Kooperation. Wir sprechen von Kooperation, wenn Handelnde in einer bestimmten sozialen Konstellation gemeinsame Ziele bearbeiten. Sie ist durch absichts- und planvolles Herangehen, Prozesse der gegenseitigen Abstimmung und vielfältige Entscheidungsmöglichkeiten charakterisiert. Formale Kooperationen werden durch Hierarchien und Regeln sowie vertragliche Verpflichtungen und Kontrollmaßnahmen strukturiert. In der informellen Kooperation beeinflussen kreative und wenig standardisierte Strategien und Interaktionen das Verhalten der Mitglieder untereinander.

Wir unterscheiden zwischen wettbewerbsorientierten und kooperativen Situationen. Mit Blick auf die wettbewerbsorientierte Variante sprechen wir von einer negativen Kooperation. Sie erzeugt per definitionem Sieger und Verlierer. Die Konkurrenz, der Wettkampf, das Kräftemessen, die Aufteilung in Stärkere und Schwächere, schließlich der Triumph beziehungsweise die Niederlage sind gewünschte Ergebnisse. Wettbewerbsorientierte Situationen tendieren dazu, in eine Überbewertung von Prestige, Einfluss und Macht zugunsten der Gewinner zu münden.

In der kooperativen Variante sind die Ziele der Akteure positiv aufeinander bezogen: Es gibt Win-Win-Situationen; die Teilnehmer streben nach solidarischer Zusammenarbeit. Sie setzt einerseits ein gewisses Maß an Entscheidungs- und Handlungsfreiheit der beteiligten Partner voraus; das Beziehungsverhältnis der Interaktionspartner ist durch gegenseitiges Wohlwollen und Fairness auf dem Weg der Zielerreichung geprägt. Solidarische Kooperation vermag emotional positive Effekte zu erzeugen, die wiederum zur Steigerung von Motivation und Selbstorganisation, zu wechselseitigen Hilfeleistungen und zu interpersonaler Anerkennung und Zugehörigkeit zwischen denjenigen, die zusammenarbeiten, führen. Solidarische Kooperation fördert sozialethische Einstellungen wie zum Beispiel Vertrauen, Großzügigkeit, Hilfsbereitschaft.

Solidarische Kooperation entsteht, wenn persönliches Handeln die Übernahme von Verantwortung für das Wohlergehen von anderen einschließt. Solidarität wird durch wechselseitig angepasste Handlungen praktiziert, in denen Stärkere Schwächeren helfen. Sie gründet auf die Fähigkeit von Empathie und Co-Konstruktion. Diese Art gegenseitiger Verantwortung können wir mit Kernbestandteilen der Definition von Empowerment gleichsetzen: Es beinhaltet die positiv-normativen Werte von Wertschätzung und tätigem Engagement.

Fazit. Persönliche Entfaltung und kollektive Handlungsformen schließen einander nicht aus. Im Gegenteil, sie sind grundlegend für Empowerment. Sie befriedigen unser ursprüngliches Bedürfnis nach biopsychosozialer Wirksamkeit. Oder um es mit einem Bild des türkischen Lyrikers Nâzım Hikmet zu sagen: »Leben wie ein Baum, einzeln und frei, und brüderlich wie ein Wald, das ist unsere Sehnsucht.«

Selbstverwirklichungsbedürfnisse

Selbstverwirklichungsbedürfnisse sind für uns als Mitglieder der säkularisierten modernen Gesellschaften von eminent emanzipatorischer Bedeutung. Einen Hauptzweck von Empowerment sehen wir darin, dass es die Realisierungschancen für die Selbstverwirklichung vergrößert: Als Methode der Selbstbemächtigung ist es in all jenen Konstellationen nützlich, in welchen die persönliche Selbstverwirklichung geringer ist, als sie aufgrund der Ressourcen sein könnte.

Das Bedürfnis nach Selbstverwirklichung setzt sich in unserem Modell aus folgenden Teilbedürfnissen zusammen:

- Kompetenzentwicklung
- Muße
- Anerkennung
- Sinn

Kompetenzentwicklung. Kompetenzentwicklung ist die Voraussetzung für ein selbstbestimmtes, gehaltvolles und würdiges Leben. Diesem Bedürfnis liegen die universalen menschlichen Bestrebungen nach Anregung, Ressourcen- und Fähigkeitsentfaltung zugrunde.

Kompetenzentwicklung setzt ein, wenn Erfahrungen von eigener Begabung, Leistungsfähigkeit und Autorenschaft möglich sind. Aufgrund der subjektiven Lerngeschichte sind wir aber oft nicht in der Lage, unsere persönlichen, sozialen und praktischen Ressourcen zu erkennen. Von den wahrgenommenen Möglichkeiten zur Kompetenzentwicklung hängt es ab, ob wir überhaupt eine Wahl sehen, das eine oder das andere Leben zu führen. Sie bestimmen darüber, wie frei und autonom wir sein können.

In unserem Empowerment-Modell bestimmen wir Kompetenzen als Ansammlung von Kräften einer Person, die zur erfolgreichen Erreichung von Zielen mobilisiert und eingesetzt werden können. Empowerment mit seiner Betonung der nichtmateriellen Ressourcen fordert uns geradezu heraus, unsere motorischen, emotionalen, kognitiven, praktischen und musischen Fähigkeiten und Fertigkeiten für kreative Anstöße zu bündeln und sie für die Weiterentwicklung unserer Persönlichkeit zu nutzen. Fähigkeit bezeichnet die Kompetenz zur Handlungs-, Ziel- und Umsetzungsplanung; Fertigkeit bezeichnet die Kompetenz zur Handlungsausführung.

Muße. In der Muße sehen wir neben dem Motiv der Kompetenzentwicklung ein zweites ebenbürtiges Selbstverwirklichungsbedürfnis. Sie umfasst das Streben nach allen Arten von Tätigkeiten, die wir um ihrer selbst willen vollbringen, nicht als Mittel zum Zweck. Wenn wir in den Zustand der Muße eintreten, handeln wir nicht aus Notwendigkeit, sondern aus Neigung. Es geht uns anstelle von notwendiger und oft entfremdeter Arbeit um das produktive, kreative Handeln aus eigener Berechtigung.

Muße ist das Gegenteil von Müßiggang. Der Sinngehalt von Muße umfasst frei gestaltete Zeit und vergnügliches Tun in Beschaulichkeit und Gelassenheit; Zeit haben für eigene Gedanken, Sich-Einlassen, selbstbestimmte Arbeit und Kunst. Müßiggang hingegen meint Bequemlichkeit, Trägheit, Faulheit, Zeitverschwendung und Untätigkeit.

Muße drückt sich in Schaffens-, Tätigkeits- oder Funktionslust ebenso aus wie in Erholung, Naturerleben, Kontemplation und freischwebendem Experimentieren. Sie verschafft uns intrinsische Befriedigung; es geht um nichts anderes als um unsere eigene Verwirklichung außerhalb der notwendigen Arbeit. Müßig zu sein erlaubt uns, die Welt jenseits des Drucks der finanziellen Reproduktion wahrzunehmen, es ermöglicht Spontaneität, Reflexion, Kunst und Kultur. In der Muße haben wir kein anderes Ziel, als das, was wir tun, gut zu tun. Sie ist der nicht entfremdete, konviviale Zustand: *Hier bin ich Mensch, hier darf ich's sein. Vita activa* und *Vita contemplativa* verschmelzen miteinander. Alle Formen des Spielens, der Rekreation, des Gestaltens, des meditativen oder aktiven Tuns befriedigen das Bedürfnis der Muße.

Diese Bedürfnisbefriedigung ist grundlegend für ein gutes Leben. Das größte Defizit in unserer gegenwärtigen Lebensform ist nach unserem Dafürhalten die überaus mangelhafte Befriedigung des Bedürfnisses nach Muße. Konsum, Extremsportarten und mediale Überstimulation stellen lediglich Ersatzbefriedigungen für den Hunger nach Muße dar und können die Leerstelle in keiner Weise füllen. Dieser Mangel an einer zentralen existentiellen Erfüllung – des Fließens, des Getragenwerdens durch Tätigkeiten aus eigenem Wert, der Enthebung aus der Notwendigkeit – ist ein äußerst kraftvoller Antrieb für Empowerment. Alles, was wir durch Self-Empowerment über unsere Ressourcen erfahren, alles, was wir mit positiv-normativem Empowerment anstoßen, befördert die Muße. Zu ihrer Ausprägung gehören Bildung, Engagement und Geschmack. Je verschwenderischer wir empowern, je erfolgreicher wir die Befriedigung müßiger Bedürfnisse bewerkstelligen, umso reicher wird unsere Gegenwart.

An dieser Stelle kommt das große Aber: Das Bedürfnis nach Muße ist seinem Wesen nach nicht marktfähig – zumindest nicht im Sinne des profitorientierten neoliberalen Wirtschaftens! Muße realisiert sich in einer Lebensform, in der nicht der monetäre Arbeitszusammenhang, sondern das sinnliche und geistige Schaffen die zentrale Stellung einnimmt. Es erfordert eine Umstellung unserer Vorstellungen von dem, was wir »verdienen«, weg von dem, was überflüssig ist, hin zu dem, was wir wirklich brauchen. Muße benötigt für sich selbst wenig: Die Versorgung mit lebensnotwendigen, aber eher einfachen Gütern, die Erreichbarkeit von leiblichen und kulturellen Genüssen auf kurzem Weg sowie eine Grundsicherung.

Wenn wir uns für Muße entscheiden, entscheiden wir uns für die Dinge, die wir für ein bescheidenes, aber schönes Leben benötigen: Wir tauschen höhere Einkommen, Statusobjekte und Verschwendung gegen mehr Freizeit und mehr Selbsttun ein. Unser Konzept von Empowerment schließt deshalb eine »Erziehung« beziehungsweise »Kultivierung« unserer Bedürfnisse ein. Denn um unsere selbstbestimmten Aktivitäten verwirklichen zu können, ist eine Reduzierung der Arbeitszeit unvermeidlich. Dies impliziert eine Veränderung unserer Einstellungen und Gewohnheiten hinsichtlich der Rolle von Erwerbsarbeit, von Konsum und Karriere. Mit dem Wandel ist keineswegs ein Abrutschen in Armut und Mangelversorgung assoziiert und ebenso wenig Technikfeindlichkeit und stagnierender Fortschritt.

Anerkennung. Unser Konzept von Empowerment gründet auf einer dritten Säule der Selbstverwirklichung, dem starken inneren Bedürfnis nach Anerkennung. Anerkennung ist wie ein Spiegel, in dem sich das Individuum bei seiner Entfaltung betrachtet. Im Konstrukt der Anerkennung vereinen sich die Bedürfnisse nach Einzigartigkeit und Wirkmächtigkeit sowie sozialer Resonanz. Erst wenn wir uns als selbstwirksam erleben und die anderen uns zu erkennen geben, dass sie unser Tun beachten, erhalten wir Wert und Identität.

Die Beachtung, die andere unserem Tun schenken, vermittelt uns Befriedigung. Sie beflügelt uns zu allem Möglichen, zu gerichteten Aktionen, Initiativen und spezifischen Reaktionen. Erst durch das Empowerment der sozialen Anerkennung werden unsere Ressourcen in Schwingung gebracht und im sozialen Sinn wirkmächtig. Unser Hunger nach Anerkennung ist eng assoziiert mit dem Bedürfnis nach Sicherheit, dem Schutz von Ehre und Würde, nach Selbstachtung und einem positiven Selbstbild. Zur

Anerkennung gehört es, sich Zugehörigkeit, Vertrauen und Intimität und, wenn möglich, einen hohen Status zu erwerben, alles Dinge, die man sich primär durch sein Handeln verdient.

Die anerkennende Haltung, die Empowerment impliziert, geht fließend mit einem hohen Selbstwert einher. Die Anstöße, zugleich ein Empfangen und Erwidern von Anerkennung, vergrößern das Selbstwertgefühl sowohl beim Sender als auch beim Empfänger: Sehen und Gesehenwerden, Geben und Nehmen, Wertschätzen und Wertgeschätztwerden.

SINN. Das Bedürfnis, einen Sinn im Leben zu finden, ist eines der wirkungsvollsten Motive in unserem Ansatz. Selbstverwirklichung ist zwar ohne Einordnung in ein Weltbild, ohne Einordnung in einen Wertekodex vorstellbar, aber letztlich opportunistisch, ungerichtet und zerstörerisch. Sie wäre der Beliebigkeit preisgegeben und allen hedonistischen Verführungen ausgeliefert.

Empowerment verlangt die Auseinandersetzung mit Sinnfragen, mit dem Wozu – ansonsten verkommt die Praxis zur relativistischen Sozialtechnik. Die Kategorie Sinn ist untrennbar in der Bedeutung enthalten, die wir dem wertegeleiteten Tun, dem Anstoß, unseren kurzfristigen und langfristigen Strategien, zugrunde legen.[12] Sinn ist individuell: Er kann von jedem allein gefunden werden,[13] das heißt nur wir selbst können ihn herstellen.

Nach Sinn zu suchen ist mit einer langen Wanderschaft zu einem ungewissen Ziel zu vergleichen, getrieben durch unstillbares Fernweh und die Sehnsucht nach einer bergenden Heimstatt. Das Self-Empowerment, das Sich-Rechenschaft-Geben, die Suche nach verschütteten Ressourcen, die Analyse seiner persönlichen Bilanzen, die Frage, wie man sein Leben in die Hand nehmen soll, bringen uns mit den grundlegenden Themen unserer Existenz in Berührung, mit der Erfahrung von Wachstum und Tiefe.

Sinn- und Leidenschaftslosigkeit in der Gegenwart

Aktuelle Studien wie zum Beispiel von der Innsbrucker Psychologin Tatjana Schnell zeigen, dass fast jeder Dritte sein Leben als sinnentleert wahrnimmt.[14] Überraschenderweise handelt es sich häufig um gutgebildete jüngere Menschen. Sie haben vorwiegend keine Kinder und wohnen allein. Oft erleben sie gar keinen Mangel, keine Sinnkrisen und leiden auch nicht unter einem existentiellen Vakuum. Kennzeichnend für diese Gruppe ist, dass sie sehr wissenschafts- und technikaffin ist, kaum jedoch wertgebunden, spirituell oder religiös.

Die Selbsterkenntnis dieser »Indifferenten« ist schwach ausgeprägt, sie imponieren durch eine gleichgültige Oberflächlichkeit. Anderen Menschen oder kommenden Generationen gegenüber fühlen sie sich wenig verpflichtet. Sie erleben kaum Verbundenheit und verspüren selten das Bedürfnis, etwas von bleibendem Wert zu schaffen. Viele finden schwer Zugang zu sich selbst, manche wissen überhaupt nicht, welches ihre Aufgabe im Leben sein könnte.

Wenngleich diese Menschen über wenig subjektives Wohlbefinden, positive Stimmung oder Lebenszufriedenheit berichten, ist ihre seelische Gesundheit nicht ernsthaft beeinträchtigt. Sie zeigen nicht mehr Depressivität oder Ängstlichkeit als der Durchschnitt der Bevölkerung. Trotz ihrer Indifferenz verfügen sie also über eine gesellschaftlich funktionsfähige psychische Struktur.

Eine Erklärung des Phänomens besteht im Anpassungsdruck in der entwickelten hochindustrialisierten Gesellschaft.[15] Neue Technologien verschärfen den Wettbewerb, vertiefen die Sozial- und Arbeitsteilung und erzeugen kompensatorische Konsumbedürfnisse und Unterhaltungsgewohnheiten. Sie verengen offenbar die Möglichkeiten des Einzelnen, seine persönlichen Bedürfnisse und Fähigkeiten auszuprägen und sich selbst und andere näher kennenzulernen. Deshalb werden viele Potenziale nicht erkannt, viele biografische Experimente, die der Weiterentwicklung dienen, erst gar nicht in Angriff genommen.

Schon die Erwartungen in Schule und Studium lassen wenig Platz für Selbsterfahrung und Selbstbestimmung. Der hohe Zeit- und Leistungsdruck, der alltägliche Konkurrenzkampf, anspruchsvolle Hobbys, die zunehmende Ökonomisierung, die auch immer mehr die privaten Lebensbereiche tangiert, erfordern offenbar ihren psychologischen Tribut. Persönliche Rituale der Kontemplation, Achtsamkeit und inneren Harmonie lohnen sich nicht unmittelbar, finden keinen

Ort und werden nicht mehr kultiviert. Aber auch für die Pflege sozialer Verhaltensweisen und gesellschaftlicher Verantwortungsübernahme im außerberuflichen Bereich fehlt diesen Personen schlicht Zeit, Gelegenheit und Anreiz.

Die derart sozialisierten Menschen entwickeln kaum die Sensibilität, die Ungereimtheiten in unserer Gesellschaft in Frage zu stellen. Sie wissen nicht mehr, wie sie die persönlichen Auseinandersetzungen, die für ihr eigenes Reifen, aber auch für das Gemeinwohl notwendig sind, austragen sollen. So bilden sich hedonistische Persönlichkeiten heraus, die in der Abwägung dem Kurzfristigen, Angenehmen und wenig Anstrengenden den Vorzug geben. Durchhaltevermögen, Belohnungsaufschub und Frustrationstoleranz üben sie nur aus, wenn es notwendig ist: In Bezug auf die Optimierung ihrer Einsatzfähigkeit in der Leistungs- und Konkurrenzgesellschaft.

Fazit. Wir haben in diesem Kapitel bisher gezeigt, dass Empowerment die Befriedigung vitaler und primär nichtmaterieller Grundbedürfnisse anstrebt und somit hilft, Alternativen zu einem eher konsumistischen Lebensentwurf zu verwirklichen: Mit Empowerment adressieren wir vor allem das Bedürfnis nach Liebe, das Streben nach Lust, die Förderung von Gesundheit und Sicherheit, die Förderung von Kompetenzen und Muße, Anerkennung und Sinnfindung. Ohne Befriedigung dieser genannten Bedürfnisse ist eine Existenz, die sich außerhalb von Arbeit und Konsum entfaltet, schwerlich zu verwirklichen.

Indem wir vorschlagen, die nichtmaterielle Bedürfnisbefriedigung mittels Empowerment-Strategien zu einem festen Bestandteil unseres Alltags werden zu lassen, kommen wir dem Ziel der Konvivialität ein bedeutsames Stück näher. Dazu fehlt aber noch ein wichtiger Bereich, der unsere sozialen Bedürfnisse tangiert, nämlich das Streben, die Dinge gemeinsam zu tun: Kooperation verspricht ein erfülltes Leben in Verbundenheit und Freiheit, Individualität und Gemeinschaft, Vernunft und Kreativität, Intergenerationalität und Nachhaltigkeit, mit ethischem Verhalten und Humanität.

Bedürfnisse in Kooperationsbeziehungen

> *Alle höheren psychischen Funktionen, eingeschlossen das Sprechen und begriffliche Denken, haben einen sozialen Ursprung. Sie entstehen als Mittel zur gegenseitigen Hilfeleistung und werden schrittweise Teil des alltäglichen Verhaltens eines Menschen.* Lew S. Wygotski

Auch wenn uns der Alltag oft andere Schlüsse nahezulegen scheint, tendieren wir üblicherweise dazu, den Nutzen des eigenen Handelns mit dem Nutzen für die anderen zu verknüpfen. Von der Antike bis zur modernen Spieltheorie findet sich diese Einsicht wieder: *Quid pro quo, do ut des, tit for tat.*[16] Wer mit wohlwollendem Verhalten beginnt, verführt die Gegenseite zu einem ebensolchem. Können wir wiederholt gemeinsame Erfolge verzeichnen, entwickeln wir ein Gefühl der Zusammengehörigkeit, eine besondere Verbundenheit, eine soziale Handlungsbereitschaft, oft auch Solidarität genannt. Unsere Bereitschaft, mehr von uns zu geben, wächst, je mehr wir erhalten, und so vertieft sich in der Regel eine Kooperationsbeziehung.

Bei unseren Partnern werden wir beobachten, wie sie sich durch unseren Vertrauensvorschuss bemühen, ihrerseits die Erfahrung weiterzugeben und neue Partner zu gewinnen. Der resultierende Vorteil kann zu einem ubiquitären, leitenden Handlungsmotiv werden, zum Bedürfnis, Dinge gemeinsam und vertrauensvoll anzugehen. In der Folge nehmen positive Affekte, Empathie und Mitgefühl zu. Eine Schlüsselfrage in unserem Empowerment-Konzept lautet:

> *Wie sollen die ersten vertrauenerweckenden und verheißungsvollen Schritte von Empowerern aussehen, um eine Kaskade aussichtsreicher und freundlicher Gegenreaktionen anzustoßen?*

Wir werden versuchen, Antworten durch die Analyse von Solidaritätsbedürfnissen zu finden. Jedoch sollte zunächst auf einen gewichtigen Einwand eingegangen werden, der an dieser Stelle oft vorgebracht wird: Das Risiko, zu Konkurrenten zu werden, nimmt rapide zu, wenn die Chance auf einen schnellen persönlichen Gewinn winkt. Dann stellen die Partner geschwind die individuelle Rationalität über die kollektive! Ist der Anreiz für nicht-kooperatives Verhalten zu groß – und das ist offenbar *die* Krankheit der Gegenwart –, werden wir zu Egoisten.

Wie wir an anderer Stelle anhand der *Gottman-Konstante* zeigen, benötigt eine negative Interaktion mindestens fünf positive Interaktionen, um psychologisch ausgeglichen zu werden. Ist im zwischenmenschlichen Austausch also Vertrauen erst einmal verlorengegangen, so ist ein viel größerer Aufwand notwendig, um die Grundlage der Kooperation überhaupt wieder herzustellen und den Schaden zu reparieren. Es wäre also viel vernünftiger, wenn wir gleich von Anfang an auf die solidarische Variante setzen würden. Der spezifische Kern der Empowerment-Haltung ist die Ermutigung, anderen gegenüber in Vorleistung zu gehen und keinen Anlass für Misstrauen zu geben.

1. Das Solidaritätsbedürfnis. Mit dem Begriff der Solidarität umschreiben wir in unserem Empowerment-Modell einen starken sozialen Antrieb, zusammen mit anderen Menschen zu handeln: Wir teilen unsere persönliche Verantwortung mit den anderen. Wenn wir uns solidarisch verhalten, geben wir altruistischen Motiven den Vorrang. Solidarität ermöglicht uns zugleich mannigfaltige individuelle Kompetenzerfahrungen und Gruppenerfahrungen der Identität, der Nähe und Zusammengehörigkeit. Sie ist eng mit den Bedürfnissen nach Sicherheit und Anerkennung, aber auch nach Sinn und Selbstwirksamkeit verbunden.[17] Letztlich ist sie immer auch damit

assoziiert, unser eigenes Wohlbefinden und das Gefühl von Wichtigkeit zu steigern. Durch die Befriedigung des Solidaritätsbedürfnisses erreichen wir Ziele, die alleine nicht realisiert werden können. Unsere gemeinsamen Interessen bestehen unter anderem auch in der Selbstbemächtigung zum Lösen politischer Probleme, unser Handeln geht dann in politisches Empowerment über.

2. Das einvernehmliche Leistungsmotiv. Leistungsmotive hängen eng mit Selbstverwirklichungsbedürfnissen und Konkurrenz zusammen. Viele Tätigkeiten und Leistungen in unserem Alltag sind naturgemäß durch kompetitive sowie durch kooperative Motivmuster geprägt. Altruistische und egoistische Leistungsmotive auf der persönlichen Ebene geraten daher leicht in Konflikt miteinander. Neben dem Bedürfnis nach Solidarität befeuert uns das Motiv, individuell Aufgaben zu lösen, uns persönlich zu bewähren und im Wettbewerb mit anderen individuell als Sieger hervorzutreten.

Wir haben gezeigt, dass bei reiner Kooperation beide Seiten Gewinner sind und ähnliche Vorteile genießen. Bei reiner Konkurrenz ist der Gewinn des einen der Verlust des anderen. Daneben kennen wir auch gemischte Formen, in denen sowohl Elemente der Kooperation als auch der Konkurrenz enthalten sind. Hier besteht die Erfordernis, uns mit dem Partner abzustimmen, in welchen Fällen wir die solidarische Kooperation dem Wettbewerb in der Gruppe vorziehen und umgekehrt, wann wir zu welchem Zweck miteinander wetteifern und gegebenenfalls wie der zu gewinnende Preis verteilt wird. Idealerweise sieht eine Einigung so aus, dass die Partner auf die Dauer und im Durchschnitt gleichermaßen Vorteile haben. Zur Erreichung dieses Ziels ist es wichtig, dass sie einander vertrauen und sie davon ausgehen, dass der andere im Zweifelsfall bereit ist, der altruistischen Strategie den Vorzug zu geben.

Tatsächlich sind in unserem Modell von Empowerment die Möglichkeiten von Wettbewerb und Kooperation keine Gegensätze, wenn wir beide wertschätzend in ein positiv-normatives Konzept einbetten. Dann ergänzen sie sich gegenseitig. Jedoch müssen wir uns bewusst sein, dass wir den Zielkonflikt zwischen Eigeninteresse und sozialem Interesse immer wieder aufs Neue klären müssen. Auf der einen Seite der Bilanz kann eigennützige Kompetitivität in bestimmten Situationen die Vorteile für alle mehren – wenn wir uns darauf verständigen können. Andererseits sollten wir solidarischen Verhaltensweisen immer dann den Vorzug geben, wenn sich die Kooperation auf die Dauer und im Durchschnitt lohnt. Nicht-kooperative Verhaltensweisen belasten oft das Klima und die Kultur einer Gruppe. Sie erschweren langfristig die Inklusion, induzieren negative Befindlichkeiten und zwischenmenschliche Distanzen und verteuern die Projekte durch privatisierte Vorteile und sozialisierte Kosten unnötig. Schon aus diesen eigennützigen Erwägungen sollten wir den solidarischen Strategien mit Sympathie begegnen.

3. Das Bedürfnis nach Distinktion. Mit Distinktion bezeichnen wir jenes kraftvolle soziale Bedürfnis von Individuen, ihre Identität und ihren Rang innerhalb einer gegebenen Gruppe oder Gesellschaft zu markieren. Es sorgt für Unterscheidbarkeit und Buntheit und verhindert Uniformität. Auch im Empowerment spielt das Bedürfnis, als etwas Besonderes, Einzigartiges, Wertvolles, kurz ein unverwechselbares Individuum zu gelten, eine hervorgehobene Rolle.

Warum nimmt Distinktion in unserem Konzept der Kooperationsbedürfnisse eine so hervorragende Stellung ein? Im Alltag sind wir unentwegt damit beschäftigt, uns mit anderen zu vergleichen, um uns der eigenen Identität und des eigenen gesellschaftlichen Standortes zu vergewissern. Wir suchen ständig nach Informationen über Ähnliche und Gleichgestellte, Unterlegene und Überlegene, Bessere und Schlechtere. Über vielfältige materielle oder immaterielle Mittel streben wir den Schutz oder die Verbesserung unserer Position und unseres Selbstwerts an.

Mittels der Distinktion grenzen wir uns gerade in der Konsumgesellschaft von Angehörigen anderer Gruppierungen ab (zum Beispiel Erfolgreiche vs. Modernisierungsverlierer, Hartzer vs. Millionäre, Akademiker vs. Ungelernte, Ökos vs. Ressourcenverschwender). Distinktion findet sich in unterschiedlichsten Ausprägungen und Vorlieben und bezieht sich zum Beispiel auf Geschmack, politische Ausrichtung, Religiosität, Kunst, Musik, Essen, Trinken, Reisen und Wohnen. Bestimmte Symbole und Umgangsformen dienen uns dazu, uns einer Gruppe zuzuordnen oder uns zugehörig zu fühlen. Die Angst vor Distinktionsverlust kann uns zu entgrenzter Konkurrenz, zu Scham und Konformität, ja, sogar zu Depression und Suizidalität führen.[18]

Distinktion ist eine allgegenwärtige Triebfeder, die uns energetisiert und motiviert, uns zu individueller Hochleistung und zu intensiven Gruppenprozessen anzureizen vermag. Um solidarisch und kooperativ agieren zu können, ist es im Empowerment-Prozess wichtig, uns Rechenschaft zu geben, ob uns die Distinktion in eine einseitige Richtung treibt. Empowerment und das Bedürfnis nach Distinktion sind keine Gegensätze – vielleicht auch gerade deswegen, weil beide die Selbstbemächtigung, die Fähigkeit, etwas Besonderes aus sich *und* seiner Bezugsgruppe zu machen, bestärken.

Das aufregende Erlebnis, das wir Leben nennen, ist ein ewiger Griff in den vollen Topf des Potenziellen. Ich versenke mich in Ahnungen und versuche, darauf neue Ideen zu entwickeln, die ich dann sprachlich zu fassen und handelnd umzusetzen versuche. Hans-Peter Dürr

Ressourcen – unerlässlich für Selbstverwirklichung und Kooperation

In unserem Empowerment-Ansatz spielen psychologische Ressourcen eine hervorgehobene Rolle. Unter Ressourcen fassen wir jene Dispositionen, die uns zu einem erweiterten und kompetenteren Handeln befähigen.[19] Ressourcen sind latente, oft im Hintergrund wirkende Kraftquellen. Latent meint, dass sie im Prinzip vorhanden, aber oft unterbewusst und nicht direkt verfügbar sind. Sie müssen erst einmal entdeckt werden. Dies geschieht in der Regel durch wertschätzendes Aufmerksam-Machen durch empowernde Dritte.

Persönliche Ressourcen umfassen Fertigkeiten, Stärken, Strategien, Erfahrungen und Haltungen. Die gute Nachricht: Wir können sie uns durch ein gezieltes Training, durch die Übungen des Empowerments, zum Beispiel Achtsamkeit, konstruktive Anstöße, Anreize zum Selbermachen und sokratischen Austausch aktivieren. Ohne psychologische Ressourcen wären wir außerstande, die meisten unserer Grundbedürfnisse zu befriedigen und eine Balance in unserem biopsychosozialen Wohlbefinden herzustellen.[20] Meist wissen wir aber gar nicht, über welche Schätze wir verfügen. Ein Ziel von Empowerment ist es, unsere psychologischen Ressourcen für uns selbst und andere zugänglich zu machen. Ihr Einsatz produziert lebensverbessernde Effekte.[21]

Von der Defizit- zur Ressourcensicht

Die Ressourcensicht ist in den Sozialwissenschaften noch nicht alt. Lange Zeit war die sogenannte Defizit- oder Krankheitssicht vorherrschend. Vor allem die Psychologen befassten sich mit Defizitanalysen, um die Lebensprobleme von Patienten oder Klienten, ihre Unzulänglichkeiten und mangelnden Bewältigungskompetenzen zu diagnostizieren und zu therapieren. Dabei orientierten sie sich an der Normalverteilung gewünschter Eigenschaften. Im ressourcenorientierten Paradigma fragen die Empowerer hingegen, welche positiven Fähigkeiten und Fertigkeiten – egal ob psychologisch, zwischenmenschlich oder materiell – bereits vorhanden sind. Sie fragen, wie sie die Ressourcen aktualisieren können, um ihr Gegenüber zu befähigen, selbstbestimmt Probleme und Herausforderungen zu bewältigen.

Persönliche und kontextuelle Ressourcen. Wie wir sie bewusst machen

> *Wenn du willst, was du noch nie gehabt hast, dann gebrauche, was du noch nie genutzt hast.*
>
> Orientalisches Sprichwort

Um das Tor zu den Ressourcen aufzustoßen, sind Zeit- und Fantasiereisen und das Bewusstmachen unserer Lebensgeschichten hilfreich. Wirkungsvoll sind narrative und gestalterische Verfahren, also beispielsweise die erzählerische Rekonstruktion in der Gruppe oder das kreative Bearbeiten von bildnerischen Materialien, anhand derer eine sinnliche Wahrnehmung der eigenen Problemlösefähigkeiten zum Vorschein kommt.[22]

Das Bearbeiten der eigenen Biografie, etwa mittels Zeitleisten, Lebenslinien und Entwicklungsbäumen, zeigt uns, wie wir, oft ohne dass wir es merken, bestimmte Fähigkeiten, Stärken und Strategien immer wieder völlig selbstverständlich eingesetzt haben, um mit schwierigen Herausforderungen fertigzuwerden. Eine soziale *Via regia* ist das Sich-Einbringen in der Empowerment-Gruppe, das Mit-Teilen im geschlossenen, vertrauenswürdigen Zirkel, die Resonanz integerer und loyaler Menschen, die gemeinsame Betrachtung und Reflexion. Über das Feedback der anderen gelingt es, unsere verborgenen Talente aufzuspüren. Diese Erfahrung festigt ganz nebenbei unsere Achtsamkeit und Selbstwahrnehmung.

Wir wollen es trotzdem nicht verhehlen: Nicht wenige lebensgeschichtlich verschüttete Ressourcen müssen auf sehr mühsame und persönliche Weise aufgespürt und freigelegt werden. Manchmal fällt es uns schwer, überhaupt an sie heranzukommen, weil das Sensorium taub geworden ist und erst langsam wiedererweckt werden muss. Dann kann uns fachliche Hilfe und eine geleitete Introspektion weiterbringen, zum Beispiel mit Mitteln der Körpertherapie, des Biofeedbacks, des Psychodramas und der Psychoanalyse.

Fazit

Gemäß unserer Eingangsbemerkungen setzt Ressourcenaktivierung persönliche Achtsamkeit und Veränderungswillen voraus. Auf der zwischenmenschlichen Ebene sind es vor allem die positiven Anstöße, die in Empowerment-Gruppen geübt werden können. Was tun wir dort konkret?

Drei mögliche Herangehensweisen:

- Wir unterstützen die Motivation, um zum Beispiel durch sokratisches Nachfragen mehr über sich selbst zu erfahren.
- Wir denken uns in der Empowerment-Gruppe spezielle Anstöße aus (zum Beispiel Traumreisen, Rollenspiele), die für Ressourcen sensibilisieren.
- Wir helfen uns gegenseitig, die Ressourcen als solche zu identifizieren, sie zu kristallisieren und handhabbar zu machen.

4. Empowerment und Lebenswissenschaften

Was dem Herzen widerstrebt, lässt der Kopf nicht ein.
Arthur Schopenhauer

Wir wenden uns im ersten Abschnitt dieses Kapitels zunächst dem Wissensschatz der modernen Forschung zu, der für unser Thema relevant ist.[1] Uns interessiert insbesondere die Frage, warum es uns so schwerfällt, altes Verhalten aufzugeben und uns Alternativen dazu vorzustellen. Im zweiten Abschnitt geht es uns um psychologische Fallstricke, die uns oft daran hindern, zu Empowerern zu werden.

Als Erstes stellen wir uns der Frage, warum es den meisten Menschen gemeinhin unmöglich ist, sich Alternativen zum Gewohnten vorzustellen, auch wenn die Einsicht vorhanden ist, dass weniger mehr sein könnte: weniger Arbeit, mehr Freizeit; weniger Konsum, mehr saubere Umwelt; weniger Hektik, mehr Gesundheit … – das Wissen steht hierzu bereit.

Wir folgen der aktuellen Einsicht von Neurobiologie und Psychologie, dass sich prägende Ereignisse – die historischen Spuren unserer Epoche, die industrielle Revolution und die von ihr beeinflussten Lebensgewohnheiten – tief in Leib und Gedächtnis der Menschen eingebrannt haben. Forschern auf dem Gebiet der Biologie gelingt es heute nachzuweisen, dass der Stress unseres Zeitalters substantielle Spuren im Gehirn hinterlässt: histologisch, neuronal, hormonell, biochemisch. Wie einseitig festgelegt unsere heutige Lebensweise ist, zeigt darüber hinaus die interkulturelle Soziologie in Bezug auf Dimensionen wie etwa Recht, Bildung, Medizin, Religion, Essen, Trinken, Sexualität etc. Wir leben nicht nur im Industriezeitalter, wir *sind* es.

Wenn wir nach Auffassung von Wittgenstein unsere Welt *sind*, ist es im Sinne des Empowerment-Ansatzes so wichtig zu begreifen, dass wir nicht nur rationale Wesen, sondern biopsychosoziale Einheiten sind. Das bedeutet: Wer seine Lebensweisen verändern will, muss es auf allen Ebenen tun, Körper-Geist-Seele, muss ganzheitlich agieren – nicht nur die Einstellungen, sondern auch das Verhalten verändern, nicht nur den »Mindset«, sondern auch die körperliche »Programmierung« umstrukturieren. Wir sind den Krisen unseres Zeitalters nicht hilflos ausgeliefert. Vielmehr können wir die Zeitenwende mit Hilfe unserer konvivialen Vision und unserer Ressourcen aktiv mitkonstruieren.

Wenn wir tiefreichende Veränderungen in Gang setzen wollen, muss uns also bewusst werden, dass wir sie vor allem durch Self-Empowerment, durch Empowerment in Gruppen und eine veränderte Praxis vor Ort bewirken.

Das Embodiment-Konzept

Das Embodiment-Konzept stellt die bisherige Diskussion vor allem in der Psychoanalyse auf den Kopf: Es drückt die Einsicht aus, dass der Körper an allen seelischen Prozessen, an Gefühlen, Gedanken, Erinnerungen, ursächlich beteiligt ist. Nicht frühkindliche Sexualität und die Eltern-Kind-Beziehung, sondern der Körper ist die Voraussetzung für unser Bewusstsein, dessen Bedingung die Interaktion ist, also die tatsächliche Auseinandersetzung einer Person mit ihrer physikalischen und sozialen Umwelt. Bewusstsein ist demnach das Ergebnis eines Prozesses der sensomotorischen Koordination und basiert auf einem handelnden Wesen.[2]

Das Bemühen um Veränderung wird erfolgversprechend, wenn es mit unseren Bedürfnissen nach Körperlichkeit, nach Lust, sinnlichem Genuss und tiefgründiger Freude verbunden ist. Wir können gar nicht umhin den Körper mitzunehmen, wenn wir mit der Selbstbemächtigung ernst machen und nicht bereits an der Schwelle der Leiblichkeit scheitern wollen.

Somato-psychische Veränderungsprozesse dauern lange; unser emotionales Gehirn ist träge, kein Luftikus, eher ein Gewohnheitstier. Erst wenn wir das langsame Gehirn und mit ihm den Körper überzeugen können, dass sich der Wandel lohnt, werden ihm Gemüt und Intellekt folgen. Um im Bild zu bleiben, das emotionale Gehirn ist ein sensibles Reh: Bedrohung, Angst, Vermeidung, Misstrauen, Negativität prägen sich ihm viel leichter ein als positive Erfahrungen. Wer es einmal erschreckt, braucht mindestens fünf positive Anläufe, um die eine negative Erfahrung wiedergutzumachen. Wir brauchen also einen langen Atem, *make efforts!*

Epigenetik. Die Gewöhnung an industrielle Lebensbedingungen hat unseren Körper und unsere Psyche seit zwei Jahrhunderten nachhaltig geformt. Unsere Konstitution wird sehr früh, sehr tief und sehr unbewusst in ihnen verankert.

Neurowissenschaftliche Studien können zeigen, wie nicht nur Strukturen unseres Erbgutes, sondern auch Erfahrungen von einer Generation in die andere übertragen werden. Einschneidende Erfahrungen formen Normen, Werte und Alltagspraktiken und somit die Kultur; sie beeinflussen unsere wirtschaftliche und soziale Ordnung; sie erscheinen uns selbstverständlich und naturhaft. Langwährende Ereignisse hinterlassen manchmal positive, oft aber negative Spuren im Gehirn, in den Organen und Keimzellen. Die erworbenen Mutationen der Eltern werden damit regelrecht in die DNA des Nachwuchses eingeschrieben. Sie reichen als Rezeptions- und Reaktionsmechanismen bis hinunter auf die zellulär-molekulare Ebene. Dieser Vorgang, Epigenetik genannt, stellt die Inkorporierung soziokultureller Faktoren in die Biologie der Vererbung dar. Besonders beeindruckend sind kollektive Erfahrungen mit Hunger, Gewalt und Tod in Kriegen; aber auch individuelle Traumatisierungen und lang anhaltende Mangelzustände in der Bedürfnisbefriedigung übertragen sich auf die nächsten Generationen. Sie werden über die Keimzellen an die folgende Generation weitergeben, es entsteht eine Art kollektive Genetik. Dies macht verständlich, warum unsere Verhaltensmuster insgesamt sehr stabil sind, trotz manch unangenehmer Konsequenzen, die aus der derzeitigen Krise rühren. Wir *sind* körperlich und seelisch Teil des Industriezeitalters.

Zu einem gar nicht so geringen Teil speist sich unsere Sehnsucht nach einer Zeitenwende aus der gegenwärtigen Erfahrung permanenter Überforderung: Dauererregung, stressreiche Arbeits- und Lebensumstände, Ausgrenzung, bedrohliche Konkurrenzen und Rivalitäten haben sich in die Körper der Menschen unseres Zeitalters eingraviert. Wenn uns nun der Mangel an Selbstwirksamkeit, Wertschätzung, Gemeinsamkeit und selbstinitiierten Erfolgen immer intensiver bewusst wird, wenn der Schmerz allmählich stärker wird als die hedonistische Lust am oberflächlichen Konsum, hat Empowerment eine Chance. Eine Änderung der Verhältnisse und Lebensgewohnheiten, die nicht gewaltsam von außen – etwa durch eine Diktatur, eine Atomkatastrophe, einen Tsunami – erzwungen wird, hat bei uns vor allem dann eine Aussicht auf Erfolg, wenn Leib und Seele spektakulär von ihr profitieren, kurzfristig hochbefriedigend und langfristig mit zuverlässigem Gewinn.

Frühkindliche Prägung. Die Neuro- und Psycho-Wissenschaften sind sich darüber einig, dass die frühen Erfahrungen einen entscheidenden Einfluss auf die gesamte Persönlichkeitsentwicklung und das Selbstverständnis von uns Menschen haben. Frühkindliche Eindrücke, zum Beispiel Bindungserfahrungen, Emotionen und Lusterleben, aber auch die Frustration der Grundbedürfnisse prägen uns ein Leben lang. Sie begründen sehr zeitig die Fundamente des Seelischen, der Emotionalität und des bewussten Erlebens, das »Ich«. Sie verstofflichen sich regelrecht als neuronale Matrizen und Schemata auf dem Hintergrund unserer Biografie. Diese Muster bestimmen unsere physiologische, affektive und kognitive Selbstregulation. Dabei gilt, dass das entwicklungspsychologisch Frühere das Nachfolgende maßgeblich determiniert: der Körper beeinflusst das Empfinden, das Empfinden beeinflusst die Emotionen, die Emotionen beeinflussen die Kognitionen.

Während des Wachstums in den ersten Lebensjahren organisiert sich unser Gehirn so, wie es der jeweilige gesellschaftliche und historische Rahmen vorgibt. Wir bauen zunächst die zuverlässig auftretenden emotionalen Muster und Verstärkungen unseres sozialen Umfelds unbewusst in das Verständnis unserer selbst ein; bewusste, kognitiv-sprachliche Inhalte kommen dann später hinzu. Durch Wiederholungen, sogenannte Bahnungen, bilden wir persönliche Erwartungsschemata: Belohnende Erfahrungen suchen wir auf, unangenehme meiden wir. Unsere Seele wird also ganz maßgeblich von dem geprägt, was von Kindesbeinen wiederholt und bekräftigt wird; Normalität entsteht so.

Der Verstand hat allerdings nur begrenzte Einsicht in die Determinanten unseres Erlebens und Handelns: Die Gewohnheiten kontrollieren das Bewusstsein viel stärker als umgekehrt. Dieser »Autopilot« steuert unser Verhalten im Umgang mit anderen Menschen und alltäglichen Anforderungen; er begrenzt die Zahl der Entscheidungen, die wir absichtsvoll und aus freiem Willen treffen können. Das reduziert Alternativen, macht das Leben aber vor allem einfacher. Das macht es verständlich, warum wir viele Verhaltensweisen nur schwer ändern können, so sehr man sich über Informieren, Aufklären und Belehren auch darum bemüht.

Wir ändern unser Verhalten erst dann, wenn wir attraktive Belohnungen bekommen. Das Gehirn und unsere Seele wollen belohnt werden. Die Belohnung muss einen Unterschied machen, ein spontanes Wohlbefinden, wooooow – wie wenn wir Schokolade essen, Kaffee trinken oder prickelnden Sex haben!

Das heißt, sie muss zu kurzfristiger Befriedigung und zu einem langfristigen Gewinn führen. Belohnungen wirken zum Beispiel über die Erhöhung des Blutzuckerspiegels oder die Ausschüttung von Oxytocin oder Serotonin.

Soziale Belohnungen wie zum Beispiel Lob oder Tadel wirken dabei noch nachhaltiger als materielle. Sie evozieren eine Ausschüttung von körpereigenen Opioiden im Belohnungszentrum des Gehirns, die wir selbst steuern können. Die Schnelligkeitt, wie wir positives Erleben anstoßen, ist also weitgehend von den körperlichen und emotionalen Anreizen abhängig, die wir beim Erlernen neuer Verhaltensweisen einsetzen. Sagten wir schon, dass Empowerment eine Kunst ist!?

Empowerment als Mittel gegen Veränderungsresistenz

Aus psychologischer und soziologischer Sicht nehmen wir an, dass die Konzentration auf Geldvermehrung, Arbeit und Konsum – die grundlegenden Aktivitäten des Industriezeitalters – eine ungeheure Einengung des prinzipiell unbegrenzten menschlichen Verhaltensrepertoires mit sich bringt. Diese Beschneidung unserer Potenziale erkaufen wir mit eingeschränkter Selbstverwirklichungs- und Genussfähigkeit, Vereinzelung, emotionaler Flachheit und körperlichen Leiden.

Hierzu trägt eine Kombination von Faktoren bei:

- Prägungen durch das Industriezeitalter (epigenetische Vorbelastung)
- Infantilisierung (frühkindliche Erfahrungen mit Affektverarmung)
- eindimensionale Verhaltenspräferenzen (konsumistische Sozialisation)
- Mangel an alternativen Verhaltensanreizen (Veränderungsresistenz)

Die zeitgenössische Fixierung auf Arbeit und Konsum steht den elementaren Bedürfnissen, Wünschen, Motiven und Werten im Wege. Sie verhindert die ergebnisoffene Auseinandersetzung mit unseren vitalen Interessen. So kann die tief verwurzelte Sehnsucht nach Autonomie, selbstbestimmter Zeit und eigenem Tempo, Kreativität und Selbstverwirklichung, nach Spontaneität und Lust, nach nichtkompetitiven Gemeinschaftsaktivitäten und Solidarität von der Mehrzahl der Menschen nur ansatzweise, aber keineswegs hinreichend ausgelebt werden. Die Überhöhung von Arbeit und Konsum erlaubt uns zwar ein Gefühl der Normalität, steht aber der Entwicklung und Ausprägung einer erwachsenen, selbstbestimmten, glücklichen Persönlichkeit im Weg. Sie verhindert die Selbstermächtigung, die aus dem Bewusstsein der eigenen Kraft, des eigenen Vermögens und Könnens, kurz der eigenen Menschlichkeit, resultiert.

Ungezählte psychologische und neuerdings auch neurobiologische Studien weisen nach, dass Interventionen auf der Ebene von Wissen und Vernunft für Verhaltensänderungen nicht ausreichen. Rational-kognitive Strategien erweisen sich meist als kurzatmig und ineffektiv, trotz guten Willens und aller Einsicht der Betroffenen. Selbstschädigende oder selbstgefährdende Verhaltensweisen, gerade Arbeits- oder Kaufsucht, können durch sie nicht unterbunden werden.

In der Regel tendieren wir nämlich schon nach kurzer Zeit zu einer Rückkehr zu unserem »normalen« psychischen Zustand, das heißt der »eingefleischten« Art und Weise, wie wir gewohnt sind zu arbeiten, zu konsumieren und unseren Alltag zu gestalten. Schlimmer noch: Viele von uns kennen den Jo-Jo-Effekt von Diäten, wo das Endgewicht oft höher ist als das Ausgangsgewicht. Bei einer Arbeits- und Konsumreduktion lässt uns das tief enkodierte Programm sogar mit einem sogenannten Rebound-Effekt reagieren, also zum Beispiel mit längeren Arbeitszeiten und einem erhöhten Verbrauch.[3]

Wer sein Verhalten wirklich verändern will, braucht mehr als vernünftige Einsichten: Er braucht Hilfe, um einen Zugang zu seinen unterschwelligen biopsychosozialen Potenzialen zu finden, um mit den Gefühlen in Kontakt zu kommen, die seine Bedürfnisse und sein Verhalten steuern. Hierzu helfen Anstöße, hierzu kann Empowerment wegweisend sein!

Langfristig erfolgreiche Verhaltensänderungen

Langfristig erfolgreiche Änderungen sind unabdingbar an den Körper, vor allem an das Gehirn im Allgemeinen und das limbische System im Besonderen, gekoppelt: Dies gilt insbesondere bei früh geprägtem und gewohnheitsmäßig verankertem Verhalten. Wir müssen unser Verhältnis zu unseren Bedürfnissen verändern. Erst wenn sich eine Veränderung auch substantiell in den beteiligten Hirnarealen verkörpert, wenn wir darauf vertrauen können, dass immaterielle und soziale Belohnungen zuverlässig eintreten, wird sie dauerhaft stabil sein. Die Psychologie zeigt, dass sich Verhalten offenbar nur dann ändert, wenn

- die positiven Erfahrungen zeitlich ausgedehnt sind und lang einwirken,
- Gefühle und Motivationen einbezogen werden,
- sich der Einzelne zur aktiven Mitwirkung, das heißt zur Übung, entschieden hat.

Die Ergebnisse zeigen sich dann in körperlich-seelischen Veränderungen, im Fühlen, Erleben und Verhalten. Sie können substantiell in bildgebenden Verfahren und auf der Verhaltensebene durch psychologische Messverfahren nachgewiesen werden, zum Beispiel als Zuwachs in Dimensionen von

- Bindungs-, Selbstberuhigungs- und Stressverarbeitungsfähigkeiten,
- intrinsischer Motivation,
- Selbstwirksamkeitserwartungen und
- sozialer Kompetenz.

Der Erfolg von Verhaltensänderungen steht in engem Zusammenhang mit geduldigem Einüben. Neuordnungen im Kopf benötigen Achtsamkeit und Konzentration sowie einen wertschätzenden, fehlerfreundlichen Umgang mit sich selbst – vor allem aber die Präsenz immer wiederkehrender, ermutigender Anreize in einem sich selbst verstärkenden Umfeld. Es geht darum, selbstschädigendes durch selbstbemächtigendes Verhalten zu ersetzen. Aber wie wir gezeigt haben, benötigt Neuordnung noch viel mehr. Wir nennen das die Empowerment-Haltung. Sie beruht auf einer positiv-normativen Grundhaltung und einer Kultur der wechselseitigen Anstöße. Dadurch begründen wir eine neue Generation, die Generation Zeitenwende. Ihre Kennzeichen sind ein Leben voller Muße und ausgeglichene Bilanzen.

Tu Deinem Leib Gutes

Die grundlegenden Schritte, die wir also tun müssen, um aus dem mehr oder weniger entfremdeten Dasein zu finden, gehen schnurstracks über den ganzen Menschen, vor allem über seine an den Körper gebundenen Emotionen: über innere Achtsamkeit, über direkte sinnliche Erlebnisse, über den Genuss am eigenen Tun, über Lust und belohnende Erfahrungen. Immer sind Leib und Seele unmittelbar beteiligt, um den Geist und das Verhalten zu öffnen. Effektivere Wege und Abkürzungen gibt es nicht. Der Körper ist der erste Raum. Unser Unbewusstes birgt unsere Bedürfnisse, Gefühle und Erinnerungen. Tun wir ihm also Gutes, auf dass unsere Seele mit Lust in ihm wohnt und wir – um es mit Freud zu sagen – wieder Herr im eigenen Haus werden. Das Ausmaß der Befriedigung unserer Selbstverwirklichungs- und Kooperationsbedürfnisse wird Sensor, Radar und Kompass sein und uns die Richtung zu einem reicheren Leben weisen, das wir in Besitz nehmen wollen. Die Beschäftigung mit den tief enkodierten Botschaften hilft uns, Potenziale und Kraftquellen zu finden, ganz zu werden. Die Weisheit unseres

Körpers steht zwischen Vergangenheit und Zukunft, zwischen Vorfahren und ungeborenen Kindern, zwischen Umwelt und Innenwelt, zwischen Geist und Materie. Zollen wir ihm also Respekt!

Alles Psycho oder Wie wir uns im Alltag selbst Fallen stellen

Auf dem Weg zum Empowerment stellen wir uns immer wieder selbst ein Bein – meist ganz unfreiwillig. Unsere Psyche führt uns gerne auf verschiedenste Um- und Abwege. Selektive Wahrnehmungen und Interessen verzerren unsere Einschätzungen, oft ohne dass wir uns Rechenschaft darüber ablegen: So werden wir bei unseren Entscheidungen von anderen beeinflusst; und ebenso häufig versuchen wir, andere zu unseren Gunsten zu beeinflussen. Als soziale Wesen lechzen wir nach Anerkennung, umgekehrt neiden wir anderen ihre Verdienste oder imitieren sie blindlings, wir bestehen auf Fairness, ohne selbst die Regeln einzuhalten; wir geringschätzen den eigenen Wohlstand, wenn wir bemerken, wie viel andere haben. Kurz und gut, unser Verhalten ist menschlich, allzu menschlich, das heißt sehr anfällig dafür, dass wir uns in den eigenen Fallstricken verheddern.

Als Autoren sind uns die menschlichen Fehlleistungen in Hinblick auf die Einschätzung, ob Empowerment eine hilfreiche Strategie sein kann, so wichtig, dass wir ihnen einen eigenen Abschnitt widmen. Wir halten es für notwendig, mit Nachdruck darauf hinzuweisen, dass unsere Entscheidungen im Alltag allzu oft fehlerhaft und tendenziös sind, gerade wenn es um das Thema Veränderung geht. Es verlangt eine ernsthafte Auseinandersetzung mit unseren Gewohnheiten, Bequemlichkeiten und Verhaltensroutinen. Wir Menschen werfen nur allzu schnell die Flinte ins Korn, wenn es ans Eingemachte geht. Und wir sehen nur allzu schnell rot, wenn wir meinen, dass jemand unsere Art und Weise zu leben angreift, egal ob es unsere Arbeits-, Freizeit- oder Konsumgewohnheiten betrifft.

Neben den Überzeugungen, den Wertesystemen und dem Sozialstatus, die uns als Person ausmachen, spielt in unserem Verhalten – klugerweise – vor allem unsere Risikowahrnehmung eine große Rolle. Wir quälen uns mit der Frage: Sind unsere Sicherheit, unser Wohlbefinden und unser Lebensstil wirklich bedroht oder führt uns unser innerer Schweinehund mal wieder aufs Glatteis?

Wir sollten uns stets bewusst machen, dass wir keine rationalen Nutzenmaximierer sind. Die Evolution hat den alten Adam so konstruiert, dass sie sein Denken immer wieder durch persönliche Vorlieben, unvollständige Erinnerungen und logische Fehlschlüsse in die Irre führt. Zu berücksichtigen, dass wir nicht der superschlaue Problemlöser sind, für den wir uns als Homo sapiens so gerne halten, könnte enorm wichtig werden, um mit den richtigen Fragestellungen an die eigentlichen Probleme unserer Zeit heranzukommen – und die falschen zugunsten einer positiven Zeitenwende frühzeitig zu durchschauen. Zum Beispiel bei der Klimaerwärmung: Wie den Energieverbrauch drosseln, ohne das eingesparte Geld gleich wieder in den Konsum zu stecken (Rebound-Effekt)? Zum Beispiel die Ungleichheit von Einkommen und Vermögen: Wie die Initiativen für ein bedingungsloses Grundeinkommen stärken, ohne als hart arbeitender Mensch selbst das Gefühl zu haben, ausgenutzt zu werden (Verlustaversion).

In diesem Abschnitt wollen wir auf ausgewählte grundlegende Stolpersteine aufmerksam machen, die unsere guten Vorsätze immer wieder zum Straucheln bringen und uns an der Befriedigung unserer wirklichen Bedürfnisse hindern. Wir lenken die Aufmerksamkeit auf einige wichtige psychologische Mechanismen, die der Entwicklung einer stabilen Empowerment-Haltung entgegenstehen. Diese Aufzählung erhebt natürlich keinen Anspruch auf Vollständigkeit: Jede und jeder könnte sie bestimmt um einige Geheimtipps aus der persönlichen Trickkiste ergänzen. Daraus abgeleitet stellen wir am Ende »Tipps für ein gelingendes Empowerment« zusammen.

Viele unserer Beobachtungen stammen aus der Verhaltensökonomik (englisch *Behavioral Economics*), einem Teilgebiet der Wirtschaftswissenschaft. Wir treffen im Alltag wie auf den Märkten unsere Entscheidungen oft auf Grundlage einer einfachen, schnellen und stabilen Daumenregel (Heuristiken). Dabei schenken wir unserem Unbewussten oft zu wenig Beachtung. Wir geben dem schnellen, intuitiven Denken den Vorzug vor dem langsamen, gründlichen.[4] Dabei spielt oft die Art und Weise, wie ein Problem oder eine Entscheidung vorgestellt wird, eine große Rolle (das sogenannte *Framing*). Da wir in unserer Lebenswelt sehr subjektive Entscheider sind, können wir durch uns selbst, aber auch durch andere ganz einfach – und absichtsvoll – manipuliert werden. In Hinblick auf den Erwerb und die Anwendung einer Empowerment-Haltung sollten wir deshalb stets im Hinterkopf haben, dass Fehler, unvernünftige Entscheidungen und Anomalien unsere vernünftigen Lebensbewältigungsfertigkeiten und unsere Art der Bedürfnisbefriedigung, die wir eigentlich von uns erwarten, behindern oder sogar unmöglich machen.

Priming. Die Evolution hat uns die intuitive Verhaltenstendenz mitgegeben, Dinge, die wir kennen und die uns nicht bedrohen, zu mögen. Wann immer wir etwas begegnen, und es hat uns nicht gefressen, dürfen wir uns sicher fühlen. Was uns vertraut ist, erscheint uns gut, was wir kennen, mögen wir – und umgekehrt. Mit *Priming* bezeichnen wir einen mentalen Vorgang, durch den ein vorangegangener Reiz damit zusammenhängende Gedächtnisinhalte aktiviert. Ist erst einmal die unbewusste Bewertung einer bestimmten Situation erfolgt, laufen die anschließenden Handlungsmuster in der Regel spontan und selbsttätig ab. So steuern Eindrücke, Bilder und Wörter des Alltags unser Verhalten unterhalb der Bewusstseinsschwelle. Diesen Sachverhalt machen sich Werbung, Lobbyisten und Politiker gerne zunutze.

Nur allzu oft wissen wir gar nicht, dass wir einen bestimmten Reiz wahrgenommen haben, dennoch reagieren wir darauf. Der amerikanische Psychologe und Wirtschaftsnobelpreisträger Kahneman (2011) illustriert den Priming-Effekt am Beispiel eines Experiments, bei dem zwei Gruppen von Probanden ein Spiel spielen. Bei der einen heißt es »Gemeinschaftsspiel«, bei der anderen »Wettbewerbsspiel«. Allein durch diese Benennung werden die Leute im einen Fall hilfsbereit, im anderen egoistisch – und das, obwohl es beide Male dasselbe Spiel ist.

Für die Praxis des Empowerments ist es also wichtig, solche unwillkürlichen und automatisiert ablaufenden Prozesse bewusst zu machen und zu durchbrechen. Das kann zum Beispiel mithilfe von Achtsamkeitsübungen in der Empowerment-Gruppe geschehen. Dabei wird das neuronale Netzwerk quasi »umprogrammiert«. Es sei an dieser Stelle gleich gesagt, dass der Erwerb neuer Kompetenzen anstrengend, ungewohnt und aufwändig ist. Zugleich sind sie vor allem am Anfang störanfällig und können dann in sich zusammenbrechen, wenn unsere Grundbedürfnisse – etwa nach Sicherheit, Selbstwertschutz und Unlustvermeidung – gefährdet sind.

Kognitive Dissonanz. Sind unsere Kognitionen, das heißt Wahrnehmungen, Gedanken, Meinungen, Einstellungen, Wünsche oder Absichten nicht miteinander vereinbar, erleben wir unangenehme Gefühlszustände. Diese bezeichnet der amerikanische Sozialpsychologe Leon Festinger (1997) als kognitive Dissonanz. Wenn wir beispielsweise gleichzeitig rauchen und einen gesunden Lebensstil pflegen wollen, wenn wir gleichzeitig viel mit dem Flugzeug unterwegs sind und etwas Gutes für die

Umwelt tun wollen, verspüren wir kognitive Dissonanz. Um die Dissonanz zu reduzieren, versuchen wir üblicherweise, die widerstreitenden Wahrnehmungen unseren eigenen Überzeugungen anzupassen.

Im Self-Empowerment durchlaufen wir hingegen einen Prozess der Selbstprüfung. Wir stellen unsere Körperwahrnehmung, unsere Überzeugungen und Erkenntnisse einander gegenüber. Gelingt es uns, die irrationalen und selbstschädigenden Verhaltensweisen zu identifizieren und loszulassen, verwandelt sich die kognitive Dissonanz in Kongruenz. Wir brauchen uns zum Beispiel nicht mehr weiszumachen, dass wir mit unserem Konsum Arbeitsplätze sichern helfen, sondern dass wir weniger verbrauchen und deshalb weniger arbeiten müssen. Wir brauchen uns zum Beispiel nicht mehr weiszumachen, dass wir uns international für strengere Abgasvorschriften einsetzen, wenn wir den öffentlichen Nahverkehr nutzen und nicht mehr fliegen. Wir erleben umso weniger Dissonanz, je intensiver wir uns mit der Gefährdung auseinandersetzen und je mehr persönliche Kontrolle wir auszuüben vermögen.

Verankerung. Bei Schätzungen oder ungenauen Kalkulationsgrundlagen halten wir gerne an einer einmal getroffenen Entscheidung fest. Der Ausgangspunkt ist aber möglicherweise irrational, weil Vorinformationen, kognitive Verzerrungen und persönliche Erwartungen die Festlegung maßgeblich beeinflussen können. So unterlaufen uns unnötig häufig falsche Festlegungen.

Um genau diese Fehler zu vermeiden empfiehlt es sich, im Rahmen der lokalen Empowerment-Gruppe die Erfahrungen von anderen Menschen vor Ort mit ähnlichen Lebensbedingungen und Lebenslagen miteinzubeziehen, anstatt sich auf seine ungeprüften Vorannahmen zu verlassen. Beispiele: Seit der Humboldt'schen Bildungsreform galt Deutschland auf der internationalen Bühne als Vorbild im Schulwesen. Immer wieder beschworen unsere Politiker diese Fortschrittlichkeit. Die PISA-Studie zeigt uns jedoch, dass wir uns im hinteren Mittelfeld der OECD-Länder befinden. Lange schien Deutschland der Vorreiter der Windenergie zu sein. Allerdings haben uns Länder wie China oder Großbritannien längst überholt.

Verlustaversion. An den Aufstieg gewöhnt man sich im Handumdrehen, den Niedergang können wir kaum verschmerzen. Wehe, uns droht eine Minderung unseres Wohlstands! Es fällt uns leichter, über einen größer werdenden Kuchen zu verhandeln als über einen schrumpfenden. Mit dem Begriff Verlustaversion bezeichnen wir die Einsicht, dass es für uns im Prinzip immer wichtiger ist, keinen Verlust zu erleiden als einen Gewinn einzustreichen. Viele von uns kennen die Erfahrung, dass ein möglicher Lohnabschlag stärker schmerzt, als uns eine Gehaltserhöhung glücklich macht. Wir hassen Verluste mehr, als dass wir Gewinne lieben, beschreiben Kahneman und Tversky (1979) dieses Phänomen. Die Verlustaversion als Kraft des Verharrens erklärt die Tendenz, an unseren Lebensumständen festzuhalten, zum Beispiel unseren aktuellen Lebensstandard zu wahren – auch wenn dies auf Kosten der Gesundheit oder künftiger Generationen geht.

Trotz verinnerlichter Empowerment-Sicht fallen uns Veränderungen immer dann besonders schwer, wenn wir einschätzen, dass sie mit Einschränkungen verbunden sind. Das geht unter Umständen so weit, dass wir greifbare Vorteile, wie etwa mehr Zeit, Kontakte und Muße, nicht wahrnehmen, um das entferntere Risiko, zum Beispiel ein kleineres Einkommen, zu vermeiden. Deshalb ist es sehr wichtig, immer auch kurzfristige Genuss-, Spaß- und Win-Win-Aspekte erfahrbar werden zu lassen.

Slippery-Slope-Phänomen. Mit dem *Slippery-Slope-Phänomen* beschreiben wir unsere teils berechtigte, teils irrationale Angst vor dem Abrutschen, dem sozialen Abstieg im Falle der Nichtanpassung. Der Jenaer Soziologe Hartmut Rosa benennt damit den Zwang vieler Zeitgenossen zur Ruhelosigkeit.[5] Dieser resultiert aus der Beschleunigung der industriellen und wirtschaftlichen Prozesse, welche den Menschen die Steuerungsmöglichkeiten über ihr Leben zu nehmen droht.

Mit dem *Slippery-Slope-Trick* wird uns eine Art von Alternativlosigkeit signalisiert, die in diametralem Gegensatz zu Empowerment steht. Die Aussicht auf eine ungewisse Zukunft verursacht Unsicherheiten und negative Gefühle, macht uns niedergeschlagen und passiv. Es wird uns von interessierter Seite nahegelegt, dass wir nicht ausruhen und uns zufriedengeben dürfen, da wir ansonsten einen Verlust oder einen Nachteil erleiden und sozial absteigen könnten. Die Empowerment-Philosophie hält dem entgegen, dass soziable Selbstverwirklichung und solidarische Kooperation in weit höherem Maß in der Lage ist, für das gute Leben, die gesellschaftlich notwendige Arbeit, für Muße und Lebenssinn zu sorgen.

Anstatt der Erwartung Genüge zu tun, uns ständig an das Neue anzupassen, setzen wir im Empowerment auf selbstbestimmte Lebensverhältnisse und Nachhaltigkeit. Wir entscheiden selbst über Anschlussvoraussetzungen und Anschlussoptionen für die Zukunft, zum Beispiel in Hinblick auf die Arbeit, Freundeskreis und Wohnort. Das Tempo des Wandels wird nicht mehr den seelenlosen Algorithmen der Geldvermehrung oder der Produktivitätszuwächse überlassen, sondern Menschen, für die Liebe, Lust, Gesundheit und Sicherheit Priorität besitzen. Entscheidungen müssen nicht mehr allein vor dem Hintergrund des Sachzwangs technischer Innovationen gefällt werden, sondern werden in Ruhe und demokratisch getroffen. Solche Entscheidungen können auch Nicht-Handeln und Nullwachstum einschließen.

Shifting Baselines. Die Unfähigkeit, die Dimension von schleichenden Veränderungsprozessen angemessen einzuschätzen, ist eng an das Phänomen der *Shifting Baselines* gekoppelt: Menschen verhalten sich psychologisch dergestalt, dass sie lediglich abrupte Veränderungen ihrer Lebenswelt registrieren, schleichende hingegen nicht.[6] Wenn die Ursache-Wirkungs-Kette – wie es beispielsweise beim Klimawandel im Zeitrahmen von Jahrzehnten der Fall ist – auseinandergerissen ist, versagt unser Vorstellungsvermögen.

Weil wir dazu tendieren, negative Folgen des wie auch immer gearteten Fortschritts als unvermeidlich, als »natürlich« einzuordnen, müssen wir unseren Sinn für Resonanz und Kohärenz trainieren. Durch den Austausch mit anderen, durch Mitgefühl, Fürsorge und Trost sowie das Erlangen eines neuen inneren Gleichgewichts wird es uns unmöglich, einfach zur Tagesordnung überzugehen. Die Frustrationen und Verletzungen eines unbefriedigenden Lebens, aber auch Erderwärmung und Umweltschäden können wir dann nicht mehr als bloße Kollateralschäden verbuchen. Der Austausch in der Gruppe hindert uns, dass wir uns an diese Erscheinungen gewöhnen und sie für normal halten. Wir werden nicht mehr so nachsichtig sein, wenn der soziale oder technische Fortschritt mit dem Versprechen daherkommt, unsere Möglichkeiten, unsere Freiheit und unseren Lebensstandard zu erhöhen. Es wird uns schwerer fallen, angesichts der vielen vermeintlichen Vorteile großzügig über die negativen Konsequenzen hinwegzusehen. Auch wenn die negativen Ereignisse immer nur einzeln und in unregelmäßigen Abständen auftreten, macht es unsere Sensibilisierung durch Empowerment leichter, diese in unserer Tiefenstruktur wahrzunehmen.

Konformitätsdruck. Wenn wir in uns hineinhören, ertappen wir uns oft dabei, wie unwohl und unsicher wir uns fühlen, wenn wir einmal eine andere Meinung vertreten als die Mehrheit. Treten wir etwa für maßvollen Konsum ein, kann es passieren, dass wir uns ganz schnell außerhalb des Mainstreams sehen. Wir fürchten, als Miesepeter und Außenseiter abgestempelt zu werden und nicht mehr dazuzugehören, oder noch schlimmer, durch Antipathien und Mobbing ausgegrenzt zu werden. Mehrheiten haben die Tendenz, abweichendes Verhalten entweder zu integrieren oder zu sanktionieren.

Je ängstigender, komplexer oder existentieller wir eine bestimmte Situation erleben, umso schwieriger wird es, bei unseren eigenen Gefühlen und Auffassungen zu bleiben. Es ist natürlich viel einfacher, sich auf die Meinung der Mehrheit zu verlassen und sie als alternativlos und richtig zu übernehmen.

Unser Bedürfnis nach Selbstvergewisserung, sozialer Konformität und Solidarität kann durch die Empowerment-Gruppe sehr nachhaltig unterstützt werden. So wird es uns möglich, auch Stellung gegen die Mehrheitsmeinung zu beziehen und das zu tun, was wir für richtig halten.

Zuschreibungen (Attributionen). Zentral für unseren Umgang mit Empowerment ist die Erwartung, mehr Einfluss auf den Lauf der Dinge nehmen zu können. Empowerment wird von der Überzeugung getragen, dass es gelingen kann, von innen heraus einen Wandel anzustoßen.

Gehen Menschen davon aus, dass die Situation, also die Faktoren der Außenwelt, maßgeblich ihr Verhalten bestimmt, sprechen wir von einer externen Kontrollüberzeugung. Glauben wir hingegen, dass die Ursachen verschiedener Ereignisse im Verhalten der handelnden Person selbst liegen, entspricht dies einer internen Kontrollüberzeugung.[7] Je mehr es gelingt, unsere Erfolge dem eigenen Handeln zuzuschreiben, desto mehr erwächst uns eine ganz besondere Kraft, eine Art von Widerstandsfähigkeit, auch Resilienz genannt. Langanhaltendes Vertrauen in unsere Selbstwirksamkeit können wir dann erreichen, wenn wir gute Erfahrungen stärker unseren Überzeugungen und unserem Handeln zuschreiben.[8]

Erlernte Hilflosigkeit. Die psychologische Theorie der erlernten Hilflosigkeit leistet einen wichtigen Beitrag, um das Phänomen von unverständlicher Lethargie und Passivität nachvollziehbar zu machen, das wir heutzutage bei vielen Menschen antreffen. Das Konzept beschreibt die Erwartung, bestimmte Situationen oder Sachverhalte nicht kontrollieren oder auf sie einwirken zu können. Der US-amerikanische Psychologe Martin Seligman veranschaulicht anhand von Experimenten,[9] wie Personen ihre Verhaltensmöglichkeiten so stark einschränken, dass sie unangenehme Zustände nicht mehr abstellen, obwohl sie dies von außen betrachtet könnten. Psychotherapeuten benutzen das Konzept, um das Zustandekommen von Depressionen zu erklären.

Beim Erlernen von Empowerment müssen wir uns fragen, warum wir bestimmte Situationen als unbeeinflussbar, stabil und allgemeingültig erleben? Wodurch engen wir unsere Wahrnehmung, unsere Gefühle und unser Handeln ein, so dass wir in vielen vitalen Lebensbereichen Defizite in Kauf nehmen? Welchen Nutzen haben wir davon, wenn wir uns angewöhnen, Herausforderungen als Probleme zu definieren und sie als schicksalhaft, unabänderlich und nicht behebbar einzuschätzen? Was hindert uns, unserer Lage Herr werden zu können beziehungsweise ihr nicht ausgeliefert zu sein? Durch den Empowerment-Prozess sollten wir erkennen, dass erlernte Hilflosigkeit uns dazu verführt, unsere eigenen Ressourcen und Handlungskompetenzen als irrelevant einzustufen.

Adaptation. Adaptation ist ein psychologischer Vorgang, der in einer Anpassung an die Veränderung von Reizen besteht.[10] Die Adaptation kann sowohl zu einer Erhöhung der Empfindlichkeit bei abnehmender Reizintensität wie auch zu einer Absenkung der Empfindlichkeit bei steigender Reizintensität führen.

Kahneman und Tversky beschreiben ein Prinzip abnehmender Empfindlichkeit bei der Wahrnehmungs- und Beurteilungsdimension am Beispiel von Vermögensänderungen: Die Differenz zwischen 900 und 1000 Dollar wird als kleiner eingeschätzt als die Differenz zwischen 100 und 200 Dollar.[11] Die Schulden einer Regionalbank in Millionenhöhe werden dramatischer beurteilt als die Schulden einer Großbank in Milliardenhöhe.

Auch in der Adaptation können unsere Empowerment-Erfahrungen zum Tragen kommen: Achtsamkeit und Bewusstheit helfen, die Proportionen richtig wahrzunehmen und die Verhältnisse (individuell, lokal, regional, international) gerade zu rücken. Der Rückbezug auf die anderen (Resonanz) und der Wirklichkeitstest in der Alltagspraxis (*Efficacy*) erlauben uns Rückschlüsse, ob wir bestimmte Daten und Prozesse realistisch einschätzen.

Negativitätsdominanz. Die Verlustaversion wird durch unsere arttypische Vorliebe fürs Schwarzsehen angefacht. Das kann natürlich durch biologische und psychologische Ursachen erklärt werden. Unser Gehirn verarbeitet Bedrohungen aufgrund seiner evolutionären Verschaltung offenbar schneller und effektiver als fried- und liebevolle Wahrnehmungen. Das ist stammesgeschichtlich sicherlich auch im Selbsterhaltungstrieb begründet. Denn das reflexhafte Bemerken eines physischen Feindes, aber auch einer rein symbolischen Bedrohung, erhöht die Chancen, länger und gesünder zu leben beziehungsweise sich fortzupflanzen. Kahneman geht davon aus, dass unser Verhalten stärker durch Negativität und Flucht bestimmt wird als durch Positivität und Annäherung.[12] Die sogenannte *Gottman-Konstante* besagt, dass eine negative Interaktion mindestens fünf positive Interaktionen benötigt, um kompensiert zu werden.[13] Ein abwertendes Feedback übertrifft die Konsequenzen eines wertschätzenden bei weitem.[14]

Unser Verhalten funktioniert in der Regel so, dass wir lieber den schlechten Botschaften den Vorrang geben: *Bad news are good news*, sagt eine alte Journalistenweisheit. Bedrohungen werden gegenüber Chancen privilegiert; Vermeidung wird der Annäherung vorgezogen. Ein umgekehrter intuitiver Mechanismus, der dem Erkennen guter Neuigkeiten die Präferenz einräumt, ist bislang nicht bekannt. Was nicht bedeutet, dass wir positive Reize, wie beispielsweise Geschichten über gute Entwicklungen im Gemeinwesen, Fortschritte bei internationalen Klimaverhandlungen, konstruktives politisches Krisenmanagement ignorieren würden, aber … *bad is stronger than good!*

Wenn wir wissen, dass dem Negativen die schlichte Tendenz innewohnt, das Positive zu übertönen, brauchen wir Wege, wie wir das Negative in vielfacher Weise übertrumpfen können. Das gilt insbesondere für das Empowerment: Wir tun deshalb alles, um uns positive Selbstdefinitionen zu verschaffen und negative zu vermeiden. Für den Aufbau von Vertrauen rechnen wir mit Jahren, nicht mit Monaten. Wir schützen die Empowerment-Gruppe als Modell für ein gutes soziales Netzwerk mit allen solidarischen, kreativen Mitteln. Verletzende Handlungen machen wir durch fünf heilsame wett.

Zerdehnte Zeithorizonte und Kausalitäten. Wir entscheiden oft nach kurzsichtigen Gesichtspunkten und tun uns schwer, für Vorteile in der Zukunft in der Gegenwart auf etwas zu verzichten. Wir denken viel lieber heute an die schöne Flugreise zu einer Trauminsel im Indischen Ozean als an das Verschwinden derselben aufgrund des Ansteigens der Meeresspiegel in 30 Jahren (»*hyperbolic discounting*«[15]). Häufig ist die Ursache- und Wirkungskette auseinandergerissen, weil der Zeitabstand der Konsequenzen zu groß ist.

In den »Dimensionen des Wachstums« beschreiben wir, wie es uns gelingen kann, etwa durch die Übung von Achtsamkeit, Bewusstheit und Durchlässigkeit eine neue Haltung zur Realität zu entwickeln. Wir werden sensibel dafür, schädliche Effekte über lange Zeiträume hinweg wahrzunehmen, auch wenn sie noch unterhalb einer Schmerz- beziehungsweise einer Tabugrenze liegen. Für viele Dinge, die uns heute subtil beunruhigen, wird mit den Empowerment-Übungen ein allgemeiner Aufmerksamkeitswert psychologisch wahrscheinlicher, auch wenn ihre Kausalität zerdehnt ist, wenn ihre Komplexität groß ist und wenn sie global vorkommen und sich einer lokalen Bewältigung zu entziehen scheinen.

Referenzpunkte. Der Marketingprofi Itamar Simonson, Professor an der Universität von Stanford, ließ seine Probanden zwischen drei unterschiedlichen teuren Kameras wählen, wobei eine Kamera besonders hochpreisig angesetzt war. Die Versuchspersonen entschieden sich am häufigsten für die Kamera im mittleren Preissegment. Warum? Das sehr teure Modell ließ die mittlere Möglichkeit nun relativ billig erscheinen. In einer Kontrollgruppe ohne teure Kamera entschieden sich die Probanden in der Regel für das günstige Modell.[16]

Unsere Bewertung, was wir als negativ und was als positiv einschätzen, bezieht sich meist auf die im Alltag üblichen Ausgangs- oder Erwartungswerte, die Referenzpunkte. Wir gehen in der Regel davon aus, dass sich unser Lebensstandard zumindest nicht verschlechtert und der Status quo erhalten bleibt. Er spiegelt unser Anpassungsniveau wider und stellt einen neutralen Bezugspunkt dar. Einkommenszuwächse, die besser sind als der Referenzpunkt, verbuchen wir als Gewinne, Abschläge erleben wir als Verluste.

Im Empowerment müssen wir uns in unserem kritischen Gruppendialog immer wieder fragen, von welchen Referenzpunkten wir ausgehen. Die Orientierung an den bisher gültigen Referenzpunkten kann ein falscher Ansatz sein, weil sie uns davon abhält, fundierte Entscheidungen für die Zukunft zu treffen. So wissen wir beispielsweise nicht, ob ein gleichbleibendes oder höheres Einkommen auch eine höhere Lebensqualität impliziert oder ob die damit verbundenen Folgen wie erhöhte Mobilität, Umweltverschmutzung und Stress die Lebensqualität absenken. Eventuell würde ein niedrigeres Einkommen durchaus mit einem insgesamt besseren Lebensstandard und höheren Zufriedenheitswerten assoziiert sein.

Gefühlte Chancen. Wenn wir mit Unsicherheit umgehen, spielt es eine große Rolle, wie wir das Problem wahrnehmen. Unsere Entscheidung hängt nicht nur davon ab, wie hoch die Eintrittswahrscheinlichkeit einzelner Ereignisse tatsächlich ist. Vielmehr geht es auch darum, welchen Stellenwert wir der Wahrscheinlichkeit der Ereignisse beimessen, also welche persönliche Einstellung wir zu bestimmten Gewinnen und Verlusten haben. Diese emotionale Einschätzung bezeichnen wir als »gefühlte Chance« oder im Fachjargon als »Entscheidungsgewicht«. Entscheidungsgewichte haben zwei wesentliche Eigenschaften: Besteht die Chance, einen saftigen Gewinn zu erzielen, schätzt man auch die eigenen Chancen positiver ein; ein Beispiel ist der Jackpot beim Lottospiel. Befürchtet man hingegen einen Verlust, sind die Entscheidungsgewichte häufig niedriger als der Wert der Wahrscheinlichkeit.

Gefühlte Chancen führen uns leicht in die Irre. Gerne glauben wir die Geschichte, wie aus dem Tellerwäscher ein Millionär wird; wir sind aber skeptisch, dass ein »Aufstocker« in überschaubarer Zeit ein Mittelschichtseinkommen erzielen kann. Deshalb sollten wir beim Empowerment-Ziel »Konvivialität« stets reflektieren, ob uns die gefühlten Chancen nicht einen Streich spielen: Die Aussicht, mit mehr Geld, aber weniger Zeit am Ende des Monats dazustehen, wird von vielen von uns als Zunahme der Optionen, also positiv bewertet. Hingegen erscheint die Aussicht, viel Zeit, aber wenig Geld zu haben, vielen als unattraktiv und wird somit eher negativ bewertet.

Status-quo-Verzerrung. Wie schon mehrfach ausgeführt, wollen wir im Allgemeinen, dass die Dinge ungefähr so bleiben, wie sie sind. Neue Informationen ordnen wir gar nicht oder nur sehr zögerlich ein. Der Mensch fürchtet sich eher vor Gefahren, die er nicht aus der Erfahrung kennt oder nicht direkt sinnlich wahrnehmen kann. Das liegt daran, dass man die Zukunft nicht verlässlich abschätzen kann. Es ist ein Fehler, die Macht der Trägheit zu unterschätzen.

Wenn wir uns fragen, warum wir nicht einfach unser Schicksal selbst in die Hand nehmen und den Wandel von unten anfachen, müssen wir bedenken, dass die meisten Veränderungen mit Ängsten assoziiert sind. Die meisten von uns tendieren eher dazu, sich mit suboptimalen Kompromissen im Hier und Jetzt zufrieden zu geben anstatt sich entlang der »Wegmarken der Krise« eine Neuausrichtung zu geben. Es fällt uns oft leichter, einen großen Aufwand zu treiben, um den gegenwärtigen Zustand (Status quo) aufrechtzuerhalten, als durch einen konsequenten Entschluss die Situation zu ändern. Wir arrangieren uns lieber mit dem bekannten Unglück als mit dem unbekannten Glück.

Sunk Cost Fallacy. Die *Sunk Cost Fallacy* schnappt dann zu, wenn wir schon besonders viel Zeit, Geld, Energie, Arbeit etc. investiert haben. Die investierten Aufwendungen dienen uns dann als Begründung, dass wir auf Biegen und Brechen weitermachen, selbst wenn dies objektiv betrachtet keinen Sinn ergibt. Je mehr wir investiert haben, also je größer die aufgelaufenen Kosten – die *Sunk Costs* – sind, desto stärker ist der Drang, das Projekt fortzuführen.

Es gibt viele gute Gründe, weiter zu investieren, wenn die Sache gut ist, zum Beispiel Zukunftsfähigkeit, Nachhaltigkeit, Lebensfreundlichkeit. Aber es gibt auch viele schlechte Gründe, das bereits Investierte zu berücksichtigen, vor allem, wenn man erkennt, dass man den Ast absägt, auf dem man sitzt, gesundheitlich, beziehungsmäßig, umweltbezogen. Der Diskurs der Empowerment-Gruppe unterstützt uns, rational und ganzheitlich zu entscheiden. Das bedeutet für den Fall, dass die Konvivialität verletzt wird, dass wir die aufgelaufenen Kosten ignorieren sollten. Egal, was wir bereits investiert haben, für Konvivialität zählt, ob ein gutes Leben in der Gegenwart und in der Zukunft möglich ist.

Besitztumseffekt. Dieser psychologische Mechanismus beschreibt, dass der wahrgenommene Wert einer Sache höher ist, wenn sie einem selbst gehört. Das Innehaben eines Wertgegenstandes, eines Autos, eines Hauses, eines gehobenen Status, kurz, die Tatsache des Besitzes, scheint ihren Wert zu steigern.

Wenn wir über Veränderungen in unserem Leben nachdenken, kommt uns leicht der Besitztumseffekt in die Quere. Da die Empowerment-Haltung mit einem Wandel im Verhalten verbunden ist, wir also etwas hergeben sollen, was uns lieb und teuer ist, neigen wir umso mehr dazu, den Preis in die Höhe zu treiben. In solchen »Verhandlungssituationen« ist die Bereitschaft, etwas von dem Besitzstand zu veräußern, eher gering und wir fordern einen höheren Preis, als das »Gut« objektiv wert ist. Merke: Etwas wegzugeben, schmerzt uns in unserer Wahrnehmung stärker als etwas zu erwerben.

Framing. Der sogenannte Deutungsrahmen stellt ein wesentliches Element bei der Bewertung alltäglicher sozialer Prozesse dar.[17] Wir können Dinge in unterschiedliche Raster stellen, wodurch jeweils eine andere Wahrnehmung derselben Sachverhalte vermittelt wird. *Framing* bewirkt vor allem eine Auswahl und Hervorhebung bestimmter Aspekte und ist damit ein wichtiges Mittel in der strategischen Kommunikation.

Die Umdeutung von Situationen spielt als Technik im Empowerment eine hervorgehobene Rolle. Wir bewerten per se gleichwertige Optionen durch die veränderte Darstellung einiger Gesichtspunkte verschieden. Somit beeinflussen wir, je nachdem wie wir eine Botschaft formulieren oder präsentieren, bei gleichem Inhalt das Verhalten des Empfängers unterschiedlich. Ob ein Arbeitnehmer beim Erreichen des Renteneintrittsalters am Ende seiner Karriere angekommen ist oder aber am Anfang einer selbstbestimmten Karriere mit ungeahnten Möglichkeiten steht, ist von der Interpretation der Akteure abhängig. Ob eine alleinerziehende Empfängerin von Hilfen zum Lebensunterhalt ohne Schulabschluss ein eingeschränktes Leben führen muss oder aus ihren Fähigkeiten das Beste machen kann, hängt wiederum von den Akteuren ab. Ein Beispiel aus der Umweltpolitik: Bei den CO_2-Emissionen (in Tonnen) *je Einwohner* nach Ländern weltweit im Jahr 2011 weist China 5,2 t, Katar hingegen 38,17 t auf; *insgesamt* sind es für China 8979,1 Mio. t und für die Vereinigten Arabischen Emirate insgesamt 0,7 Mio. t.

5. Zusammenfassung

Mit Empowerment durchs Leben

Worum es beim Empowerment geht. Es ist die Kunst, ein aktives, freudiges, selbstbestimmtes Leben zu führen. Sie machen Ihr Leben durch Anstöße im Alltag reicher und meistern gemeinsam mit anderen wichtige Ziele.

Antworten auf drei brennende Fragen

- Wie können wir unsere persönlichen Potenziale und Ressourcen besser nutzen – auch wenn uns das Hier und Heute immer wieder ablenkt?
- Wie können wir unsere eigenen Lebensgewohnheiten verändern – auch wenn die Menschen um uns herum weitermachen wie bisher?
- Wie können wir unseren Beitrag für eine positive Zeitenwende leisten – auch wenn wir uns oft als unbedeutend und ohnmächtig erleben?

Drei Einladungen zu mehr Unternehmungslust

- Self-Empowerment: Das Erlernen der persönlichen Lebenskunst
- Gruppen-Empowerment: Die Geschicklichkeit, lustvoll gemeinsam etwas zu machen
- Konvivialität: Eine maß- und genussvolle Lebensart mit freundlicher Anerkennung

Ihr roter Faden ins Empowerment

Auch die größte Veränderung beginnt mit einem ersten Anstoß

- Sich Rechenschaft geben und das eigene Leben in die Hand nehmen
- Echte Bedürfnisse erkennen und viele ungehobene Schätze entdecken

Einzeln wie ein Baum … – Self-Empowerment

- Tu Leib und Seele etwas Gutes: Soziable Selbstverwirklichung

… brüderlich wie ein Wald – Gruppen-Empowerment

- Sich mit der Welt befreunden: Solidarische Kooperation

We have a dream – Konvivialität

- Mit Empowerment können wir den schier unauflösbaren Widerspruch überwinden: Wenn wir es einfach tun, wird das, was oft unerreichbar scheint – das gute Leben – urplötzlich gegenwärtig.
- Der Traum: Wir wollen unser Glück finden, indem wir zu einem Leben mit ausgeglichenen Bilanzen und einfachem Wohlstand beitragen.

Hier geben wir Ihnen Übungen aus unserer bewährten Schatzkiste an die Hand. In »Practicing Empowerment« lässt sich jeder Satz wie ein *Mantra* einsetzen. In diesem Begriff aus dem Sanskrit sind die beiden Wortwurzeln Geist und Schutz vereint. Mantras werden benutzt, um Geist und Körper zu beeinflussen. Sie entfalten ihre Kraft durch häufiges Rezitieren.

Practicing Empowerment

Atme.
Wach auf.
Beginne jetzt.
Tu etwas Gutes.
Sei aufrichtig zu Dir.
Lade andere zum Teamwork ein.
Feiere die kleinen Fortschritte.
Gib jeden Tag Anstöße zum guten Leben.
Bleibe lebendig und begeisterungsfähig.
Arbeite an Deinem ökologischen Fußabdruck.
Hilf mit, die Welt enkeltauglich zu machen.
Lebe so, dass Deine Bilanzen am Ende ausgeglichen sind.
Habe Spaß, sei ansteckend und stifte die anderen zum Empowern an.
Sorge dafür, dass es Dir so gut geht, wie Du es Dir für Deine Liebsten wünschst.

Tipps für ein gelingendes Empowerment

1. Deine persönliche Zeitenwende gelingt nur, wenn du mit Leib und Seele dabei bist.
2. Überprüfe deine widerstreitenden Gefühle und Gedanken. Verdränge sie nicht.
3. Fasse einen Entschluss und gib deinen Bedürfnissen nach Selbstverwirklichung und Gemeinschaft den Vorzug.
4. Wähle im Zweifelsfall immer die Alternative, welche mehr Selbstbestimmung und Muße verspricht.
5. Beginne deine Begegnung mit anderen mit einem konstruktiven Anstoß.
6. Stehe zu dir selbst – bleibe dabei freundlich, gelassen und nachsichtig.
7. Sorge dafür, dass der andere beschenkt aus der Begegnung mit dir herausgeht.
8. Bedenke, dass jede negative Aktion fünf vertrauenbildende Maßnahmen braucht, um ausgeglichen zu werden.
9. Gehe fehlerfreundlich mit dir und anderen um.
10. Mach dir bewusst, welches deine bevorzugten psychologischen Fallstricke sind.
11. Arbeit, Konsum und Besitz sind wichtig. Bringe sie ins Gleichgewicht mit deinen immateriellen Bedürfnissen.
12. Vertraue dir und lebe deinen Traum: Mit Empowerment kannst du Berge versetzen.

Empowerment: Sinnsprüche für jeden Tag

* Du bist der Wandel.
* Fange bei dir selbst an.
* Die Schätze liegen in dir.
* Beginne dort, wo du lebst.
* Sei mutig. Es ist schon alles da.
* Unternimm etwas. Starte jetzt.
* Tue dich mit anderen zusammen.
* Du kannst mehr erreichen, als du für möglich hältst.
* In jedem Augenblick kannst du die Wirklichkeit verändern.
* Sei du selbst der Wandel, den du dir wünschst für diese Welt.
* Teile, was deine Lust am Leben steigert.
* Gebe weiter, was deine Freude an der Welt mehrt.

II. Teil

Ökologie, Zeitenwende und Empowerment – Kriegen wir noch die Kurve?

Ein Essay von Meinrad Armbruster

Wie man es auch dreht und wendet, eine globale Zeitenwende scheint unvermeidlich. Sie entspringt meines Erachtens zwei wesentlichen Beweggründen. Zum einen hängt sie mit Widersprüchen in der Konstruktion unseres aktuellen Wirtschafts- und Finanzsystems zusammen, vor allem mit der Verklammerung von Kapital, Arbeit und Konsum. Zum anderen wird sie durch Fehlentwicklungen der persönlichen Einstellungen und Lebensgewohnheiten sowie der gesellschaftlichen Organisation befeuert. Beide Phänomene hängen eng miteinander zusammen und beeinflussen sich wechselseitig. Empowerment kann die Verhältnisse durch Anstöße nach allen Seiten in Bewegung bringen.

Ich beginne diesen Abschnitt mit einer Einladung zum Nachdenken, quasi einer kleinen meditativen Hinleitung zur gegenwärtigen Krise.

Kontemplation der Krise

Der Blick von außen

Die Bilder haben sich in das Menschheitsgedächtnis eingeprägt: Im Jahr 1968 lieferte Apollo 8 überwältigende Fotos, auf denen die Erde erstmals von außen zu sehen war – ein leuchtendes Juwel von atemberaubender Schönheit. Aus dem Weltall betrachtet erscheint die Atmosphäre unseres Planeten wie ein hauchdünner, zarter Schleier, der ihn lichtblau und schützend vor einem unendlichen, tiefschwarzen Hintergrund ummantelt. Wäre die Erde nur so groß wie ein Apfel, hätte diese verletzliche Atmosphäre gerade einmal die Dicke seiner Schale.

Der Blick ins Innere

Wir, die intelligenteste Spezies auf Erden, *Homo sapiens*, versetzen die Welt in Fieber. Mit massiven CO_2-Emissionen verstärken wir den natürlichen Treibhauseffekt. Unsere Wissenschaftler prognostizieren für die kommenden 100 Jahre eine globale Erhöhung der Temperatur zwischen 1,5°C und 4,8°C. In einigen Gebieten werden die Niederschläge dramatisch zunehmen, in anderen völlig ausbleiben.

Viele Ereignisse werden miteinander in Wechselwirkung treten, das Schmelzen der Gletscher, das Auftauen der Permafrostböden, die Versauerung der Ozeane. Länder wie Bangladesch und Teile von Vietnam, Indien und China werden periodisch überschwemmt, andere ganz vom Erdboden verschwinden. Viele negative Veränderungen sind bereits jetzt nicht mehr aufzuhalten, sie können nur noch abgemildert werden. Eine neue Erdepoche zieht herauf, das Anthropozän. Das Wirtschaften der Menschen kann es an Kraft und Universalität mit den großen Gewalten der Natur aufnehmen.[1]

Die Zeitenwende und die eigene Lebenspraxis

Empowerment ist eine Anleitung, das Leben selbst in die Hand zu nehmen und Anstöße zur Veränderung zu geben, eine Anleitung für ein befriedigenderes Leben. Empowerment handelt von der Selbstbemächtigung der Menschen – und (nicht ganz unbescheiden) von einem Beitrag zur Rettung der Welt. Insbesondere geht es auch darum, wie wir mithelfen können, die Welt vor Ort, unsere Alltagswelt, zu einem besseren Platz zu machen.

Im ersten Teil des Buches haben wir gezeigt, dass wir viele Antworten in unserem Körper finden. Er ist das Archiv unserer Erfahrungen, unseres Gewordenseins. Entdecken wir einen Zugang, erfahren wir mehr, als uns die Anstrengung des Verstandes üblicherweise zu gewähren vermag. Eine Vielzahl körperorientierter Herangehensweisen stehen heutzutage zur Verfügung, um unsere eindimensionale Prägung zu überwinden und zu einer erweiterten Bedürfnisbefriedigung zu gelangen: Vom Ausdruckstanz über Hakomi und Tai Chi, von Entspannungsverfahren über Biofeedback und Hypnose, von dynamischen über theaterpädagogische und psychodramatische Verfahren bis hin zu meditativen und spirituellen Praktiken – alle sind geeignet, uns ganzheitlicher mit uns selbst in Kontakt zu bringen.

Für das eigene Leben sind wir persönlich verantwortlich. Für den Zustand der Welt heute sind wir zum Teil mitverantwortlich. Für die Zukunft unserer Kinder können wir nur gemeinsam Sorge tragen.

Schon heute hängt die Zukunft mehr denn je von Entscheidungen ab, die bereits getroffen worden sind. Die Kräfte, die wir gerufen haben, bestimmen zunehmend über uns. Mit unserem Erfindergeist kaufen wir uns heutzutage vor allem Zeit und schieben die notwendigen Maßnahmen vor uns her. Wie es mit unserem Planeten weitergeht, hängt – immer noch – von unseren eigenen Kontroll- und Eingriffsmöglichkeiten ab, aber der Spielraum wird kleiner. Gestalten wir die Zeitenwende: *Make efforts!*

Gierhälse und Mitläufer – Wollen wir das sein?

Wir glauben nicht, dass die Menschen von Natur aus vor allem gierig, rücksichtslos oder egoistisch sind. Vielmehr nehmen wir an, dass die meisten einfach Mitläufer sind. Gelegenheit macht Diebe. Beispiel: Die Vergütung der Spitzenmanager in den achtziger Jahren betrug hierzulande das 20-Fache des Durchschnittseinkommens – was alle Beteiligten sehr in Ordnung fanden. Das Verhältnis liegt derzeit in den Dax-Unternehmen im Schnitt bei 180:1. Jeder Manager orientierte sich einfach am anderen.

Diese Tendenz kann durchbrochen werden, aber wie? Durch das gute Vorbild, durch eine soziale Marktwirtschaft und Staaten, die konviviale Orientierungen vorgeben. Der Gesetzgeber kann international abgestimmte Regeln festlegen, welche die Exzesse der Gier unterbinden: Im öffentlichen Interesse müssen Reiche überall höher besteuert werden, um den notwendigen sozialen Ausgleich zu erreichen. Der Staat fördert eine prosoziale Kultur der Philanthropie und der vielfältigen Initiativen vor Ort. »Der Mann, der reich stirbt, stirbt in *Schande*«, sagte schon Andrew Carnegie.

Der Planet Erde steht derzeit vor großen Herausforderungen: Erwärmung der Atmosphäre, Verschmutzung von Wasser, Luft und Boden, Übernutzung der natürlichen Ressourcen, Überproduktion, Überbevölkerung und Vertrauensverlust in die Effektivität der politischen Systeme. Die nachholenden Industrialisierungsprozesse in großen, bevölkerungsreichen Schwellenländern, der ungebrochene Energiehunger der früh industrialisierten Staaten und die globale Verbreitung des westlichen Gesellschaftsmodells lassen keinen anderen Schluss zu, als dass wir einem neuen Zeitalter entgegengehen. Ob es ein besseres wird, können wir noch nicht wissen.

Wie könnte eine menschenwürdige Zukunft aussehen? Ich glaube, sie wird sehr anspruchsvolle Anforderungen an uns stellen. Wir müssen uns Rechenschaft über Dinge geben, die wir bislang erfolgreich verleugnet haben.

- Unsere Lebensform und unser Wohlstand sind mit enormen Sozial- und Umweltkosten verbunden. Wir haben auf Kosten vieler Menschen im Rest der Welt und der Natur gelebt. Wir müssen für eine gerechte Verteilung sorgen.
- Ein Weiter-So ist unmöglich. Wir müssen Lebenspläne entwerfen, die nachhaltig und ressourcenschonend sind.
- Wir müssen Geldwirtschaft, Arbeit und Konsum neu organisieren. Gleichberechtigt neben der Erwerbsarbeit müssen wir andere Formen gesellschaftlich sinnvoller Arbeit entwickeln.

Die Verknüpfung von Kapital und Arbeit – ein Dilemma

Wie der Wachstumskritiker Niko Paech zu Recht ausführt, ist Zeit das wirklich einzig knappe Gut auf der Welt, jeder Mensch hat nur eine begrenzte Menge davon.[2] Sie ist unser teuerstes Gut. Wir müssen aufhören, sie damit zu verschwenden, Güter herzustellen, die wir gar nicht brauchen. Ein zentrales Credo dieses Essays lautet: Nicht die Conditio humana und die Gier nach Gütern stellen das letztendliche Dilemma unseres Jahrhunderts dar, sondern vielmehr die Verknüpfung der Warenproduktion mit der Arbeit, befeuert durch den Drang zur steten Geldvermehrung! Weil wir auf diesem Ordnungsmuster beharren, verbrauchen wir automatisch auch immer mehr Ressourcen – und nehmen die Zerstörung unserer Lebensgrundlagen quasi als Kollateralschaden in Kauf. Verbrächten wir weniger Zeit mit Erwerbsarbeit, würden wir aber offensichtlich den gesamten Kreislauf in Frage stellen! Wir wären auch schuld, wenn die Kaufkraft schwächelte, die Wirtschaft schrumpfte und die Arbeitslosigkeit zunähme und dadurch die Kaufkraft noch mehr schwächelte und ... Deshalb arbeiten wir buchstäblich auf Teufel komm raus und sägen den Ast ab, auf dem wir sitzen.

Mehr noch, wir geben, nur um zu arbeiten, das gute selbstbestimmte Leben mit gerechten Preisen und Löhnen, mit halbwegs gleichmäßig verteiltem Besitz, mit angemessenen Genüssen, mit der Behaglichkeit eines bescheidenen materiellen Wohlstands und der Muße preis. Nehmen wir uns also Zeit für die Muße, für all die Dinge, die wir schon immer gerne tun wollten. Das erfordert vom Einzelnen eine Reflexion seiner gegenwärtigen Lebenspraxis und eine schrittweise Umstellung. Dies betrifft insbesondere die Art und Weise, wie ein jeder mit Arbeit, Geld und freier Zeit umgeht. Es ist an der Zeit zu zeigen, dass man mit Empowerment Anstöße für soziable Selbstverwirklichung und solidarische Kooperation geben kann.

Verteilungsgerechtigkeit *oder* Wie wir zu ausgeglichenen Bilanzen kommen

Ich halte die Gerechtigkeitsfrage im Zeitalter immer knapper werdender natürlicher Ressourcen sowie einer zunehmenden Ungleichverteilung von Besitz und Vermögen für ein Thema von entscheidender Bedeutung.[3] Ihr kommt ein gewichtiger Anteil dabei zu, in welche Richtung sich die Zeitenwende entwickelt.

Die amerikanische Wirtschaftsnobelpreisträgerin Elinor Ostrom untersuchte die Gerechtigkeitsfrage anhand der sogenannten Allmendeproblematik.[4] Sie fragte sich, warum frei zugängliche Gemeingüter auf Dauer nie effizient genutzt werden. Vielmehr werden die gemeinsamen Ressourcen mit der Zeit praktisch immer überbeansprucht, weil die Nutzer kurzfristigem Denken, sprich dem raschen Gewinn, den Vorzug geben. Als Beispiel führt sie die Abholzung der Regenwälder oder die Überfischung der Weltmeere an. In der Konsequenz berauben sich die von den Rohstoffquellen lebenden Menschen ihrer eigenen Lebensgrundlagen.

Es besteht offenbar ein Dilemma zwischen der Notwendigkeit, die Grundlagen nachhaltig so zu nutzen, dass sie nicht restlos aufgebraucht werden, und dem Eigennutz der Einzelnen. Deshalb versuchte Ostrom, allgemeine Grundsätze zur Regulation der Gemeingüternutzung aufzuzeigen:

1. Alle Berechtigten müssen den allgemeinen Grundsätzen zur Nutzung der Ressourcen zustimmen und für ihre Einhaltung sorgen.
2. Die Grundsätze müssen den jeweiligen Bedingungen der Umwelt entsprechen, so dass angemessen auf Veränderungen reagiert und Raubbau verhindert wird.
3. Bei Interessenkonflikten stehen unterschiedliche Interventionen und Sanktionen zur Konfliktlösung bereit, gegebenenfalls auch durch neutrale Dritte.Als Schwachpunkt erwies sich der dritte Grundsatz. Er kann kontraproduktiv sein, wenn zu viel Energie auf gegensätzliche Ansprüche und die Kontrolle von missbräuchlichen Nutzern verwandt werden muss, die gegen die Regeln verstoßen. Denn es ist nicht immer unbedingt Verlass darauf, dass sich alle Teilnehmer im Sinn einer Fairness verhalten, die von den Übrigen für richtig empfunden wird.

Eine Lösung findet sich im Werk des deutsch-amerikanischen Philosophen Nicholas Rescher (2002). In seinem Standardwerk über Verteilungsgerechtigkeit schlägt er einen »Kanon der Ansprüche« vor. Zunächst geht Rescher davon aus, dass alle Teilnehmer grundsätzlich gleichberechtigt sind. Bei der Verteilung der Ressourcen kann dann eine Reihe von Ansprüchen berücksichtigt werden: produktiver Eigenbeitrag, die Bewertung gesellschaftlich nützlicher Dienstleistungen, Fähigkeiten und Verdienst, Angebot und Nachfrage, Bedürftigkeit sowie eigene Bemühung und Opferbereitschaft.

Keiner der Ansprüche ist an sich hinreichend, um Verteilungsgerechtigkeit zu garantieren. Jedoch bieten sie in der Zusammenfassung eine Grundlage zur

Lösung von Fairnessfragen. Sie können in jeder Gruppe ausgehandelt und umgesetzt werden.

Für mich heißt das: Wenn wir den »Kanon der Ansprüche« in einen »Kanon der Anstöße« übersetzen, wissen wir nun, an welchen Kriterien wir die Anstöße im Empowerment orientieren können.

Der Silberstreif am Horizont

Die Wissenschaft ist sich zwischenzeitlich weitgehend einig, dass die Krisen menschengemacht sind: Durch unsere eindimensionalen Verhaltensweisen (Arbeiten, Konsumieren, Geldverdienen) verändern wir unsere eigenen Grundlagen irreversibel. Wenn nicht aller Anschein trügt, verfügen wir jedoch über genügend technische und infrastrukturelle Grundlagen, um erfolgreich gegenzusteuern. Auch finanziell amortisiert sich der Wandel rasch.[5] Nötig hierzu ist die Veränderung unserer Haltung in Hinblick auf mindestens zwei Komplexe:

- Arbeit und Warenproduktion
- Selbstverwirklichung, Kooperation und Muße

Bei immer mehr Normalbürgern wächst die Gewissheit, dass unser Wohl und Wehe bei Politikern, Managern und Bankern allein nicht mehr in guten Händen ist – weil sie in den systemischen Zwängen gefangen bleiben und keinen Mut für neue Antworten haben. Angesichts der gegenwärtigen Krisen sind glücklicherweise immer mehr Menschen an immer mehr Orten, in Städten und Regionen der Welt bereit, ihren eigenen Blick, ihre Einstellungen und ihr Verhalten in Frage zu stellen und selbst Verantwortung zu übernehmen. Sie sind sich einig darüber, dass demokratische Entscheidungen partizipativer werden müssen, Macht dezentralisiert werden muss, die Menschen sich selbst bemächtigen müssen.

Das Versagen der Politik

Das britische *Tax Justice Network* gibt für das Jahr 2012 die Gesamtsumme des in Steueroasen geparkten Geldes mit 21 bis 32 Billionen Dollar an. Den betroffenen Herkunftsstaaten entgehen dadurch jährlich bis zu 280 Milliarden Dollar allein an Ertragssteuern. Die Organisation für wirtschaftliche Zusammenarbeit und Entwicklung (OECD) berechnete für das Jahr 2010, dass unterentwickelten Ländern durch den illegalen Transfer 859 Milliarden Dollar entzogen wurden, während ihnen insgesamt 131 Milliarden Dollar an Hilfsgeldern zuflossen.

In vielen Ländern ist Steuervermeidung offizielle Staatsräson. Sie konkurrieren untereinander mit ihren Steuersparmodellen. Jean-Claude Juncker, neuer EU-Kommissionspräsident, trug als Premierminister von Luxemburg die Verantwortung, als in seinem Land die Besteuerung der Unternehmensgewinne auf nahe null gesenkt wurde.

Die Menschen akzeptieren, dass ihnen Revolutionen nicht weiterhelfen, sondern dass nur der evolutionäre Weg der vielen kleinen Schritte zum Ziel führt. Verantwortung kann heutzutage mehr denn je von jedem Einzelnen wahrgenommen werden, und zwar durch konkretes persönliches Handeln, an unserem jeweiligen Platz, partnerschaftlich und solidarisch mit den Menschen vor Ort, mithilfe des Internets, der sozialen Medien, der technischen Innovationen der Kommunikation.

Viele von uns können oder wollen nicht länger auf die Umkehr von »denen da oben« warten. Für sie ist das Zeitalter der großen Masterpläne ein für alle Mal vorbei. Viele von uns arbeiten in dieser Zeit an einem Sinnes- und Wertewandel, der die Vielseitigkeit der neuen Gesellschaft widerspiegelt. Sie beginnen dort, wo sie leben, mit der Zeitenwende, der Transformation – und viele von ihnen bedienen sich des Empowerments.

Wir müssen die Politiker im Kleinen und im Großen dazu bringen, unsere Anliegen gegen die Ursachen der Krise zu vertreten – oder zu gehen! Wir werden sie als unsere Repräsentanten daran messen, ob sie einen glaubwürdigen Beitrag zur

Verringerung der Ungerechtigkeiten, seien sie ökonomisch, ökologisch oder sozial, leisten. Um eine positive Zeitenwende zu begünstigen, werden wir die Macht der Einzelnen durch Empowerment vervielfältigen, uns gegenseitig stützen, unseren Einfluss nach oben und unten ausdehnen – bis sich die Lebenschancen einander annähern und die Kluft zwischen Armen und Reichen wieder ein erträgliches Maß erreicht hat.

Wir vor Ort, wir von allen Seiten

Wenn wir etwas ausrichten wollen, müssen wir den systemischen Zwängen unseres Wirtschaftssystems die Stirn zu bieten. Es führt kein Weg daran vorbei: Um eine positive Zeitenwende herbeizuführen, müssen wir die weltweite Macht des großen Geldes durchbrechen und ihr die empowernde Macht der vielen entgegenstellen. Hierzu müssen wir uns zusammentun, um uns Gehör zu verschaffen. Die Mittel dazu haben wir.

Fehlkonstruktion im Kapitalismus – ein Exempel

Wie der französische Ökonom Piketty (2014) zeigt, wird der größte Teil des Reichtums nicht über Arbeitseinkommen generiert, sondern besteht in Vermögen, das in der Regel vererbt wird. Die Formel, mit dem die zeitlich überdauernde Ungleichverteilung beschrieben wird, lautet: »r > g« (r für return on capital, das heißt Kapitalrendite; g für economic growth, also Wirtschaftswachstum). Dies bedeutet: Die Besitzer von Kapital werden schneller reich als jene, die von Löhnen und Gehältern leben.

Der Autor zeigt in derselben Untersuchung, dass etwa 60 Prozent des Produktivitätszuwachses, der zwischen den 1960er Jahren und heute erreicht wurde, in den Taschen der Investoren und Manager landete. Ein typisches Mittelschichtspaar verdiente in den USA im Jahr 2000 noch 56.000 Dollar, 2014 sind es nur noch 51.000 Dollar.

Tatsache ist, dass immer weniger Reiche über immer mehr Geld verfügen, während der überwiegende Teil der Menschen kaum mehr besitzt als die Arbeitskraft, die sie zu Markte tragen. So verfügen etwa zehn Prozent der Amerikaner über 70 Prozent des nationalen Reichtums; das oberste eine Prozent besitzt sogar die Hälfte davon, die sechs Walmart-Erben 30 Prozent. Seit 2009 kassierten die reichsten 300 000 Amerikaner, das sind 0,1 Prozent der Bevölkerung, über die Hälfte der erwirtschafteten Zuwächse. »Wir haben eine Wirtschaft, in der die Gewinner alles kassieren, während alle anderen Wasser treten«, beschreibt selbst der US-Präsident Barack Obama den Sachverhalt.

Was wir jetzt brauchen

Wir brauchen in erster Linie einen Entwurf für ein Leben in einer neuen Zeit, jenseits des Diktats der maßlosen Geldvermehrung des Primats der Erwerbsarbeit, jenseits des verschwenderischen Konsumzwangs. Wir benötigen dringend eine Vision, wie man ein erfülltes Leben jenseits einer von überhöhten Dividenden getriebenen Wirtschaft führen kann. Damit alle Menschen ein gutes Leben erreichen, brauchen wir eine Lebensart der Gemeinwohlökonomie und der Muße.

Die Ökonomie des Gemeinwohls – wie ich sie mir vorstelle – wird natürlich einerseits kontinuierliche Beschäftigungsverhältnisse zur Bereitstellung der notwendigen Güter und eines angemessenen Lebensstandards beinhalten, unter dem Dach eines demokratisch legitimierten, Ordnung gebenden und kontrollierenden Staates. Sie wird aber andererseits viel mehr freie Zeit für selbstbestimmte Aktivitäten gewähren. Wir sollten selbst darüber bestimmen können, wie viel wir arbeiten möchten. Was wir als Verbraucher zu kaufen wünschen, sollte darüber bestimmen, wie viel hergestellt wird. Wir brauchen kürzere Arbeitszeiten, Teilzeitarbeit, Zeitsparkontingente, Drei-Tage-Arbeitswochen, Elternzeiten, Sabbaticals. Auch erscheint es uns unabdingbar, auf den politischen Entscheidungsebenen über ein unkonditioniertes Grundeinkommen zu verhandeln.

Selbstverständlich wollen wir ebenso Betätigungsfelder und Spielregeln für all jene Menschen haben, die den Wettbewerb lieben und ihn zur eigenen Selbstverwirklichung brauchen. Sie werden unsere Helden sein, die dazu beitragen, dass die stupide Erwerbsarbeit immer weiter automatisiert werden kann. Sie helfen uns, den gesellschaftlichen Fortschritt zu befördern, zum Beispiel in Robotik, Energiespeicherung und Digitalisierung. Ihnen gebühren dafür materielle Anreize und ein hoher gesellschaftlicher Status. Sie sollen Großes vollbringen – aber ihren Ehrgeiz gleichermaßen gewinnbringend für die Gemeinschaft einsetzen, als Sozialunternehmer! Gemeinsame Entwicklung, frei gewählte Arbeit und Muße, Social Entrepreneurship können sich berühren, und wie am Beispiel der *communities of practice* gezeigt, vielleicht sogar zusammenfallen.

Was wir grundsätzlich ändern müssen: Die Organisation der Arbeit

Derzeit erhält nur derjenige, der in der Gegenwart einen Arbeitsplatz sein eigen nennen kann, Einkommen, Sicherheit und Anerkennung. Jeder von uns ist zutiefst erschüttert, wenn er seinen Arbeitsplatz verliert und sein Einkommen nicht mehr selbst verdienen kann – zumindest wenn wir von unserer Hände beziehungsweise von unseres Kopfes Arbeit leben. Wir können uns gar nicht erlauben, auf Arbeit zu verzichten.

Arbeit vermittelt uns über das Einkommen hinaus Sinn, Struktur und gesellschaftliche Teilhabe. Arbeit vermittelt das Gefühl des Gebrauchtwerdens. Sie ermöglicht uns, für etwas da zu sein und dadurch auch für andere da zu sein. Es ist ein fundamentales Bedürfnis von Menschen zu arbeiten. Wir sind – in der Diktion von Hannah Arendt – ein »Animal laborans«.[6]

Wenn wir grundsätzlich etwas verändern wollen, müssen wir uns gegenseitig empowern, um das Wesen der Arbeit und unser Verhältnis zur Arbeit zu verändern! Das Neue – und absolut Gewöhnungsbedürftige – ist: Wir müssen zulassen, dass Maschinen den größten Teil der Arbeit übernehmen und unser Geld verdienen: Wir führen ein Leben im Wohlstand mit viel weniger Lohnarbeit. Dieses neuzeitliche Mal sogar ganz ohne Sklaven – der gute alte John Maynard Keynes lässt grüßen: Aufgabe des Menschen ist es, weise, angenehm und gut zu leben![7] Das passiert nicht sofort und gleich, aber wir müssen im Hier und Jetzt anfangen! Und in zwei, drei Jahrzehnten muss diese Herkulesarbeit weitgehend neu organisiert sein – dafür müssen wir uns selbstbemächtigen.

Dann finanzieren wir unseren Lebensunterhalt zu einem beträchtlichen Teil aus einer allgemeinen Automatisierungsdividende, wir beschäftigen uns damit, wie wir mit unserem kostbarsten Gut, der Zeit, einen neuen Umgang finden. Wir, die Bürger, finden uns wieder auf der Agora der wirklich Freien. Wir haben Zeit für die Polis, die Bühne der Entscheidungen im Gemeinwesen – sei es in Form der direkten Demokratie vor Ort, sei es niedrigschwellig und persönlich in demokratischen Partizipationsformaten, sei es in Foren und Chats im Internet (siehe Best-Practice-Beitrag von Ilona Wuschig in diesem Buch). Auch dort wird es immer um die sinnerfüllte, selbstbestimmte Arbeit, um die soziale Dimension der Arbeit, die Organisation der Muße und ihres Genusses gehen. Diese Vision könnte ein Blitzlicht der neuen Zeit sein, ein Entwurf, an dem wir erste Orientierung erhalten.

Machen wir uns bereit!

Wir alle wissen, wie schwer es ist, den eigenen Lebensstil und die eigenen Überzeugungen zu ändern – im vorderen Teil des Buches sind wir darauf eingegangen. Und das, obwohl wir bemerken, dass unsere internen und externen Bilanzen zunehmend aus dem Gleichgewicht geraten: Der Rückgang sicherer Arbeits- und Erwerbsverhältnisse, die Erschöpfung unserer Energie-, Rohstoff- und Bodenschätze, der Rückgang von Privatheit, Ruhe und Selbstbestimmung.

Die Eigenheiten der industriellen Lebensweise haben den »Typus Mensch« verändert, um einen Ausdruck von Max

Weber zu gebrauchen. Wir haben die alten Götter den Verheißungen des Wohlstands geopfert. Dafür nisten sich moderne Gespenster und Dämonen – Wettbewerb, Entfremdung und Ungleichheit – in die Leerstellen ein. Vielleicht sind es aber auch nur die alten Götter, die als unpersönliche Mächte in verwandelter Gestalt wieder auftauchen und uns Menschen für die stumpfsinnige Anbetung des Goldenen Kalbs strafen.

Das Neue und sein Preis

Der Erfindung der permanenten Neuerung – das eigentliche Geschäftsmodell des industriellen Fortschritts – wohnt eine paradoxe Tendenz inne, nämliche, dass die Novitäten in aller Regel inflationär ihren Wert verlieren. Digitalisierung und Globalisierung erlauben es, Neues mit jeder Entwicklungsstufe billiger und in immer kürzeren Zyklen zu produzieren. Die Bedarfe können rascher befriedigt werden als neue Bedürfnisse erfunden – die Menschen sind an den Grenzen ihrer Aufnahmefähigkeit angekommen.

Je schneller ein neuer Anfang auf den anderen folgt, umso schwieriger wird es tatsächlich, Gutes, Erstrebenswertes und Nützliches herzustellen. Dem Bewährten und Hochwertigen noch etwas Besseres hinzufügen, wird von Mal zu Mal aufwändiger und kostspieliger. Der ökonomische Druck auf die Unternehmen und ihre Mitarbeiter steigt; ständig noch etwas Spektakuläreres in die Welt zu setzen und zu verkaufen, wird immer schwerer. Es gibt ganze Antizipationsindustrien, die mithilfe von *Data mining tools* versuchen, die Bedürfnisse der Kunden vorherzusehen.

So muss eine völlig neue Haltung erzeugt werden. Immer weniger sein Nutzwert, der Gebrauch eines Gegenstandes ist der eigentliche Zweck des Erwerbs, sondern das Erlebnis, das der Kauf eines neuen Produkts verspricht. Es geht beim Einkaufen immer weniger um die Ware, sondern um das Gefühl, mit der Marke ein besonderes Image zu erwerben, einen speziellen Vorteil zu erheischen und an einem bestimmten Renommee teilzuhaben. Die Marketingabteilungen vieler Unternehmen sind mit nichts anderem beschäftigt, als ihre Produkte mit Emotionen aufzuladen.

Auf der Kehrseite des Zwangs zur ständigen Neuerung steht allerdings ein verborgener Preis: Er besteht in der Ökonomisierung der sozialen Beziehungen, in einer immer größeren raumzeitlichen und psychologischen Flexibilität und Mobilität der Menschen. Der Innovationsdruck führt dazu, dass Arbeitsverhältnisse immer kürzer und die Arbeitsverträge individualisierter werden, Home Office und befristete Projekte, Wohnortwechsel, Wochenendbeziehungen und Lebensabschnittspartnerschaften werden von der Ausnahme zur Regel.

Wir müssen ehrlich zu uns sein. Ein Leben mit weniger Erwerbsarbeit, mit weniger Stimulierung und Zerstreuung, mit weniger Einkaufen und Reisen, ohne die Kultur des Alles und der »Sofortness« wirkt für viele von uns fade und kaum attraktiv. Eine Reduktion des Anspruchs auf Karriere und Konsum erscheint uns wie der Verlust der höchstpersönlichen Teilhabe- und Freiheitschancen.

Hier kommt das Self-Empowerment ins Spiel: Wir müssen bereit sein, in uns hineinzuschauen und auch die unangenehmen Wahrnehmungen zuzulassen: Unsere Art zu leben ist über weite Strecken eindimensional, lust-, körper-, gemeinschafts- und naturfeindlich. Es kann natürlich noch lange so weitergehen – aber wollen wir das? Trauen wir uns, unserer Hybris ebenso wie der mutlosen Melancholie der Gegenwart ins Auge zu sehen?[8] Wie lange wollen wir diese Fragen mit Arbeit und Konsum noch überdecken? Wenn wir uns ermutigen, sind wir vielleicht bereit, uns der Leere in unserem Inneren und der Anspannung, Angst, Trauer, Wut und Verwirrung zu stellen. Vielleicht ist für manche die Empowerment-Gruppe ein Anfang. Vielleicht zeigt der Prozess der Rechenschaft über das eigene Leben einen Weg in die positive Zeitenwende. Vielleicht sind wir dann eher bereit, uns – von den verschiedensten Seiten kommend – zusammenzutun.

Arbeit oder Leben – Wider den Zwang

Ich vermute, dass die herkömmliche Erwerbsarbeit letztlich nicht dazu geeignet ist, uns in Zukunft ein besseres Leben zu gewähren, da der höhere Zweck der von uns produzierten Waren schlicht in der Schaffung von Arbeitsplätzen liegt. Einerseits: Wir können und wollen nicht auf Arbeit verzichten. Sie schafft Einkommen, Sicherheit, Status und Anerkennung. Sie ermöglicht uns die Deckung unserer Existenzgrundlage ebenso wie den Einsatz unserer Fähigkeiten und Kompetenzen sowie die Auseinandersetzung mit gesellschaftlichen Prozessen und der Lebenswelt. Arbeit vermittelt uns Lebenssinn, Gebrauchtwerden, Struktur und Teilhabe. Karl Marx sieht in der Arbeit sogar die alles begründende Wirklichkeit.

Andererseits: Was aber, wenn dies zwischenzeitlich nur noch über die Herstellung von überflüssigen Produkten, über die Produktion einer Scheinwirklichkeit gelingt? Was aber, wenn wir ohne das ressourcenverschwendende Wachstum, ohne Produktivitätssteigerungen und noch mehr Konsum in eine unkontrollierbare Spirale geraten? Was, wenn wir bloß noch arbeiten, weil wir uns vor den antizipierten Konsequenzen noch mehr gruseln: die Gefährdung des inneren Friedens, das Erstarken radikaler Parteien, die Demontage der Demokratie, der Zusammenbruch. Tun wir letztlich nicht doch etwas Gutes, wenn wir immer neue Komplementärbedürfnisse befriedigen, aber dadurch die Grundlage des Systems, die Arbeit, stabilisieren?

Wir haben das Empowerment-Konzept entworfen, um damit eine alternative Strategie vorzulegen, der gelingen kann, möglichst vielen Menschen die Chance zur Selbstbemächtigung zu geben – mit weniger Erwerbsarbeit. Ein gutes Leben beinhaltet meiner Einschätzung nach vor allem für den Einzelnen die Entfaltung seiner Persönlichkeit und die Befriedigung seiner elementaren Bedürfnisse. Für die Gemeinschaft beinhaltet es ein Leben mit Teilhabe und Wohlfahrt – nicht aber notwendigerweise den Zwang zu Wachstum, Überproduktion und Rohstoffverschwendung. Die *Social Innovation Culture* und eine soziale, von den Menschen bestimmte Marktwirtschaft können erste, positive Antworten für die Zukunft sein.

Für den alternativen gesellschaftlichen Entwurf müssen selbstverständlich bestimmte Grundvoraussetzungen gegeben sein. Der Philosoph John Rawls verweist auf die sogenannten Grundgüter, also Rechte, Einkommen, Vermögen und Chancen.[9] Der bereits zitierte Amartya Sen nimmt Bezug auf die sogenannten Verwirklichungschancen als Freiheit, also politische Freiheiten, ökonomische Institutionen, soziale Chancen, Transparenzgarantien und soziale Sicherheit (Sen, 1982). Eine Gesellschaft ist umso gerechter, je mehr ihre Mitglieder über Verwirklichungschancen verfügen, das heißt Gelegenheiten, das Leben so zu führen, wie man es möchte. Wie die zentralen und zum großen Teil nichtmateriellen Grundbedürfnisse mit Hilfe von Empowerment befriedigt werden können, haben wir im vorderen Teil zu zeigen versucht.

Erwerbsarbeit, notwendige Arbeit und Vermögen

Seit Beginn der Industrialisierung gilt Arbeit als Quelle allen Reichtums und aller Werte. Karl Marx betrachtet die Arbeit als den Prozess, in dem der Mensch sich selber und seine gesellschaftlichen Bezüge schafft.

Aus ökonomischer Sicht bleibt jedoch der Mehrheit der Menschen, den sogenannten abhängig Beschäftigten, nur die Möglichkeit, die Ware Arbeitskraft auf dem Arbeitsmarkt anzubieten mit dem Ziel, sie möglichst gewinnbringend zu veräußern. Das heißt, die Marktgesetze, konkret, der Nutzen für die Arbeitgeber entscheidet, wie viel sie wert ist. Von Selbstbestimmung und Selbstbemächtigung kann hier kaum die Rede sein. Bestimmte Risiken, wie zum Beispiel niedrige Bildung, keine abgeschlossene Berufsausbildung und körperliche oder soziale Benachteiligungen senken das Entgelt, das für Arbeit erlöst werden kann.

Mit Erwerbsarbeit wird die derzeit wichtigste Quelle von Einkommen und sozialer Anerkennung bezeichnet. Sie umfasst aber bei weitem nicht jede gesellschaftlich nützliche Tätigkeit. Vielmehr ist sie eine besondere Form der Arbeit, mit der eine monetäre Vergütung auf den Märkten für Arbeitskraft, Güter oder Dienstleistungen erzielt wird. In den modernen Gesellschaften spielt sie eine zentrale Rolle für das materielle Wohlergehen, das individuelle Selbstverständnis, die Lebenschancen, die Anerkennung und die gesellschaftliche Einbindung jener Mitglieder, die abhängig beschäftigt sind. Der Markt wuchs lange Zeit, so dass es ab der Mitte des 20. Jahrhunderts für weite Teile der abhängig Beschäftigten in den früh industrialisierten Staaten gelungen ist, einen gewissen materiellen Wohlstand zu erreichen.

Andere gesellschaftlich nützliche, aber unbezahlte Tätigkeiten wie etwa Kindererziehung, Hausarbeit, Altenpflege, Selbstversorgung, Freiwilligen- und Gemeinschaftsarbeit, politisches Engagement, Freizeitgestaltung oder selbstbestimmte, nichtkommerzielle Eigenarbeiten werden häufig nicht als richtige Arbeit angesehen, obwohl ihnen teilweise die Merkmale der Selbstbestimmung zu eigen sind. Sie erfahren weder die ideelle Wertschätzung, die sie verdienen, noch einen materiellen Ausgleich, noch politische Beachtung in gebührendem Maß.

Der Erwerbsarbeit können wir die gesellschaftlich notwendige Arbeit gegenüberstellen. Sie bezeichnet der Anteil an Arbeit, der geleistet werden muss, damit sich die Gesellschaft nach bestimmten Maßgaben reproduzieren kann. Für die Reproduktion einer Gesellschaft ist sowohl die Befriedigung der Grundbedürfnisse wie Nahrung, Wohnen und Sicherheit, als auch das Vorhalten von Institutionen wie Bildungseinrichtungen, Sozial- und Gesundheitsversorgung notwendig. Alles, was über die gesellschaftlich notwendige Arbeit hinaus geleistet wird, erzeugt einen Mehrwert, der zwischen Arbeitgeber und abhängig Beschäftigten – allerdings in vielen Fällen recht einseitig – aufgeteilt wird.

Mit dem Mehrwert kann Vermögen, das heißt Eigentum etwa in Form von Sparguthaben, Aktien oder Immobilien gebildet werden. Vermögen ist Eigentum von Individuen. Als Besitz stellt es eine wichtige Absicherung der Person dar. Bis zu einem bestimmten Maß hat es nichts mit Überfluss zu tun, vielmehr ist es der Schlüssel zur Freiheit. Es bewahrt viele von uns vor äußerem Zwang.

Es kann auch durchaus in der Form von Sozialvermögen (Renten, Pensionen, betriebliche Altersvorsorge) und Staatsvermögen (öffentliche, im allgemeinen Gebrauch stehende Güter wie Gebäude, Sammlungen, Denkmäler, aber auch Staatsfonds und staatliche Betriebe) angelegt werden. Außerdem sind weitere alternative Formen der Vermögensbildung vorstellbar: die Förderung eines allgemeinen Grundbesitzes, die Umverteilung von oligarchischen Vermögen, gleichmäßigere Einkommen, Genossenschaften und Gemeinwohlökonomien, ein bedingungsloses Grundeinkommen, Steuern auf Luxusgüter und hohe Einkommen etc.[10]

Durch die Selbstbemächtigung wollen wir dazu beitragen, dass möglichst alle Angehörige eines Gemeinwesens über Vermögen verfügen, das sie davor bewahrt, in entwürdigenden Abhängigkeiten zu leben. Wir gehen davon aus, dass die Konzentration von Eigentum in den Händen weniger, also die extreme Ungleichverteilung, die Chancen des Einzelnen zur Selbstverwirklichung sowie die Fähigkeit der breiten Mehrheit zur solidarischen Kooperation stark vermindert – und die Gemeinschaft insgesamt massiv gefährdet.

Vermögen für alle ist die notwendige Bedingung für Konvivialität. Es sollte uns erlauben, dass wir selbst für unsere Lebenshaltung, für unsere Angehörigen und für die Zukunft sorgen können. Es sollte uns die Möglichkeit geben, nach eigenen Vorlieben und Idealen zu leben, fern von Bevormundung und majorisierender Meinungen. Vermögen macht uns unabhängig. Es gewährt uns Sicherheit in Bezug auf die eigenen Lebensumstände. Es bildet die Grundlage für alle Aufgaben, die Tätigkeiten in ihrem eigenen Recht erfordern, die wir um ihrer selbst willen tun, die Muße beinhalten. Also, wie wir es auch drehen und wenden, für eine lebensfreundliche Zukunft müssen wir zu solchen Erwerbsverhältnissen kommen, die uns die Bildung von Vermögen erlauben. Empowern wir uns!

Ausblick – Auf dem Weg zur konvivialen Gesellschaft

Ein zunehmend größerer Teil der Produktion und Wertschöpfung in entwickelten Industriegesellschaften wird durch Maschinen erledigt. Rechner und Roboter führen in immer mehr Bereichen die Regie und lassen die körperliche und handwerkliche Arbeit wegfallen. Auch viele anspruchsvolle geistige Tätigkeiten können heute bereits von künstlicher Intelligenz und Algorithmen übernommen werden: Juristen, Journalisten, Mediziner, Professoren, Piloten – keine Berufsgruppe wird ausgenommen bleiben. Die Menschen verschwinden aus den Fabriken, aus Management, Hochschulen und Verwaltung. Es ist absehbar, dass Innovationen, Digitalisierung und Kostendruck zu weiteren, rasch aufeinanderfolgenden Automatisierungswellen führen. Das Arbeitsvolumen und die Zahl der Jobs werden signifikant abnehmen; derzeit trifft es vor allem noch die wenig Qualifizierten und Niedriggebildeten, bald jedoch werden große Teile der Mittelschicht in abhängigen Beschäftigungsverhältnissen genauso betroffen sein.

In Bereichen, in denen sich der Einsatz von Computer, Roboter & Co. noch nicht lohnt, wird so lange auf billige Arbeitskräfte auf dem Weltmarkt zurückgegriffen, bis sich auch dort der Einsatz von Maschinen rentiert. Dadurch stagnieren oder fallen die Löhne in den meisten entwickelten Ländern. Die Automatisierung stockt zunächst eine Weile, bis dann in den Schwellenländern das Lohnniveau anzieht. Für die Arbeitnehmer in den Industrieländern bedeutet dies, dass sie keinen signifikanten Lohnzuwachs haben oder sogar Einbußen hinnehmen müssen. Diese Entwicklung zeigt sich bereits: Der von abhängig Beschäftigten geleistete Wertzuwachs betrug zwischen 1960 und 1970 rund 67 Prozent, zwischen 2000 und 2010 noch zwölf Prozent, im Jahr 2013 war er bei null. Während sich immer mehr Gewinne in den Händen der Kapitaleigner sammeln, reduziert sich der Wert der Lohnarbeit kontinuierlich.

Die traditionelle Antwort von Politik und Wirtschaft besteht im Versprechen einer Kompensation durch Wachstum und durch schnellen technischen Wandel. Dieser soll in Zukunftsprojekten wie zum Beispiel Industrie 4.0 umgesetzt werden: Erneuerbare Energien, neue Speichermethoden, computerisierte Haustechnik, automatisch fahrende Kraftfahrzeuge, 3D-Drucker, Nano- und Informationstechnologien, Bioökonomie, neue Diagnostik- und Behandlungsmethoden von Krankheiten etc. Um all diese Neuerungen zu implementieren, werden unter anderem Forschungs-, Technologie- und Innovationsförderung, Bildungsreformen, die Förderung von Gründerzentren, Business-Inkubatoren, die Entwicklung von Netzwerkstrukturen, die Initiierung von Wissens- und Technologietransfers zwischen Wissenschaft und Wirtschaft vorangetrieben. In der jüngsten Ausgabe von Institutional Money konstatiert der Makroökonom Prof. Robert Gordon über die Schimäre Big Data jedoch sehr trocken: »Das Gerede über die Revolution durch Big Data, das jetzt allenthalben die Runde macht, wird sich am Ende als Nullsummenspiel herausstellen.«

Allerdigs nimmt mit jedem technischen Fortschritt wiederum die Produktivität zu, welche die menschliche Arbeitskraft als wesentlichsten Kostenfaktor zu teuer macht. Unser

Wirtschaftssystem vermag in seiner aktuellen Form gar nicht das Wachstum zu erzeugen, das nötig wäre, um genügend Plätze für alle Menschen in der Erwerbsarbeit zu gewährleisten. Um noch einmal Richard Gordon zu zitieren: »Das Wirtschaftswachstum in den USA, aber analog auch in anderen entwickelten Regionen wie Europa und Japan, wird demnächst nicht mehr bei zwei Prozent, sondern nur noch bei der Hälfte liegen; für 99 Prozent der Bevölkerung wird es irgendwann aber praktisch kein Wachstum mehr geben.« Es wird in naher Zukunft immer weniger Menschen möglich sein, durch Erwerbsarbeit, wie sie zurzeit praktiziert wird, zu Wohlstand und finanzieller Absicherung zu gelangen. Der Faktor Arbeit verliert gegenüber den anderen volkswirtschaftlich relevanten Faktoren Kapital und Technologieentwicklung an Bedeutung.

Aber auch die Entfaltung von Kapital und Technologie ist an eine kritische Grenze gelangt. Zum einen geht der Weltwirtschaft die Puste aus, weil die Reichen, die über das Kapital verfügen, zu wenig davon investieren. Allein in den USA finden 3.000 Milliarden Dollar von Fondsgesellschaften keine lohnenden Anlagemöglichkeiten mehr. Zum anderen fehlen die durchschlagenden technischen Innovationen, welche die Wirtschaft ankurbeln könnten. So gibt es zwar freies Kapital im Überfluss, aber nicht genügend produktive Verwendung dafür. Sogenannte Finanzinnovationen haben diese Entwicklung zusätzlich zugespitzt, indem Geld in Finanzprodukte investiert wird anstatt in die Wertschöpfung der Realwirtschaft. Mit der Aufkündigung des Bretton-Woods-Systems, der Deregulierung der Märkte und der Geldpolitik ist der wohlfahrtsstaatliche Keynesianismus an sein Ende gelangt.

Auch der demografische Wandel, der nicht nur die früh industrialisierten Länder, sondern längst auch die meisten Schwellenländer erfasst hat, wird dazu beitragen, das Arbeitsvolumen zu reduzieren. Lange Zeit wurde das Wirtschaftswachstum durch das Wachstum der Bevölkerung angetrieben. Denn mehr Menschen bedeuteten mehr Verbraucher und größere Absatzmärkte.

Wirtschaftswachstum, Wertepluralismus und Bildung führen dazu, dass Frauen in den meisten Länder der Welt immer weniger Kinder bekommen. Die Geburtenrate aller entwickelten Staaten beträgt 1,6 Kinder; in Schwellen- und Entwicklungsländern liegt sie bei zwei bis drei Kindern weniger als in der Generation davor: Im Iran beispielsweise ist die Zahl der Kinder von sieben auf 1,8 Kinder pro Frau gesunken, in Bangladesch von 6,6 auf 2,3, in Brasilien von 4,3 auf 1,9. Das Niveau, um den jeweiligen Bevölkerungsstand zu halten, liegt bei ca. 2,4 Kinder. In ausgereiften Volkswirtschaften ohne Bevölkerungszugewinn stagniert die Wirtschaft bereits jetzt. In Entwicklungsländern hingegen besteht noch ein großer Nachholbedarf, so dass zumindest dort mit Wirtschaftswachstum zu rechnen ist – aber auch in diesen Ländern wird das Ende des globalen Erwerbsarbeitsmodells relativ schnell ankommen.

Indes betrachten immer mehr Menschen Arbeit gar nicht mehr als zentralen Sinngeber ihres Lebens. Viele empfinden Überfluss eher als belastend und suchen ihr Glück im Weniger: Weniger Konsum und weniger Eigentum bedeutet für sie, weniger arbeiten müssen. Sie suchen das einfache gute Leben, das überschaubar ist und ihnen ermöglicht, flexibel zu bleiben. Nur der Zugang zur digitalen Welt – Laptop und Smartphone – sind für sie unverzichtbar. Das Internet macht es einfach, mit weniger materiellem Konsum mehr Lebensqualität zu erreichen. Streaming Media, über den Rechner empfangene Audio- und Videodateien, ersetzen Bücher und CDs, Autos kann man sich über Car-Sharing ausleihen, Dienstreisen werden durch Skype-Konferenzen abgelöst.

Viele Menschen erkennen zum einen an, dass die Maschinen einen Großteil der Verrichtungen schneller und besser erledigen können als sie selbst. Wann immer wir genügend Informationen haben, um daraus einen Algorithmus zu bauen, der einen Prozessrechner oder eine Maschine steuert, wird dieser besser abschneiden als die meisten Menschen. Zum anderen gewinnt die Zeit, die wir mit unseren Kindern, Partnern und Freunden, mit Hobbys, musischen Tätigkeiten und Engagements im Gemeinwesen verbringen, einen immer höheren Stellenwert. Die meisten werden zunehmend bereit sein, auf der Basis einer Teilzeitbeschäftigung mit weniger Geld auszukommen und den Anspruch auf demonstrativen Konsum und auf Luxusprodukte zu verringern. Die Ansammlung von materiellem Reichtum rangiert nicht mehr als oberstes Ziel. Insgesamt wird die immer weiter voranschreitende Automatisierung und algorithmische Effizienzoptimierung von ihnen sogar als etwas Positives, Entlastendes und Befreiendes betrachtet.

Typisch für den Wertewandel ist die Generation Y. Sie arbeitet lieber in virtuellen Teams als in tiefen Hierarchien. Anstelle von Status und Prestige rücken die Freude an der Arbeit sowie die Sinnsuche ins Zentrum. Mehr Freiräume, die Möglichkeit zur Selbstverwirklichung sowie mehr Zeit für Familie und Freizeit sind zentrale Merkmale. Sie ordnet nicht mehr alles dem Beruf unter, sondern strebt eine Balance zwischen Beruf und Freizeit an. Sie möchte schon während der Arbeit glücklich sein, durch einen Job, der ihr einen Sinn bietet.[11]

Schon jetzt gibt es für eine Vielzahl der industriellen Produkte aus marktwirtschaftlicher aber auch persönlicher Sicht keinen tatsächlichen Bedarf und keine ausreichende Verwendungsmöglichkeit mehr. Wenn sich also mit Blick auf die künftige Konsum- und Technologieentwicklung der Umfang des Wirtschaftswachstums und der vorhandenen Arbeit zunehmend reduziert, bleibt letztendlich ein Umbau des Systems unausweichlich. Unsere gegenwärtige Wirtschaftsweise baut darauf auf, dass die menschliche Arbeitskraft den Hauptkern der

Wertschöpfung darstellt. Der Staat, die Länder und Kommunen werden ganz wesentlich aus Löhnen und Gehältern, aus Konsum- und Mehrwertsteuern finanziert. Dieses Modell wird künftig aber immer weniger funktionieren.

Die große Herausforderung, die nun vor uns liegt, besteht darin, neue Ansätze zur Verteilung von Waren und Dienstleistungen, oder allgemeiner ausgedrückt, der gesellschaftlichen Organisation und der horizontalen Machtverteilung zu finden. Möglicherweise kann anstelle der ausschließlichen Entlohnung von Arbeit eine Automatisierungsdividende treten, die eine gerechte Verteilung von Gütern erlaubt. In dieser im Moment noch utopischen Gesellschaft betätigen sich die Menschen gemäß ihrer Fähigkeiten und Interessen – aber sie arbeiten nur so viel, wie es die Lebensumstände und -abschnitte verlangen. Indem sie sich selbst bemächtigen, bestimmen sie über sich selbst aus eigenem Recht. Wir erleben gleichzeitig das Ende der Arbeit und den Beginn einer Epoche des Wohlstands. In ihr läuten basisdemokratische Mitbestimmungsmöglichkeiten, intelligente Algorithmen und automatisierte Maschinen möglicherweise ein neues Zeitalter ein. Uns obliegt es, dafür die notwendigen Strukturen zu schaffen. Darin liegt die eigentliche Herausforderung der Zeitenwende.

Empowerment und Lust – Sexualität zwischen Tabu und Open Society

Ein Essay von Inés Brock

»Der heutige Zustand der Erde spiegelt exakt, wie wenig die Liebe als Fähigkeit, als Seinsweise, als Haltung gegenüber der Welt entwickelt ist. Nachhaltigkeit verwirklichen heißt daher lieben lernen. Eine Kultur der Nachhaltigkeit kann nur eine Kultur der Liebe sein.«[1]

Ein lustvolles Leben kann vieles bedeuten. Auf der einen Seite können wir uns nur um unsere eigenen Bedürfnisse kümmern und uns damit letztlich über die Bedürfnisse der anderen hinwegsetzen. Wir können aber andererseits unsere Lust ignorieren, die Lust anderer verdammen und über verschiedene Sublimierungs- und Abwehrmechanismen verhindern, dass die Lust in unserem Leben eine handlungsleitende Rolle spielt. Eine Balance zwischen der egoistischen Lustbefriedigung und der Lustabwehr kann jeder Mensch nur für sich selbst finden. Dazu benötigt er Empowerment im hier verstandenen Sinne. In diesem Beitrag möchte ich mich auf Aspekte sexueller Lust beziehen. Natürlich gibt es auch die Lust auf gesellschaftliche Wirksamkeit, die unsere narzisstischen Bedürfnisse befriedigt, es gibt die Lust auf Freizeit – ob leistungsorientiert wie im Sport oder als Laissez-faire-Haltung in der Tendenz vieler Jugendlicher nach zweckfreiem »Chillen«. Wir haben Lust auf gutes Essen, Lust auf Geselligkeit und Beziehungen zu Menschen, die uns wichtig sind. Wenn wir jedoch einmal ganz körper- und basisorientiert an den Lustbegriff herangehen, dann hat dieser – spätestens seit Freuds Triebtheorie – eine sexuelle Konnotation. Wenn gefragt wird, was braucht der Mensch für ein erfülltes – eben selbstempowerndes – Leben, dann kommen wir an Überlegungen zur Sexualität nicht vorbei. Genau darin steckt auch das, was eigentlich interessant ist. Denn auch Sexualität spiegelt die gesellschaftlichen Umstände wider. So bewegen wir uns zwischen einer kommerzialisierten und auf Effekte und »Hingucker« orientierten Medien-Sexualität, die sich vom Aktfoto im Playboy über Pornografie im Internet bis zur aktuellen Diskussion um die Legalität von Prostitution rankt, und einem lustverachtenden moraltheologisch intendierten – auch doppelmoralischem – Fortpflanzungsparadigma (Geschlechtsverkehr soll ausschließlich der Fortpflanzung dienen). Daneben befinden wir uns in einem lustorientierten, natürlichen, individuellen Bedürfnis nach körperlicher, sexueller, erotischer oder eben auch psychosexueller Befriedigung.

Wenn es in der Geschichte der Moderne die sexuell überflutenden Liebesgefühle nicht gäbe, hätten wir wahrscheinlich nicht einmal die Hälfte der Weltliteratur und bedeutenden bildenden Kunst und Dramatik. Diese »Veredelung« von Triebimpulsen hat jedoch ihren Produzenten persönlich nicht immer gut getan, denn oft war Leiden eher der Impuls für diese Form der Sublimierung. Ohne sexuell motivierte Macht- und Besitzmotive hätten wir jedoch möglicherweise auch weniger Hass, Mord und Kriege: Vom Krieg um Aphrodite und Helena aus der Antike bis hin zum Rosenkrieg zwischen Michael Douglas und Kathleen Turner als Oliver und Barbara Rose im gleichnamigen Hollywood-Film. Auch wenn Lustorientierung unreflektiert als ursprüngliches, nicht steuerbares Streben verstanden wird, kann sie eine zerstörerische Komponente enthalten. Pathologischen Formen wie Sadismus, Pädophilie und extremen Formen des Masochismus soll hier keinesfalls ein Weg bereitet werden. Wir leben in einer Zivilisation mit ethischen Regeln und kulturellen Normen, die nicht über Bord geworfen werden dürfen. Selbst der reine Hedonismus – sich nur und ausschließlich den Trieben zu unterwerfen – ist ein (un)soziales Verhalten, das nicht Bestandteil einer empowerten Gesellschaft sein kann.

Dazu werde ich im Folgenden vier Positionen skizzieren, wie Lust verhindert und ausgeklammert wird. Ich werde zeigen, wie wir zu einem befriedigenden Leben für uns und andere finden können, in dem Sexualität und Lustgewinn eine empowernde Rolle spielen.

In Position 1 »Schäme dich nicht!« geht es um orgiastische Geburten, den vorurteilsfreien Umgang mit kindlichen Berührungs- und Befriedigungswünschen, um frühkindliche Sexualität als Bildungsbereich und das Missverständnis konventioneller Sexualpädagogik. In der 2. Position »Setze dich nicht unter Druck!« nähere ich mich der Entwicklung von individuell lustvoller Sexualität in einer über- beziehungsweise untersexualisierten Gesellschaft und zeige, wie Jugendliche sich darin orientieren können. In Position 3 »Stehe zu deiner Lust!« geht es um Lustlosigkeits- und Entfremdungsphänomene, um Abwehr- und Sublimierungstendenzen und unzufriedene Paare. In Position 4 »Trau dich!« empfehle und beschreibe ich abschließend die Integration des Lustvollen in ein erfülltes Leben und wie es gelingen kann, als Schöpfer innerer lustgewinnender Wirklichkeit etwas zu einer lustorientierteren Gemeinschaft beizutragen.

Position 1 – Schäme dich nicht!

Das Leben beginnt im Idealfall mit einem lustüberflutenden Ereignis – der Geburt. Gebären ist ein anstrengender, schmerzhafter aber in seiner selbstbestimmten Vollendung erfüllender Prozess. Jedoch wird im gegenwärtig üblichen Gebärmanagement dem Lustvollen nur wenig Raum gelassen. Die Sinnlichkeit des Prozesses wird oft nicht wahrgenommen beziehungsweise zugelassen, obwohl die Hormone, die den Geburtsvorgang steuern, die gleichen sind, die Frauen beim Orgasmus ausschütten. Oxytozin und Endorphine spielen dabei eine wesentliche Rolle. Dass die Geburt auch als orgiastische Erfahrung von Frauen erlebt werden kann, dokumentiert der britische Film »Orgasmic

Birth«. Dies setzt jedoch eine selbstbestimmte Geburt ohne Interventionen voraus, in der *Intimicy and Privacy*, wie der berühmte Geburtshelfer Michel Odent formuliert, wichtigste Komponenten sind. In diesem überwältigenden Vorgang des Gebärens sind Frauen – wenn man sie lässt – absolut körpergesteuert und jedes Denken tritt in den Hintergrund. Das bedeutet, dass auch »... verdrängte kindliche sexuelle Fantasien mit der Geburt eines Kindes wieder auftauchen und im Falle traumatischer Erfahrungen zerstörerische Seiten entwickeln können.«[2] Wer je eine Geburt als Beobachter erleben durfte, kann sich der existenziellen Dramatik nicht entziehen. Das Beeindruckende daran ist insbesondere die Kraft der Gebärenden. Im Englischen beschreibt »Giving birth« in sprachlicher Klarheit einen Zustand des aktiven Tuns und bedeutet auch im übertragenen Sinne »hervorbringen«. Diese kraftvolle, durchaus mit Sexualität verknüpfte Handlung (sowohl durch die Entstehung der Schwangerschaft als auch durch die Körperteile, die betroffen sind) beängstigt durch ihre Intensität. So wird Frauen nur selten der Raum gelassen, diese Erfahrung mit sinnlicher Lust zu verknüpfen. Wenn gebärende Frauen sich ohnmächtig und entmündigt fühlen, können sie nicht loslassen und dadurch entsteht eine Verstärkung der schmerzhaften Komponente, die wiederum den Helfern die Legitimation verschafft, einzugreifen. Eine Gebärende zu begleiten, deren Antlitz im Prozess schöner wird, die schreit wie beim Orgasmus und nahezu unsteuerbar erscheint, erfordert ein hohes Maß an Einfühlung und eigener Klarheit im Umgang mit sexuellen Aspekten, die wenige aufbringen können. Wird Frauen schon während der Schwangerschaft durch Untersuchungen und fragwürdige normative Raster Angst gemacht, wird Abhängigkeit von invasiver Medizin erzeugt und der Weg zur Lust verstellt.

Auch das Stillen als sexuelle Begegnung zwischen Mutter und Kind zu sehen, fällt im Allgemeinen schwer. Die Frauen selbst verbieten sich oft das Stillen als lusterzeugenden Vorgang zu erleben. »Die Brust dient nicht nur der Nahrungsaufnahme, sondern ist selbst auch ein sexuelles Organ. Der Stillvorgang ist somit auch ein sexuell stimulierendes Geschehen, selbst wenn dies zumeist unbewusst bleibt.«[3] Ein verklärtes Babylächeln beim Stillen ist in Ordnung. Aber die Mutter darf dabei keine Lust empfinden oder sie sollte nicht darüber sprechen, weil sexuelles Erleben mit dem Baby einem Tabu unterliegt. Dabei ist das Küssen als Fortführung des Saugens des Säuglings zu verstehen und in vielen Kulturen auch ein Begrüßungsritual. Selbst das Silicon in der Schönheitschirurgie simuliert letztlich Brüste nach dem Milcheinschuss – eine Schönheit, die deshalb empfunden wird, weil damit positive unbewusste Gefühle verbunden sind.

Sowohl das Gebären als auch das Stillen erfahren eine Aneignung durch das lustabweisende Medizinsystem. Schon in der Schwangerschaft werden nahezu 80 Prozent der Frauen als Risiko-Schwangere betrachtet. Auch die hohe 32 Prozent Sectio-Rate* in Deutschland – mit dem Kaiserschnitt den Geburtskanal zu vermeiden und die Geburt als medizinischen Eingriff zu verstehen – wehrt das Sexuelle ab. Bereits das Wort »Kanal« betont das Technische und entwertet den mystischen Ort von Ankunft, Abschied und Neubeginn, der mit Freude und Lust, aber auch mit Schmerz verbunden ist. Man könnte diese Aneignung des weiblichen Körpers auch als Reaktion auf Angst vor weiblicher Kraft und damit als Vermeidungsstrategie verstehen, hatte doch die Darstellung von Geburt und Genitalien in vergangenen Kulturen spirituelle, ja göttliche Bedeutung.

Auch Kindern wird im weiteren Leben ein lustorientierter Körper, der orale und anale Lust empfindet, weitestgehend ab-

---

* Laut WHO sind nur zehn bis 15 Prozent der Kaiserschnitte medizinisch gerechtfertigt.

gesprochen. »Ebenso wie die anderen Formen der Lust, besteht auch die Genitalerotik von Beginn des Lebens an; genitale Masturbation ist schon bei Säuglingen zu beobachten.«[4] Die Begeisterung für die Multioptionalität (Freud nannte sie polymorph perverse Wesen) von kleinen Kindern endet oft bei der autoerotischen Exploration. Frühkindliche Sexualität wirkt auf Erwachsene schambehaftet und wird zu selten als eigenständiger, entwicklungsfördernder Bereich kindlicher Entwicklung betrachtet. Diese Berührungsängste entstehen aus einem erwachsenenzentrierten Sexualitätsbegriff. Dabei gibt es eine grundsätzliche Verschiedenheit beider Formen. Kindliche Sexualität ist keine auf erwachsenes Begehren ausgerichtete Verhaltensweise, sondern ein eigenständiger Entwicklungsbereich der Identitäts- und Körperbildentwicklung.

So überrascht es nicht, dass Kita-Konzepte meistens ohne Sexualität auskommen. Der kindliche Körper wird entsinnlicht, indem körperliche Entwicklung meist nur als Bildungsbereich über Gesundheitserziehung, Bewegung und Ernährung definiert wird. Daraus erwächst in den Kindertagesstätten ein sexualfeindlicher, weil ängstlicher Alltag. Den pädagogischen Fachkräften wird es überlassen, wie sie damit umgehen, dass Kinder sexuell erregbar sind und dies auch gezielt suchen. »Jungen und Mädchen berühren ihre Geschlechtsteile wie alle anderen Bereiche ihres Körpers, sobald sie die dazu nötige motorische Koordinationsfähigkeit entwickelt haben … Irgendwann entdecken die meisten Kinder, dass das gezielte Streicheln und Reiben der Geschlechtsorgane ein besonders schönes Körpergefühl verschafft … Erst durch die Reaktionen ›von außen‹ lernt ein Kind die Selbstbefriedigung als eine Aktivität kennen, die recht gegensätzlich bewertet werden kann und sich eher fürs stille Kämmerlein und Alleinsein eignet.«[5]

Die fehlende Bewusstheit für die frühkindliche psychosexuelle Entwicklungsdynamik und das Verhindern sexueller Handlungen in Institutionen behindern eine gesunde seelische Entwicklung der Kinder. Dabei sind die Ausdrucksmöglichkeiten kindlicher Sexualität so vielfältig. Sie vermitteln Lust, Sinnlichkeit, Schwärmerei und Geborgenheit. »Während die Säuglingsmasturbation im Wesentlichen in einer einfachen Reizung der Genitalien besteht, wird sie in der phallischen Phase, etwa ab dem vierten Lebensjahr, erstmals mit Fantasien verbunden, die sich auf Objekte beziehen.«[6]

Auch wenn die Sinnaspekte von Sexualität: der Beziehungsaspekt, der Identitätsaspekt, der Lustaspekt und der Fruchtbarkeitsaspekt voneinander zu trennen sind, gibt es eine Vermischung im pädagogischen Kontext.[7] »Wenn überhaupt von kindlichem Sexualverhalten die Rede ist, dann zumeist unter dem Aspekt des sexuellen Missbrauchs. Es liegt nahe, darin einen Vorgang kollektiver Verdrängung zu sehen.«[8] Wenn dementsprechend Sexualität als Bildungsbereich ausgeblendet bleibt, erlernen die Kinder schon früh, dass sie sich nicht unbehindert Lust verschaffen dürfen und dass es etwas Seltsames auf sich hat mit diesen Körperteilen, die oft auch keine angemessenen Bezeichnungen bekommen.

Auch die Intimität in der Familie kann verloren gehen, wenn der natürliche Umgang mit kindlicher Lust verloren geht. Die Missbrauchsangst erreicht die Väter und behindert sie in ihrem unbekümmerten Umgang mit ihren Kindern. Auch der sogenannte Generalverdacht* gegenüber Männern in frühpädagogischen Einrichtungen ist Ausdruck dieses Verdrängungsphänomens. »Sexualität lediglich in ihren Gefahrenpotenzialen zu sehen, führt eher zu einer Kultur des Misstrauens, die alle gefühls- und sexualitätsbezogenen Kontakte dann per se als Risiko einstufen.«[9]

---

* Männliche pädagogische Fachkräfte in Kitas dürfen Mädchen oft nicht wickeln beziehungsweise sie alleine auf die Toilette begleiten.

Einen Beitrag dazu liefert auch konventionelle Sexualpädagogik. Es ist ein grundlegendes Missverständnis, sich hierbei nur auf Aufklärung zu beziehen, weil sie sich nur auf den Fruchtbarkeitsaspekt von Sexualität bezieht. »Sexualpädagogik wird eine besondere Legitimation abverlangt, die sie vorwiegend in Form von Verhinderung erlangen kann.«[10] Fakten zu Schwangerschaftsverhütung, Zeugung und Geburt werden an vielen Schulen vermittelt, hinzukommen inzwischen Programme zur Prävention von sexuellem Missbrauch. Sexuelle Bildung an sich interessiert nicht, Sexualerziehung wird zur »Gefahrenabwehrpädagogik«.

Eine empowernde Pädagogik könnte jedoch Kindern vermitteln, ihren Körper lieben zu lernen und ihnen einen selbstbewussten Umgang mit Lust – auch in abgestimmter Gegenseitigkeit – ermöglichen.

Position 2 – Setze dich nicht unter Druck!

Die Entwicklung von individueller Sexualität in einer übersexualisierten Gesellschaft, die aber paradoxerweise auch das Tabu des Sexuellen pflegt, ist für Heranwachsende doppelt schwer. Im Lebensverlauf gibt es unterschiedliche sexuelle Tabus, obwohl wir vermeintlich in einer aufgeklärten und sexuell offenen Gesellschaft leben. »Dieselben Kinder, die in der Schule selbst vor einem Troststreicheln ihrer Lehrer bewahrt werden sollen (es könnten ja pädophile Neigungen im Spiel sein – eine Berührung darf offiziell nicht länger als 15 Sekunden dauern – I. B.), haben ungehinderten und unbehüteten Zugriff auf härteste Anmache und brutale Sexpraktiken im Netz.«[11] Bei keinem Thema gibt es so große Berührungsängste unter Lehrkräften wie bei Sexualaufklärung, obwohl schon jeder dritte Elfjährige pornografische Filme gesehen hat.

Jugendliche leiden letztlich unter dieser Überversorgung an pornografisch inspirierter, inszenierter sexueller Lust. Diese setzt Scheinnormen*, das medial vermittelte sexuelle Skript überformt eigenes individuelles Erkundungsverhalten. Das kann Auswirkungen auf das reale Sexualleben haben und auf die Muster von Männlichkeit und Weiblichkeit wirken. Dabei ist die Imagination von Sexualität in ihrem real-körperlichen Vollzug wesentlicher Teil des Übergangsfeldes in die Welt der Jugendlichen und Erwachsenen. Es kommt durch diesen Medienkonsum zu einem Einüben der Sexualität, die noch nicht erfahren ist.[12] Im natürlichen Prozess der Annäherung an eine Erwachsenen-Sexualität spielen hingegen Intimitätsmotive, Motive zur Selbstwertsteigerung, Selbstbestätigungs- und Copingmotive – im Sinne des Abbaus internaler Spannung – und auch Unsicherheitsmotive eine große Rolle.[13] Die adoleszente Suche nach dem sexuellen Anteil des Selbst kann nur unbeschwert verlaufen, wenn offene und fragefreundliche Erwachsene die jungen Menschen begleiten. Doch daran fehlt es oft und so kommt es zum Austausch unter Gleichaltrigen. Dort gibt es dann aber das »laute Getöse um Pornopraktiken, (das) nicht nur der Provokation dient, sondern auch dazu, die eigene Unsicherheit zu verschleiern.«[14]

Es gibt enorme Unterschiede in der Entwicklung zwischen Jungen und Mädchen in der Entfaltung eines gesunden Körperbildes. Jungen fühlen sich bestärkt durch die Präsenz ihres Genitals und dessen »Eigenleben«. »Demgegenüber erfahren Scheide und vor allem Klitoris kaum Beachtung durch Benennung und zärtliche Berührung … und erschweren es damit für das Mädchen, Stolz auf seine Geschlechtlichkeit zu entwickeln.«[15] Die nahezu absurde Reaktion der Mädchen wird im britischen Raum Lolita-Effekt genannt. Es geht den pubertierenden Mädchen – verstärkt durch Medien (zum Beispiel durch Fernsehsendungen

---

* Penisse werden zum Beispiel nicht in ihrer durchschnittlichen Originalgröße gezeigt. Frauen haben grundsätzlich orale Ejakulation zu mögen etc.

wie »Supermodel«) und durch die Gespräche untereinander – vor allem um physische Attraktivität und sexuelle Anziehungskraft. In den letzten Jahrzehnten gab es eine enorme Steigerung der plastischen Chirurgie, wobei ein Viertel aller Patientinnen erst zwischen 15 und 25 Jahre alt ist. Aus evolutionsbiologischer Sicht ist Schönheit – im Sinne eines sich wandelnden Ideals – bei der Partnerwahl relevant. Das Ideal hat sich seit Rubens gewandelt. Die Bewertung nach aktuell für gültig gehaltenen Kriterien beginnt jedoch schon in der Kindheit.[16] Das verwundert nicht, sind doch 2013 unglaubliche 96 Prozent aller Frauen mit ihrem Körper unzufrieden.[17]

Die Jungenkultur ist hingegen durch eine Macho-Mentalität geprägt, wobei Jungen ebenfalls medial transportierten Vorbildern nacheifern. Diese sexualisierte Haltung in der Gesellschaft bildet sich bereits in Jugend- und sogar Kinderzeitschriften ab und ist normsetzend in der verunsichernden Phase der Entwicklung zum Mann beziehungsweise zur Frau.

Die pornografische Überflutung der Jugend steht Berührungsängsten mit Themen des sexuellen Lustgewinns in der Erwachsenengesellschaft gegenüber. Unter anderem kann festgestellt werden: »Pornografie birgt die Möglichkeit in sich … Unterlegenheitsgefühle, die zum Beispiel in der Auseinandersetzung mit der Mutter und dem Vater entstanden sind, durch die Projektion auf zu Objekten gemachten Frauen zu verdrängen«.[18] So wundert es nicht, dass nur zehn Prozent der Mädchen, aber 90 Prozent der Jungen diese Clips konsumieren. Eigentlich ist Pornografie an Erwachsene (zumeist Männer) adressiert. Das Internet hat jedoch das Konsumverhalten insgesamt verändert. Manche Autoren sehen darin eine Prüderie vor der Wirklichkeit: »… im Internet findet die Pornografie ganz zu sich selbst. Denn sie ist zur Masturbation gemacht und es passiert jetzt inhaltlich nichts mehr, was davon ablenken würde. Außerdem bringt das Internet den Porno dahin, wo

Selbstbefriedigung stattfinden sollte: nach Hause.«[19] Wenn Onanie Selbstliebe zum Ausdruck bringt und nicht Ersatzbefriedigung wird, kann dagegen zunächst nichts eingewendet werden – wenn dadurch nicht der unbeschränkte Zugang für Heranwachsende entstünde und auf diese Weise viele Grenzverletzungen möglich würden.

Außerdem leben wir in einer Welt, die Heterosexualität als normal betrachtet und zusätzlich verunsichert. Es gibt nach wie vor latente Homophobie, obwohl Homosexualität zunehmend als Lebensform akzeptiert wird. Hierin spiegelt sich die Reduktion der Menschen auf ihre Sexualität. Die Existenz sexueller Vielfalt ist angstbesetzt und führt zu vielfachen Formen der Abwehr des Fremden. Das zeigten besonders deutlich die Befürchtungen der Eltern, die unter anderem zu den panikgetriebenen Debatten um ein Papier des baden-württembergischen Kultusministeriums über Akzeptanz sexueller Vielfalt führten. Die natürliche Diversität von sexuellem Begehren und Lieben wird durch eine Atmosphäre der Homophobie negativ besetzt und ignoriert eben gerade die bereichernden Aspekte individueller Lustsuche.

Voyeuristisch betrachtet bekommt auch Transsexualität im Mainstream aktuell mehr öffentliche Beachtung – wird aber zunächst als unnormal abgewertet. Es bleibt jedoch auch die akzeptierte Nische in der Gesellschaft – Travestie als Kunstform. Dies gilt so lange als unterhaltsam, bis man es persönlich mit Transvestiten zu tun bekommt. All dies spiegelt einen nicht spielerischen, sondern verklemmten, fast schizophrenen Umgang mit Normenflexibilität wider und bleibt Ausdruck einer Xenophobie, einer Fremdenfeindlichkeit, die Geschlechterdualität nach wie vor als normative Klammer sieht. Auch Intersexualität ist in diesem Kontext mehr als eine formelle Irritation. Man schätzt, dass bei 680.000 Geburten jedes Jahr 150 bis 340 intersexuelle Menschen hinzukommen. Mit Menschen, die sich scheinbar nur über ihre sexuellen Anteile definieren, möchte die Mehrheitsgesellschaft nichts zu tun haben und was Angst macht, wird abgewehrt und im Zweifel medizinisch okkupiert.

Sexuelle Vielfalt zu akzeptieren, Menschen in erster Linie als Menschen zu sehen und Lust – sofern sie nicht gegen die Bedürfnisse anderer gerichtet ist – zu akzeptieren, wäre ein wesentlicher Beitrag zu einer erfüllenden Lebenspraxis.

Position 3 – Stehe zu deiner Lust!

Gesellschaftlich anerkannt sind Ersatzhandlungen. Dies ist die akzeptierte Verdrängung des Sexuellen, die die Überführung von sexuellen Trieben und Impulsen in andere Lebensbereiche als normal und erstrebenswert erscheinen lässt. Parallel wächst gegenwärtig eine immense Summe von sexuellen Lustlosigkeitsphänomenen, so geben 80 Prozent der Paare an, mit ihrer Sexualität unzufrieden zu sein. (MDR-Sendung »Make Love«) Dazu der Sexualwissenschaftler Volkmar Sigusch: »Scheinbar kann man heute alles tun und alles bekommen, andererseits ... zeigen Daten, dass die allermeisten Menschen sexuell verlassen sind und einsam«.[20] Wenn man bedenkt, dass 95 Prozent der Sexualakte in festen Beziehungen stattfinden, dann könnte man meinen, dass Sexualberatungsstellen überrannt werden. Das Gegenteil ist der Fall. Die Hürde, sich in diesem noch allgemein schambehafteten Bereich Unterstützung zu holen ist hoch, so dass die meisten Paare sich mit dieser Lustlosigkeit arrangieren und damit auf einen wesentlichen Teil ihrer Lebensenergie und der gemeinsamen Energiequelle als Paar verzichten. Die Unzufriedenheit im Sexualleben bleibt eine ausgeblendete Realität. In diesem vom Selbst abgespaltenen Erleben verarbeiten Menschen ungesunde Beziehungsmuster mit den frühkindlichen Bezugspersonen.[21] Insofern wird die eigene Sexualfeindlichkeit sozial vererbt und die meisten Menschen messen dem Sexuellen dann immer weniger Bedeutung bei.

Wenn dennoch ein Kinderwunsch relevant wird – die Lust aber verdrängt oder sublimiert wurde –, reduziert sich der eigentlich als beziehungsstärkend und befriedigend zu erlebende Akt auf seine Zeugungsfunktion. »In dem Fall, in dem die sexuelle Beziehung vor allem narzisstische Bedürfnisse befriedigen soll, wird Fortpflanzung im besonderen Maße zur Last und aus diesem Grund häufig vermieden und versäumt.«[22] Sexuelle Lust braucht zudem Muße und erfordert die Fähigkeit loszulassen, sich hinzugeben. Hingabefähigkeit gehört jedoch nicht unbedingt zu den Tugenden, die die Menschen für sich erstreben. Da Empfängnis jedoch Zeit und Hingabe braucht, kommt es dann bei immer mehr Paaren zu einem unerfüllten Kinderwunsch. Nicht die mangelnde sexuelle Energie, sondern das fehlende Ergebnis wird zum Problem, das sich wiederum gerne ein technokratisches System wie die Reproduktionsmedizin aneignet. Assistierte und damit fremdgesteuerte Fruchtbarkeit entsinnlicht die Zeugung und damit auch die Sexualität. Nicht wenige Partnerschaften zerbrechen daran. Dabei ist es bei ca. 20 Prozent eher der Lustverlust, der Zeugung verhindert, denn nach Ende der Behandlung kommt dann wie durch einen Zauber doch noch die Schwangerschaft zustande. Dies dokumentiert erneut den Widerspruch zum neuzeitlichen Machbarkeitswahn.

Es gibt in unserer Gesellschaft noch mehr hinderliche Tabus, die Lustgewinn und sexuelle Erfüllung behindern. Weibliche Sexualität wird selten in ihrer aufnehmenden und unberechenbaren, ja letztlich geheimnisvollen Art und Weise anerkannt. Kaum ein Mädchen und nicht viele Frauen wissen Bescheid über die Dimensionen ihrer Genitalien. Mädchen und Frauen vergleichen sich nicht – wie Jungs und Männer das ständig tun. Die Verborgenheit der sexuellen Lustspender und die Namenlosigkeit in der Alltagssprache führen eher zum Verbergen der individuellen Geschlechtlichkeit. Frauen spielen andererseits aber mit ihren sexuellen Reizen und streben nach Schönheit und Anziehung – sprich sexueller Attraktion. Wenn dadurch dann aber eine Reaktion der Männerwelt erfolgt, wird das von manchen – insbesondere kampferprobten Feministinnen – verbannt und abgelehnt. Als Beispiel dafür kann die zwar differenziert geführte, aber doch kontrovers zugespitzte Diskussion um den »Übergriff« von Herrn Brüderle 2013 gelten.* Die folgende Sexismus-Debatte machte jedenfalls eines deutlich: Es fehlt ein wertschätzender, wirklich aufgeklärter Umgang mit Sexualität. So gilt im öffentlichen Diskurs die Verteufelung männlicher Sexualität – als die primär penetrierende, scheinbar grundsätzlich Frauen als unterlegen bewertende Haltung – als salonfähig. Dies wiederum verdirbt die Anerkennung phallischer Impulse. »Das Tabu, gesellschaftliche Benachteiligung von Männern zu thematisieren, hat sich ebenso fest in der Gesellschaft verankert wie die Verbannung erigierter Penisse aus dem öffentlichen Alltag.« (Stiehler, 2010, S. 24) Lust und Sex werden dämonisiert. Unabhängig wie unterschiedlich jedes Individuum empfindet, die allgemeine lustfeindliche Atmosphäre kann als Resultat einer kollektiv verarbeiteten, narzisstischen Kränkung beschrieben werden: Individuen, die nicht gesehen werden, die in ihrem Bedürfnis nach Anerkennung nicht gewürdigt werden und deren Einzigartigkeit missachtet wird, neigen zu Triebabfuhr oder Ersatzbefriedigung, um der Auseinandersetzung mit dem Mangel zu entgehen. »Die aggressive Seite der Sexualität wurde von der zärtlichen gelöst, um heute als wesentlicher Aspekt des Sexuellen zu erscheinen; sexueller Missbrauch und sexuelle Gewalt stehen dem neuen Paradigma der Lust gegenüber«.[23] Gerade diese mentale

* Die Autorin legt Wert darauf nicht missverstanden zu werden: Die traumatisierenden Aspekte sexuellen Missbrauchs und sexueller Gewalt sind hier nicht gemeint.

Spaltung macht die selbstbestimmte Orientierung so schwer. Hinzu kommt noch die Kommerzialisierung des Sexuellen (»*sex sells*«) und die Nischen für Sexuelles (zum Beispiel Swingerclubs). So begegnen die Menschen einer Dissoziation der sexuellen Sphäre: Öffentliche Über- und private »Unterversorgung« mit körperlichen Lustphänomenen.

Selbst das Anfang 2014 diskutierte Verbot der Prostitution ist letztlich Teil einer Verdrängungsstrategie des sexuell Lustvollen. Sexualität ohne die Einbettung in Beziehungen beziehungsweise Partnerschaft zu leben, gilt offiziell als abnorm. Menschenverachtende, erniedrigende und unwürdige Verhältnisse in Settings der Zwangsprostitution werden benutzt, um grundsätzlich sexuelle Lust nur im Privaten und Verborgenen stattfinden zu lassen. Auch gibt es die käufliche Liebe im öffentlichen Diskurs nur für Männer, was es wiederum anrüchig zu machen scheint. Diese Spuren patriarchaler Geschichte oder der Hegemonie des Männlichen tragen gleichzeitig dazu bei, wiederum männliche Lust als minderwertig zu diffamieren. Diese in einer vermeintlich offenen Gesellschaft unglaubliche Ambivalenz wird in der Pornografie besonders inflationär zugespitzt. Unerlaubt erscheint es »... eigene Unterlegenheitsgefühle anzuerkennen. Vielmehr dient der Konsum von Pornografie dazu, eigene Konflikte zu verdrängen und sie auf Mädchen und Frauen zu projizieren.« (Funk u. Lenz, 2005, S. 317) Damit lassen sich nicht nur Männer entmündigen und kommen nicht in ihre Kraft und entsagen sich, eigene sexuelle Impulse zu leben. Das Paradoxon dieses sexuellen Lustverzichts fasst Willi treffend zusammen: Die »Sexualität der Lust bewahrt die Sexualität der Zugehörigkeit«.[24] Demgegenüber setzt die komplette Verdrängung des sexuellen Anteils von Beziehung die Sublimierung der Lust als Norm. Die Beziehung selbst wird jedoch dadurch behindert beziehungsweise gestört. Sexualität wird zum Hauptgegenspieler der eskalierenden Leistungsgesellschaft und letztlich degradiert zum »Zahlungsmittel« für Geborgenheit und Liebeshoffnung. Deshalb sind sexuelle Lust- und Hingabestörungen so weit verbreitet. Lustangst führt zu einer eingeschränkten Entspannungswirkung des sexuellen Erlebens, was wiederum zu Unzufriedenheit führt. Ein Geschenk der Evolution – die sexuelle Lust auch ohne Fortpflanzungsabsicht leben zu können – wird abgewehrt. Das zeigt sich auch in den Berührungsängsten mit Sexualität im Alter. Senior/innen-Wohnarrangements blenden diesen lebensspendenden Aspekt völlig aus.

Wenn eine Mehrheit der Paare und viele Singles sich nicht bereichern lassen (können) von den heilenden und stärkenden Kräften sexuellen Erlebens, bedeutet dies letztendlich auch einen Verlust an Gesundheit und Vitalität im Lebensverlauf.*

Position 4 – Trau Dich!

Nach dem skizzierten Problemaufriss halte ich eine Perspektivöffnung für nötig. Empowerment als Selbstbemächtigung beinhaltet die Aneignung des Sinnlich-Körperlichen und des Sexuell-Begehrenden. Dies trägt zu einem befriedigenden Leben bei und benötigt wie kaum ein anderer Bereich der Lebenswirklichkeit eigene Handlungsfähigkeit. Dazu wurden die ersten drei Positionen für die Erreichung von Empowerment in diesen Bereichen aufgeblättert: »Schäme dich nicht, setze dich nicht unter Druck und stehe zu deiner Lust!« Mit der letzten Position »Trau dich!« verbindet sich eine konkrete Ermutigung und Befähigung zu einem unbeschwerten Umgang mit den sexuellen Anteilen unseres Lebens. Um zu einer Reunion des Lustvollen im Leben zu kommen, benötigt es die Selbst-Ermächtigungen des Körpers, der Lust, der Sexualität. Diese natürlichen Bedürfnisse zuzulassen und sich nicht durch Tabus behindern zu las-

* Orgasmen und körperliche Berührungen steigern die Immunabwehr.

sen, wäre ein Beitrag zum gelingenden, guten Leben. Denn wenn Psychisches das Körperliche verändern kann, dann kann auch Körperlich-Sinnliches auf die Psyche wirken. Durch die sinnlich-sexuelle Lustunterschätzung in unserer beschleunigten, rastlosen, leistungsfordernden Zeit verliert sich der Raum für Lustbefriedigung und damit wird die Rolle des Sexuellen entwertet. In der individuellen Entwicklung spielt sexuelle Reifung einen bedeutenden aber weitestgehend ignorierten Anteil. Im psychischen wie im körperlichen Sinne erlebt Sexualität im Lebensverlauf eher ein Schattendasein. Eltern machen sich kaum Sorgen darum, wenn ihr Kind dies nicht auslebt oder der Jugendliche scheinbar keine sexuellen Impulse zeigt. Hedonismus in seiner individualisierten Form wird verachtet und die (christlich-katholische) Moral überbewertet. Den Lustgewinn und die Abwehr der Lust persönlich auszubalancieren, das antihedonistische Korsett des realen Alltags abzustreifen, kann als Aufgabe verstanden werden, die von der Bemächtigung zur Ermächtigung führt – in Geburtshilfe, (früher) Kindheit, Jugend, Partnerschaft und Alter. Als Schöpfer innerer Wirklichkeit wirkt der Mensch nach außen. Eine allgemeine Öffnung zu nicht konsumistischen, nicht materiellen Genüssen hin zu einer sexualfreundlicheren Gesellschaft würde helfen, lustvoll zu leben – auch damit kann nur jeder selbst beginnen.

Es geht um die Befreiung des Individuums aus krankmachenden, entfremdenden gesellschaftlichen und wirtschaftlichen Zwängen. Empowerment bedeutet im radikalen Sinn, sich selbst die Macht zu geben, den eigenen Lebensentwurf zu realisieren und seine Bedürfnisse nach Selbstbestimmung, Muße und Lust zu realisieren. So könnte jedes Individuum einen neuen Zugang zu sich selbst finden, sich also selbst neu erkennen und neu erfinden. Das erfordert eine persönliche, eigenständige Auseinandersetzung mit der gesellschaftlichen Wirklichkeit, den Rekurs zu den ureigenen – eben auch sexuellen – Bedürfnissen und die Suche nach Verbündeten, mit denen sich eine lustfreundlichere Lebensart gestalten lässt.

Mit diesem Fazit möchte ich die Perspektive zu einem erfüllten Leben in Zufriedenheit geben – eine Befriedigung, die weitgehend ohne Investitionen und Materielles erreichbar scheint. Zwar braucht Liebe Nahrung – im übertragenen Sinne – und Lust braucht Zeit. Wenn Sexualität jedoch als Lebensenergie verstanden wird, kann sie somit als Kernkompetenz für ein glückliches Leben betrachtet werden. Dimensionen von Sexualität sind dabei vielfältig: Erotik, Sinnlichkeit, Körperlichkeit, Ästhetik, Schönheit, Selbstgestaltung, leibliche Genüsse, Poesie, liebevolle Beziehungen, aber auch die künstlerischen Formen der Sublimierung. Wer diese Quelle von Lebensenergie aus seinem eigenen Lebensalltag verbannt hat oder sich gewachsenen Unzufriedenheiten nicht stellt und sie bearbeitet, kann auch kein guter Begleiter für Kinder und Heranwachsende sein und sie vorbehaltlos in ihrem körperlichen und seelischen Explorationsverhalten unterstützen. Wer also selbst für sich die empowernde Kraft der Sexualität (neu) entdeckt und lebt, wird auch einen inspirierenden Einfluss auf andere – und nicht nur auf Kinder – haben.

DieWaehlerischen.de – Eine Internetplattform für junge Erwachsene. Wie wir Demokratie und Empowerment zusammenbringen

Ein Beispiel von Ilona Wuschig

- Wählerische junge Nutzer_innen
- Diskurs im Internetzeitalter
- Empowerment durch den Mach-was-draus-Button
- Wir machen unsere Geschichte selbst
- Engagement, Weisheit und Informiertheit der Gruppe
- Best Practice und Tour Guides durch den Normalbetrieb
- Mehr Miteinander und kommunikatives Empowern

Wählerische junge Nutzer_innen

Demokratie entsteht nicht durch hehre Sonntagsreden und kann nie nur Sache der professionalisierten Politik sein. Demokratie beginnt (ebenso banal wie richtig) in der Familie und auf dem Schulhof. Demokratie ist nicht nur die Sphäre des Staatlichen, sie umfasst das gesamte gesellschaftliche Miteinander, wo immer es den Raum des rein Privaten verlässt. Demokratie kann nicht verordnet werden, sie muss sich – täglich neu – von unten entwickeln.

Demokratie ist ein dynamischer Prozess der Diskussion, der Meinungs- und Willensbildung, schlussendlich der Entscheidungsfindung. Sinkt der Prozentsatz der Menschen, die sich an diesem Prozess beteiligen, bekommt die Demokratie ein Legitimationsproblem. Die Kluft zwischen politischen Akteuren und besonders dem jungem Publikum ist groß. Das Netz, besonders das Social Web, könnte helfen, diese Kluft zu verkleinern. Das Web birgt ein großes demokratisches Potenzial – mehr allerdings auch nicht. Es kommt darauf an, wie die verschiedenen gesellschaftlichen Akteure das Netz nutzen beziehungsweise über welche Kompetenzen sie verfügen, um

- die für sie richtigen, thematisch relevanten Seiten zu finden,
- die Funktionalitäten und Tools ihren Wünschen entsprechend zu nutzen,
- Informationen auf ihre Validität hin einschätzen zu können.

Wer grundsätzlich gebildet und kompetent ist, kann sich die neuen Möglichkeiten besser zu Nutze machen. Die Frage ist also: »Kapert« eine gut ausgebildete, netz-affine, medien-kompetente Schicht die neuen Foren, Diskussionsräume, partizipativen Webseiten ... und verdrängt so die eher nicht an gesellschaftlichen Aushandlungsprozessen Beteiligten weiter? Anders ausgedrückt: Der *digital divide* schließt sich (jedenfalls in den industrialisierten Ländern), stattdessen besteht zumindest die Gefahr eines *democratic divide.*

Durch die überregionalen und regionalen Qualitätszeitungen sowie das (bei aller Kritik) international herausragend gute informative Angebot der öffentlich-rechtlichen Sender werden die älteren Zielgruppen mit den für eine funktionierende Zivilgesellschaft relevanten und nötigen Informationen gut erreicht. Für die Jüngeren funktioniert dies zunehmend weniger.

Es ist also weder verwunderlich noch aus demokratiepraktischer Sicht nötig, dass genuine Webangebote im überregionalen und allgemein-informativen Bereich für die älteren Bürger in Deutschland nicht existieren. Für die Jüngeren ist dies nur ungenügend zu erklären – und demokratiepraktisch mehr als beklagenswert. Hier liegt ein Potenzial, das *DieWaehlerischen.de* nutzen.

Diskurs im Internetzeitalter

Demokratie und Zivilgesellgesellschaft werden in diskursiven Gesprächen erlernt und gelebt. Streit und Zweifel sind Grundbegriffe demokratischen Miteinanders – der Respekt dem anderen und seinem Argument gegenüber sind genuin demokratische Verhaltensweisen. All dies hat wenig mit den Kampf- und Abkanzelreden in Parlamenten oder Talkshows zu tun.

Eine der wichtigsten Bedingungen, mithin der Inkubator zivilgesellschaftlicher Entwicklungen, ist eine Kommunikation, die von den jüngeren Zielgruppen als glaubwürdig und relevant erlebt wird. Die jüngere Zielgruppe wird im Weiteren als Adressat betrachtet.

Am glaubwürdigsten und am anschlussfähigsten ist der direkte Austausch, die interpersonale Kommunikation. Hier können kognitive Dissonanzen, die entstehen, wenn ein neues, als uninteressant empfundenes Thema angesprochen wird, oder wenn ein bekanntes Thema neu kontextualisiert wird, sofort und nachhaltig abgebaut werden. Massenmedialer Kommunikation gelingt dies nur schwer. Über Soziale Netzwerke, selbstorganisierte Kommunikationsformen im Web kann eine technikbasierte interpersonale Kommunikation erreicht werden, die Anschlusskommunikation herstellen kann.

Sinn und Zweck von *DieWaehlerischen.de* ist es nicht, Themen vorzugeben, sondern – ganz im Gegenteil – diese Themen mit den Adressaten zu entwickeln. *DieWaehlerischen.de* ermöglicht selbstorganisierte Kommunikationen. Gleichzeitig werden diese Debatten strukturiert, es werden entsprechende Informationen angeboten, es werden Anstöße gegeben. Es gibt keine »Lernziele« – wohl aber gibt es klare Nutzervorgaben und Regeln, wie man sich auf der Plattform verhalten muss. Solche Regeln werden im Netz akzeptiert – sie müssen offen einsehbar, nachvollziehbar und gut erklärt werden; die Macher einer Webseite müssen sich selbst genau an diese Regeln halten wie ihre Nutzer. Kritik der Nutzer an den Regeln und/oder sich verändernde Bedürfnisse werden zur Diskussion gestellt, kommentiert und eventuell implementiert.

Empowerment durch den Mach-was-draus-Button

Auf diese Art und Weise ist die Seite selbst, die »atmende« Strukturierung, die Regeln des Austausch- und Produktionsprozesses, ein Einüben zivilgesellschaftlichen Verhaltens.

Empowerment wird besonders über den »Mach was draus«-Button der Site befördert: Wer immer aus der digitalen Kommunikation heraus eine Aktion starten möchte, kann diesen Wunsch über den Button anmelden. Jeder Nutzer kann auch gleich eine Aktion planen, zu deren Umsetzung er die anderen Nutzer und die Unterstützung von *DieWaehlerischen.de* braucht.

Inzwischen wurden auf *DieWaehlerischen.de* fünf *Google Hangouts* aus Diskussionen heraus organisiert. Das sind Live-Diskussionen, an denen sich die Nutzer beteiligen können, und die hinterher als Film auf dem YouTube-Kanal von *DieWaehlerischen.de*, beziehungsweise in themenbezogenen Kurzfassungen via Facebook und Twitter gestreut werden können. Einmal beantwortete der Innenminister des Landes Sachsen-Anhalts, Holger Stahlknecht (CDU), Fragen zum Themenkomplex »NPD-Verbot // Rechtsradikale in Sachsen-Anhalt«. Vor der Europawahl gab es ein Hangout mit der Spitzenkandidatin der Fraktion der Vereinigten Europäischen Linken, Gabriele Zimmer. Kurz danach wurde ein neu gewählter Abgeordneter zu seinen Plänen und Themen befragt.

Zwei ganz praktische »Mach was draus«-Aktionen gingen nicht nur auf direkte Wünsche der Nutzer zurück, sondern wurden auch mit ihnen organisiert: Das Einrichten eines Trinkbrunnen auf dem Gelände der Hochschule Magdeburg-Stendal und eine *Urban Gardening*-Aktion, bei der in Absprache mit dem zuständigen Beigeordneten der Stadt Magdeburg gezeigt wurde, wie *Urban Gardening* legal und dauerhaft gestaltet werden kann.

These der Macher_innen der Seite *DieWaehlerischen.de* ist: Wer sich so wertgeschätzt fühlt, wer erlebt, wie aus einer Idee eine Aktion wird, der ist nicht nur einmal, sondern dauerhaft im Wortsinne empowert – er hat sich der Macht, die dem Bürger einer demokratisch verfassten Gesellschaft zusteht, bedient. So erfahren die jungen und jüngeren Nutzer der Site, dass sie diese Macht nicht nur verfassungsmäßig haben, sondern auch umsetzen und, wenn nötig, einfordern können.

1940 prägte der US-amerikanische Kommunikationsforscher Lazardsfeld die Formel vom »*two step flow of information*«. Im ersten Schritt werden Meinungsführer, die *Opinion Leader*, und erst im zweiten Schritt das breite Publikum erreicht. 1948 postulierte Howard Lasswell, ebenfalls US-amerikanischer Kommunikationsforscher: »*Who says what in which channel to whom with what effect*«. Beides galt durch inhaltliche wie technische Entwicklungen der Massenmedien als veraltet, gewinnt aber durch die direkte Netzkommunikation und unter Umgehung des klassischen professionellen Journalismus wieder an Aktualität.

Ein Beispiel ist Facebook: Anerkannte Nutzer, sogenannte *Superuser*, posten Informationen, die ihre Leser in einem zweiten Schritt an ihre Freunde weiter kommunizieren. Auch auf Blogs oder auf Plattformen (Beispiele dafür sind Perlentaucher.de oder Huffington Post, auf denen als relevant empfundene Informationen neu zusammengestellt werden) wird sichtbar gemacht, wer was auf welchem Weg und mit welchem Effekt sagt. Dieser Effekt ist nicht nur messbar, sondern daraus entsteht Anschlusskommunikation.

Wo Aushandlungsprozesse stattfinden, werden die unterschiedlichen Sichtweisen, das *Framing* deutlich ausgesprochen und damit verhandelbar. Im Wortsinne empowern *DieWaehlerischen.de* aber auch im kommunikativen Bereich. Die Nutzer werden, wo nötig, dabei unterstützt, die für ihr Ziel nötigen Informationen zu finden. Die Haltung der Site ist dabei immer die eines Anbietenden – werden die Angebote von den Nutzern nicht genutzt, ist dies ihr gutes Recht.

Wir machen unsere Geschichte selbst

Menschen konstruieren Wirklichkeit; sie tauschen sich mittels Kommunikation über ihre jeweiligen Konstruktionen aus und einigen sich auf gesicherte Interpretationen. Sie schaffen Narrationen, also gemeinsam getragene und dauerhafte Interpretationen auch komplexer Sachverhalte. *DieWaehlerischen.de* machen den dazu gehörenden Austausch auch für die möglich, denen Elternhaus oder Schule dies nicht anbietet.

DieWaehlerischen.de machen diese Interpretation transparent und geben so die Möglichkeit, sich zu beteiligen. Narrationen sind emotional unterfüttert, erzählen im besten Sinne Geschichten. Und gut erzählte Geschichten funktionieren über viele Alters- und Bildungsgrenzen hinweg. Wenn dazu mit Fotos und Videos, mit Handy-Clips und Infografiken gearbeitet wird, können Informationen zu erstaunlich komplexen Sachverhalten vermittelt werden.

Im Idealfall finden die Nutzer von *DieWaehlerischen.de* ihre eigenen Narrationen, die sie einander, anderen Freunden erzählen, die sie weiterspinnen, und in die Realität umsetzen. Der Begriff des Empowerment beschreibt dabei einen zivilgesellschaftlichen Button-up-Prozess: Die Obrigkeit gibt nicht vor, sondern schafft Möglichkeiten. Die Einzelnen entwickeln ihr Potenzial und tragen ihre Fähigkeiten zusammen. Institutionen – in unserem Fall *DieWaehlerischen.de* – fungieren als Ermöglicher, nicht als allwissende Obrigkeit.

Engagement, Weisheit und Wissen der Gruppe

Im Web umschreiben die Begriffe »Crowdsourcing« oder »Wisdom of the crowd«, dass das geballte Potenzial der Menge erstaunliches Wissen zusammentragen kann und Expertenwissen auf Augenhöhe begegnen oder es sogar überholen kann. Ein bekannter US-amerikanischer Blogger formuliert es so: Da draußen ist zu jedem beliebigen Thema jemand, der es besser weiß als ich. Die eigenorganisierte Wikipedia hat inzwischen oft denselben hohen Grad von Verlässlichkeit, den die *Encyclopaedia Britannica* hat.

Das Web ist nicht a priori demokratisch, aber das Web macht selbstorganisierte demokratische Prozesse möglich – und transparent.

Das Problem: Die jüngeren Altersgruppen interessieren sich nicht für Politik und Gesellschaft – so die Klage der etablierten Politik und vieler älteren Mitbürger. Die Jüngeren wollen sich nicht binden – weder im Sportverein, noch in einer Partei oder NGO. Sie gehen nicht einmal mehr wählen. Die Antwort der etablierten Parteien mit Schnuppermitgliedschaften, vermeintlich hippen Werbekampagnen und – schlecht gepflegten – Facebook-Accounts hilft hier nicht.

Der Soziologe und Politologe Winfried Schulz geht davon aus, dass der Mitgestaltungsanspruch, den die interaktiven Möglichkeiten des Web 2.0 nahelegen, an Virulenz gewonnen hat. Er ortete in seinem Buch zur Politischen Kommunikation einen medieninduzierten gestiegenen Partizipationsanspruch; die Medien lieferten das Geschehen täglich frei Haus, inklusive des Gefühls der Betroffenheit von diesem Geschehen.[1] Schulz stellte aber auch fest, dass aus diesem gestiegenen Partizipationsanspruch keineswegs mehr wirkliche Beteiligung folgte. Seine Erklärung für diese Diskrepanz: Die meisten Menschen verspürten zwar ein Bedürfnis nach Anteilnahme, aber sie wüssten objektiv viel zu wenig Genaues vom politischen Geschehen. Der Kommunikationswissenschaftler Ulrich Sarcinelli spitzte zu: Die Menschen »lebten – salopp ausgedrückt – mit ihren partizipatorischen Ansprüchen über die Verhältnisse ihrer politischen Bildung«.[2]

Wissen und Informationen sind der Grundstock des Einmischens; wer nur »so ungefähr« Bescheid weiß, begibt sich auf dieser Basis in keine Auseinandersetzung, weiß gar nicht, wie und wo er denn mittun könnte. *DieWaehlerischen.de* bieten einerseits politische, gesellschaftliche Bildung – ohne besserwisserischen Gestus, in gewünschten Dosen, ohne Noten. Sie bieten aber auch eine Mitwirkungsmöglichkeit.

Sarcinelli stellt mit Blick auf das Web 2.0 fest,[3] dass neue Strukturen entwickelt und neue Gelegenheiten angeboten werden müssen, die der internetgestützten Partizipation im demokratischen Willensbildungs- und Entscheidungsprozess einen Platz geben.

Ansgar Klein und andere, die den Begriff der »Engagement-Politik« geprägt haben, fordern Routinen für das Empowerment; ihr Gesellschaftsentwurf gibt den Bürgern neue Einfluss- und Handlungsmöglichkeiten im öffentlichen Raum und eine beteiligungsorientierte Kultur, in der auch staatliche Institutionen sich als ein Engagement und Partizipation ermöglichender Akteur versteht.[4]

Die Shell-Studie von 2010 räumte zum wiederholten Mal auf mit der ach so unpolitischen Jugend: 20 Prozent der 15- bis 17-Jährigen bezeichneten sich 2002 als politisch interessiert, heute sind es 33 Prozent. Parteien und klassische, institutionelle Politik stehen nicht hoch im Kurs, aber 77 Prozent aller Jugendlichen sind durchaus bereit, sich an politischen Aktivitäten zu beteiligen, sich gesellschaftlich zu engagieren. Die Art des Engagements muss allerdings zu ihren Bedürfnissen passen. Wenn Kleingärtner um naturliebende junge Menschen werben, sich dann aber wundern, dass die jungen Menschen nach einem halbstündigen Vortrag über die rigiden Regeln der Kolonie Reißaus nehmen, wird das Problem deutlich.

Best Practice und Tour Guides durch den Normalbetrieb

Umgekehrt dokumentieren die beiden »Jahrhundertfluten«, die Sachsen-Anhalt im Jahre 2012 und 2013 zu verzeichnen hatte, dass aus dem in der Shell-Studie formuliertenWunsch auch

Realität wird: Beide Male standen mehr junge Menschen zum Sandschippen, Säcketragen und Keller ausräumen bereit, als man überhaupt brauchen konnte.

2013 bildeten die jungen Helfer ihre eigenen Strukturen aus: Über Facebook wurde schnell und punktgenau organisiert, wo mehr und wo weniger Helfer gebraucht wurden. »Wer hat Getränke«, »wer hat einen Transporter zur Verfügung«, »wo kommen wir mit dem Auto noch durch«, »wer kann Evakuierten für fünf Tage eine Schlafcouch anbieten« … all dies wurde über die digitalen Medien organisiert. Wichtig war für die jungen Helfer auch, dass sie entschieden, wo sie wie helfen wollten. Kein Einsatzleiter konnte über sie verfügen, kein selbsternannter Quartierchef sie zusammenstauchen. Ohne es zu wissen, hatten sich diese jungen Menschen empowert.

Das – so zynisch es klingt – Gute an der Flut war, dass sie und die von ihr erzeugten Probleme offenlagen, zu sehen waren, über alle Medien (eben auch die digitalen), ständig und allgemeinverständlich verbreitet wurden. Man wusste Bescheid!

Im Normalbetrieb ist das nicht so. Und dies hat nichts mit mangelnder Intelligenz oder – siehe oben – einer Abwendung von gesellschaftlichen Zusammenhängen zu tun: Die jüngeren Altersgruppen nehmen die klassische Vermittlung gesellschaftlicher Tatbestände wenig wahr – die junge Zielgruppe kauft kaum Lokalzeitungen, öffentlich-rechtliche Rundfunkanstalten kommen nicht ausreichend bei der jungen Zielgruppe an, genuine Netzmedien erreichen nur wenige und nur das oberste Bildungssegment (Abitur aufwärts.)

Informationen müssen also nicht nur anders »geliefert«, sondern auch anders aufbereitet werden. Dieses »anders« stellten in den achtziger Jahren die sich damals »Anti-Parteien-Partei« nennenden Grünen dar. Dieses »anders« besetzten später kurzzeitig die Piraten.

Die Jüngeren interessieren sich nicht für Grabenkämpfe zwischen den Parteien. Gesellschaftliche Akteure, die vordringlich ihre eigene Institution im Blick haben, schrecken sie ab. Sie bevorzugen eine andere Art der Vermittlung von Informationen. Journalisten und andere Talkshow-erprobte Kampfkommunikatoren werden oft als altkluge Obererklärer (die sich heimlich selbst als wirkungsmächtig im Politikbetrieb verorten) und eben nicht als relevant wahrgenommen.

Es sind also nicht die Redakteure, die sogenannten Gatekeeper, gefragt (denn Informationen gibt es in Echtzeit im Netz), sondern auf Augenhöhe agierende »Tour Guides«, Erklärer und Einordner, die sich nicht über ihr Publikum erheben. Zum Beispiel funktioniert der »sanfte«, wenig konfliktive Günter Jauch bei der jungen Zielgruppe erstaunlich gut.

Die jüngere Zielgruppe erwartet Verknüpfungen, partizipative Ansätze: Medien müssen ihre Nutzer ernst nehmen und die Kommunikation mit ihnen nicht nur als virales Marketing verstehen.

Mehr Miteinander durch kommunikatives Empowern

Die jüngere Zielgruppe hat ein hohes Interesse an Miteinander – aber dies Miteinander geschieht hierarchiefrei, spontan, nicht entlang tradierter Kampflinien oder Ideologien. Sie ist erstaunlich agil und verlässlich – wenn sie denn Projekte, Ziele und/oder Arenen finden. Sie sind begeisterungsfähig – wenn sie denn ernst genommen werden. Und zwar nicht als Zielgruppe, der etwas erklärt werden muss, sondern als Akteure, mit potentiell interessanten Beiträgen.

Die Nutzer von *DieWaehlerischen.de* werden in ihrem lokalen wie inhaltlichen Lebensumfeld abgeholt. Sie werden kommunikativ empowert, indem sie a) auf den Begriff bringen können, was sie umtreibt, b) indem sie selbst die Diskussion bestimmen können – die Themen, die Tiefe, die Mittel der Diskussion. Indem c) die eigenen Potenziale und Reserven erst einmal als solche erlebt werden und indem sie d) gemeinschaftlich genutzt werden und so zu einer erlebbaren Stärkung einer solidarischen Zivilgesellschaft führen. Denn die Zivilgesellschaft wird von den Einzelnen getragen, sie bildet sich im steten Diskussionsprozess der vielen und dem (evtl. auch punktuellen) gemeinsamen Handeln auf der Agora der jeweiligen regionalen Einheit.

Die moderne Agora bildet sich im Web beziehungsweise besser: viele moderne Agoren bilden sich im Netz, bestimmen die Regeln des Austauschs auf dem jeweiligen Marktplatz selbst, benennen die Kriterien für Relevanz in diskursiven Prozessen.

Bei der Gestaltung von *DieWaehlerischen.de* werden passende Web-Tools verwandt. So können durch ansprechend animierte Schlagworte, sogenannte *Tag-Clouds,* Begriffssammlungen erstellt und verknüpft werden. Foren und Upload-Funktionen werden eingebunden, um das »Push-Medium« der Webseite um die »Pull-Funktion« der Beteiligung und Interaktion mit den Inhalten und zwischen den Nutzern und Machern zu erweitern.

Mit neuen, multimedialen Erzählformen (Storytelling) werden Inhalte für ganz unterschiedliche Nutzer interessant. Posts und Beiträge, Geschehnisse, Meldungen oder Informationen, die in kürzester Zeit aufeinanderfolgen, können in dieser Darstellungsform strukturiert werden.

Jeder *ProdUser* muss – jeder Nutzer kann sich auf der Website vorstellen. Die Gewohnheiten, die Bedürfnisse, die Erwartungen und die No Goes der Zielgruppe werden berücksichtigt.

Gewohnheiten: Nutzung des Internets zuhause, am Ausbildungs- oder Berufsort, im Internetcafé, bei Freunden, unterwegs // Nutzung über verschiedene Endgeräte (Desktop, Laptop, Handy, Pad, Spielkonsole)

Bedürfnisse: schnelle, verlässliche Information // spielerischer Angang // Spielen // Langeweile vermeiden // mit Peergroup abgleichen // Wissen erwerben.

Erwartungen: Austausch // Echtzeit // Unterhaltung // Fragen beantwortet bekommen // eigene Meinung bilden // Authentizität der Macher, Kommunikationspartner und ProdUser.

No-Goes: kein erhobener Zeigefinger // kein Polit- oder Bürokratensprech // keine Top-Down-Kommunikation.

Die Plattform kann und will sich nicht entlang von Vereinen und Institutionen bekannt machen, da sie ja genau die Nutzer erreichen will, die sich nicht dort gebunden haben und binden wollen. Ein Mittel des Bekannt-Machens sind Workshops für Schulen, die von der Landeszentrale für politische Bildung Sachsen-Anhalts unterstützt werden, sie gehören zur Angebotsreihe »Politische Bildung 2.0«. *DieWaehlerischen.de* setzen bei den Informationsgewohnheiten der Altersgruppen zwischen 14 und 35 Jahren an. Der Workshop nutzt digitale Medien zur demokratischen Bildung.

Der Workshop …

- arbeitet deshalb mit einem breiten und flexiblen Politikbegriff;
- nimmt die Teilnehmer*Innen* ernst, indem die Inhalte innerhalb klarer Grenzen frei bestimmbar sind;
- klärt in einem diskursiven Prozess, welche gesellschaftlich verhandelbaren Themen die Teilnehmer*Innen* interessieren;
- recherchiert am Beispiel dieser Themen, Multiperspektivität wird deutlich;
- verzahnt Institutionenkunde und Sachinformation mit der Vermittlung von Medienkompetenz und verantwortlicher Mitarbeit an einer Website;
- verhandelt je nach Klassenstufe, Schulform oder Fach den thematischen und/oder medialen Fokus und das angezielte Ergebnis (inhaltlich und medial) sowie den Zeitrahmen.

Auch hier gilt: Es wird unterstützt, strukturiert, empowert. Die Workshop-Crew leitet dort an, wo sie gefragt wird – sie führt nicht. Sie bietet an – sie bestimmt nicht. Sie stellt mindestens so viele Fragen wie sie Antworten gibt. Wer sich bereits vor dem Workshop informieren möchte, kann das auf der Webseite tun. Dort gibt es Tutorials in Videoform oder als Booklet.

Wildflowers – Die Universität als Ort der Selbstbemächtigung

Ein Beispiel von Daniel Joachim

- Vorrede: Skills oder lebendiges Wissen?
- Die Fesseln der Institutionen
- Ist Selbstbemächtigung eine Abweichung?
- Best Practice: Das Projekt »Wildflowers«
- Wider die Macht des Konventionellen
- Für eine Wissenschaft der Selbstbemächtigung
- Fazit: Aufbruch in Richtung freie Wissenschaft

Vorrede: Skills oder lebendiges Wissen?

Die Leitfrage dieses Beitrags lautet: Wie können Studium und Universitäten empowert werden? Zwar ist die Vermittlung von in der Berufswelt wichtigen Hard- und Softskills, womit sich viele Universitäten brüsten, in den meisten Fällen notwendig, um Teil unserer heutigen Gesellschaft zu werden. Dies könnte bereits als eine Art »Empowerment« verstanden werden: Je erfolgreicher ich mir spezifische Wissensbestände aneigne, desto vermeintlich selbstbestimmter kann ich mir meine Arbeitsstelle aussuchen, mein Leben gestalten und eine Familie gründen. Aber können wir hier wirklich von Empowerment sprechen? Kann durch die Aneignung toten Wissens tatsächlich die Selbstbestimmung vergrößert werden? Verbessert sich für eine Studentin oder einen Studenten durch passives Aufnehmen, einen perfekten Schreibstil und die reibungslose Eingliederung in eine Gruppe endlich die Chance, sich selbst nicht mehr verbiegen und verleugnen zu müssen, sondern Herr über das eigene Schicksal zu werden?

Empowerment bedeutet – kurz gesagt – die Befähigung zur selbstbestimmten Führung seines eigenen Lebens. Empowertes

Denken und Handeln kann letztendlich nur eigenständiges, das heißt selbstverwirklichendes und soziables Denken und Handeln sein, dem ein unstillbares Bedürfnis nach Selbstentfaltung zugrunde liegt. Dies bedeutet, dass sich das Verhältnis zu den Repräsentanten der Universitäten und der Gesellschaft, die dies bisher behinderten oder gar blockierten, zwangsläufig ändern muss. Würden die gegenwärtigen Strukturen unangetastet bleiben, so blieben auch die bisherigen Mechanismen zur Unterbindung des Empowerments bestehen. Das universitäre Setting, welches mein Selbst, meine Bedürfnisse nach wissenschaftlicher Selbstverwirklichung bisher neutralisiert und angepasst hat, muss mein verändertes Agieren, das meine persönlichen Interessen und meine Lebenslage ausdrückt, dann akzeptieren. Kann konventionelles Studieren die Chance geben, diese Veränderungen zu erwirken? Ist es überhaupt möglich, die Verhältnisse im Studium und an der Universität zu ändern und wie entstehen diese überhaupt?

Die Fesseln der Institutionen

Mein Verständnis zur Entstehung gesellschaftlicher Verhältnisse haben unter anderem Peter Berger und Thomas Luckmann geprägt.[1] Danach zeichnet den Menschen grundsätzlich fehlendes Instinktverhalten aus, so dass er seine Triebe frei ausrichten, spezialisieren und wählen kann. Um seine Triebe zu ›richten‹ und zu spezialisieren, ist, in welcher Form auch immer, gesellschaftliche Ordnung notwendig. Alles menschliche Tun, so die Autoren, ist gleichzeitig der Gewöhnung unterworfen: Abläufe werden routiniert, wodurch eine Habitualisierung stattfindet. Diese Habitualisierung nimmt den Individuen Entscheidungen ab und schafft Freiräume zur Triebgestaltung. Dieser Habitualisierung folgt die Institutionalisierung, in der die Gewohnheiten in Institutionen mit klaren Handlungsmustern übersetzt werden. Damit Handlungen typisiert und dadurch institutionalisiert werden können, müssen sie artikulierbar sein. Die Handlungen und Handlungsabläufe werden daher durch Wortwahl und Wortschöpfungen abstrahiert, und so sukzessive dem individuellen Handeln entzogen. Diese ehemals konstruierten Gewohnheiten avancieren dann zu einem Instrument der sozialen Kontrolle, indem sich gewisse Handlungs- und Verhaltensvorgaben durchsetzen. Institutionen verteilen dabei die Zuständigkeiten und sorgen für die notwendige Stabilität der Gesellschaftsordnung. Hier ist der *Prozess der Institutionengestaltung* abgeschlossen und der *Status der Institutionenerhaltung* erreicht. Entwickeln sich neue Handlungs- und Verhaltensmuster, sind diese nun schwerlich in die Prozesse der Institutionenerhaltung zu integrieren, da diese sich von ihren ehemaligen Schöpfern weitestgehend abstrahiert haben.

Institutionen schaffen es also, die Psyche des Menschen in einem Maße davon zu überzeugen, auch ihr nicht eigene Regeln zu befolgen, sie fast unmerklich zu entmachten und fremdzubestimmen. Diese Problematik führt unter anderem Cornelius Castoriadis zu einer Diskussion der Macht.[2] Macht sei dadurch geprägt, dass sie nicht lokalisierbar und damit zum großen Teil unsichtbar agiere: »*Es ist niemals die Macht eines bestimmten Individuums oder überhaupt einer identifizierbaren Instanz. Sie wird von der instituierten Gesellschaft ›ausgeübt‹, aber hinter dieser steht die instituierende Gesellschaft*«.[3] Die instituierende Gesellschaft sind wir selbst. Durch unser tägliches Handeln und Denken reproduzieren wir die uns fesselnden Regeln und Richtlinien. In Gesellschaften mit instituierten wechselseitigen Abhängigkeiten wie der unseren erkennt Castoriadis nun die Abweichung des Individuums als die einzige Möglichkeit, die Subjektivität (basierend auf den spezifischen Erfahrungen, der Psyche und Triebe eines Menschen) in die Gesellschaft wieder einfließen zu lassen.

Ein empowertes Leben führe ich dann, wenn ich meinen eigenen spezifischen Erfahrungen, meiner eigenen psychischen

Konstitution und meinen Trieben einen sozialen Ausdruck geben kann. Meine Erfahrungen und Wahrnehmungen formen meine Bedürfnisse und umgekehrt. Sie sorgen dafür, dass ich mich von anderen unterscheide, sie sind die Grundbedingung für Pluralität. Aber ist es nun wahrscheinlich, dass je besser ich an der Universität abschneide, mich im Vorstellungsgespräch darstelle und im Beruf profiliere – denn darauf zielt (nicht ohne Grund) ein Großteil der universitären Lehre ab –, desto größer meine Selbstbestimmung wird?

Ist Selbstbemächtigung eine Abweichung?

Ein Satz klingt noch nach: Die ›Abweichung‹ des Individuums ist die einzige Möglichkeit, der Subjektivität Ausdruck zu verleihen. Gibt es für sie im akademischen Rahmen überhaupt einen Platz? Wie aber werden wir Abweichler, besser: wir Empowerer – wenn vielleicht auch ausgestattet mit großem Wissen und beeindruckendem Auftreten – im universitären Kontext aufgenommen? Der Kulturwissenschaftler Modjtaba Sadria macht das problematische Verhältnis zwischen den Akteuren mithilfe der Kategorie des Zuhörens verständlicher.[4] Zuhören ist für Sadria ein aktiver Prozess, bei dem die Bedeutung des Gesagten in Relation zum Sprecher konstruiert und rekonstruiert wird:

- Zuhören als Platzierung,
- Zuhören als Zusatz,
- Zuhören als Auswechslung.

Sadria unterscheidet zwischen drei konventionellen Kategorien des Zuhörens:[5] *Zuhören als Platzierung* beschreibt die Zuordnung des Sprechers in einem hegemonialen Diskursrahmen, die Umwandlung von Aussagen des Sprechers in die dem Diskurs zugrundeliegenden Begriffe und Bedingungen, zum Beispiel: »Ach, der (Abweichler) ist nur jung und will ein bisschen rebellieren«. *Zuhören als Zusatz* beschreibt die Pluralisierung (und somit Relativierung) der bestehenden Ansichten innerhalb eines Diskurses: »Denke du (Abweichler) doch, was du willst. Mich tangiert es nicht«. *Zuhören als Auswechslung* zielt darauf ab, die Stellung des Zuhörers durch die Stellung des Sprechers zu ersetzen: »Du (Abweichler) hast recht, ich folge dir«.

Alle drei Prozesse verhindern das Zuhören als demokratischen Akt, da die Machtverhältnisse in jedem Fall den Austausch unter Gleichen verhindern. Im ersten Fall wird die Handlungsmacht des Sprechers unterwandert, im zweiten Fall ist es unmöglich, die Position des Sprechers verändern zu können und im dritten Fall wird zwar das Machtverhältnis, aber nicht die Machstruktur abgelöst. Zwar vermag jeder Sprecher potenziell eine Veränderung des Settings zu erwirken, allerdings verändert sich dadurch nicht das Verhältnis der sozialen Akteure. Dies ist ein Dilemma, denn, provokant formuliert: Kaum eine noch so gewiefte und ausgefeilte, politisch versierte und rhetorisch begabte Abweichung scheint in der Lage, dieinstitutionalisierte Gesellschaft nachhaltig und tiefgreifend zu empowern.

Mit Blick auf emanzipatorische Bewegungen konstatiert hingegen der Mitbegründer des Weltsozialforums Boaventura De Sousa Santos die (seiner Auffassung nach die Moderne durchziehende) Fehlannahme, dass »*each crisis of social regulation would presumably lead to new forms of social emancipation which in turn would give rise to more progressive forms of social regulation, and so on*«.[6] Mit anderen Worten: Es werde häufig behauptet, dass jede ›Krise der sozialen Regulation‹, offenbart zum Beispiel durch die Protestwellen der 60er Jahre, zu einer progressiveren Form sozialer Regulation führe, also einer Regulation, die sich mehr am Volk orientiert, menschlicher ist, etc. Eine soziale Bewegung würde demnach auf eine Regierung (oder andere Machthaber treffen), die wiederum für eine positive Veränderung sorgten. Emanzipatorischer Wille und emanzipatorische Energie wären somit die Triebkräfte der geschichtlichen Entwicklung der Moderne.[7] Wäre dies der Fall, könnte unser universitäres Bildungssystem sicherlich einen großen Beitrag dazu leisten, Teil dieser emanzipatorischen Geschichtsschreibung zu sein und einen großen Anteil an Self- und Gruppen-Empowerment haben.

Diese Annahme könnte sich allerdings als Trugschluss erweisen, denn, so Santos weiter, am Ende unseres Jahrhunderts *»it is not difficult to conclude that, as social experience, the relationship between regulation and emancipation has never in fact been a dialectical tension. More often than not, emancipatory projects and energies have led to forms of social regulation that, no matter how new, could hardly be conceived of as more progressive than the previously existing ones«.*[8]

Sadria und Santos verweisen unabhängig voneinander auf dieselbe Logik: Nichtkonformes Denken und Handeln wird allzu oft ausgeblendet. Empowertes Denken und Handeln kann der eigenen Logik entsprechend primär nichtkonformes, multidimensionales Denken und Handeln sein, da es danach strebt, die Zahl der individuellen Freiheitsgrade zu vergrößern. An der Universität vorgegebene, an einem staatlichen oder auch privaten Curriculum ausgerichtete Lehre kann ergo kaum dazu in der Lage sein, zu empowern, wenn sie nicht durch Bedürfnisse, Perspektiven und Interessen der Studierenden veränderbar ist. Das ›Eigene‹ ist stets auch nicht konform – deshalb läuft es bislang immer auch Gefahr, aufgesogen, vergesellschaftet und negiert zu werden. Das massenhafte Pauken von Hard- und Softskills trägt somit hauptsächlich zur Reproduktion des bereits Bestehenden bei, neue Elemente sind in der Regel nur innerhalb der bestehenden Paradigmen möglich (und somit nicht wirklich ›veränderungs- und freiraumstiftend‹). Besonders deutlich wird dies auf universitärer Ebene durch das zwanghaft erscheinende Erforschen eines »Forschungsdesiderats«. Dieses vom Forschenden unabhängige, nur aus der reinen Forschungslogik heraus legitimierte wissenschaftliche Arbeiten verabschiedet sich gänzlich von jeglicher Offenheit gegenüber wirklich neuen Ansätzen.

Empowerment, verstanden als jener soziale und kulturelle Prozess, der uns befähigt, schrittweise das eigene Leben und Schicksal in die Hand zu nehmen und zu bestimmen, braucht andere Rahmenbedingungen als wir sie heute an Universitäten vorfinden. Dieser Beitrag darf nicht falsch verstanden werden. Er ist kein Aufruf, das Hochschulsystem an sich zu schleifen, sondern ein Appell, endlich seine Subjekte, die Studierenden, auf Augenhöhe zu beteiligen. Die Vermittlung grundlegender Hard- und Softskills wird nicht in Frage gestellt; sie dient als Sprungbrett in das selbstbestimmte Lernen und Forschen. Allerdings hat diese Art von Lehre noch nichts mit Empowerment zu tun. Sie reicht für die individuellen Studienziele nicht aus, ganz gleich ob sie auf eine spätere Tätigkeit in einer NGO, Unterstützung einer sozialen Bewegung oder das Management eines multinationalen Unternehmens gerichtet sind. Um Empowerment zu implementieren, ist etwas viel Weiterreichendes nötig.

Best Practice: Das Projekt »Wildflowers«

Selbst vielen Akademikern noch wenig bekannt, gibt es mittlerweile zahlreiche Bestrebungen von Professoren und Studierenden, Räume für die empowernde Wissenschaft zu öffnen, zum Beispiel die Peace Boat Global University (www.peaceboat.org) und die Gaia-University (www.gaiauniversity.org). Unser Beispiel dafür ist Wildflowers, eine internationale Studentengruppe aus Japan, die vor über 20 Jahren von Modjtaba Sadria, einem iranischen Kulturwissenschaftler, gegründet wurde und in Teilen bis heute fortbesteht. Während eines Forschungsaufenthaltes von 2005–2008 in Japan, bei dem Professor Sadria mein Betreuer war, lernte ich die Mitglieder seiner Gruppe kennen und gehöre seitdem dazu. Es war damals eine Zeit des tiefgehenden Umbruchs, in dessen Folge Professor Sadria 2007 faktisch ein landesweites Berufsverbot erteilt wurde, so dass er sich letztendlich zum Exil gezwungen sah. Unsere Gruppe hatte sich nach intensiven Diskussionen dazu entschlossen, einem Zerfall entgegenzuwirken. Wir haben uns unter dem Namen »Wildflowers« wöchentlich an der Universität, später auch in Cafés getroffen, abwechselnd Vorträge gehalten und – wenn sprachlich machbar – wechselseitig unsere Haus- und Abschlussarbeiten gegengelesen.

Wissenschaft verstehen wir als Möglichkeit, der eigenen Subjektivität durch Forschung selbst Raum zu geben. Wir verfolgen nicht das Ziel, erlangtes Wissen in einer fernen Zukunft, wenn irgendwann die Zeit reif wäre, empowernd nutzen zu können. Vielmehr verstehen wir Wissenschaft selbst als Tool zu Empowerment. Zur Entfaltung subjektiver Forschung haben wir strukturelle Anpassungen an Fragestellungen, Vortragsformate und anderen intersubjektiven Kommunikationsaspekten vorgenommen, die ich im Folgenden kurz skizziere. Einer der wichtigsten Grundsätze vorweg: Um Empowerment zu ermöglichen, müssen Wege gefunden werden, die konventionellen Blockaden der hierarchischen akademischen Interaktion zu überwinden, um durch einen dann demokratischen Austausch der Subjektivität des Einzelnen Raum zu geben.

Ziel unserer wissenschaftlichen Arbeit ist es nicht, die Lösung eines definierten Problems ausschließlich unter Anwendung konventionellen und generalisierten Wissens zu erreichen. In Anlehnung an Sadria (2008) und Freire (1970) verstehen wir die Fragestellung einer wissenschaftlichen Arbeit eher als Problematisierung, als Problem-Posing. Wir versuchen, etwas vorher scheinbar Unproblematisches zu enthüllen und seine Widersprüche zu entlarven. Problematisierung ist somit *»provocative, and an object of problem-posing is a product of discursive formation and the authority of knowledge; the purpose of* *problem-posing is to liberate other possibilities in understanding both the sense, and possible outcomes, of the problem«.*[9] Wir möchten Probleme also nicht auf herkömmliche Art bewältigen, sondern sie neu beleuchten und die Möglichkeiten alternativer Lösungswege aufzeigen.

Man könnte sagen, das Ziel unseres wissenschaftlichen Arbeitens ist es, Neues mithilfe subjektiver Aspekte in bereits bekannte Diskurse einzubringen. Problematisierung, so wie wir sie verstehen, basiert auf unserer Persönlichkeit, den spezifischen Erfahrungen und Wahrnehmungen jedes Wissenschaftlers. Das ›Selbst‹ des Wissenschaftlers tritt in den Vordergrund. Wichtig ist uns, *warum* jemand ein Thema erforscht. Was ist der persönliche Hintergrund, der, wenn ermittelt, nicht mehr von der wissenschaftlichen Arbeit getrennt werden kann? Die Begründung: »Dies ist mein Thema, einfach weil ich es möchte« ist völlig legitim, denn durch anschließende Diskussionen kann beleuchtet werden, woher dieses Bedürfnis rührt. Von dort aus ist es dann die Aufgabe des Wissenschaftlers, die Gestalt des Problems zu entfalten und zu erläutern. Jedes Forschungsdenken, das Gefahr läuft, die Persönlichkeit des Forschers zu verdecken, ist für uns nicht zielführend.

Diese Haltung darf allerdings nicht mit dem weitverbreitenden Narzissmus vieler Wissenschaftler verwechselt werden. Die in anderen Seminaren übliche Zurschaustellung der eigenen Größe und Außergewöhnlichkeit, das Wetteifern um Anerkennung und Beifall, findet bei Wildflowers so gut wie nicht statt. Völlig in den Hintergrund treten Fragen nach dem »richtigen« Verständnis. Dies nicht, weil wir uns in unserem Kreis gut kennen und verstehen oder die besten Freunde sind – es gibt mitunter große Dissonanzen zwischen uns –, sondern weil es für die wissenschaftliche Problematisierung und Herausarbeitung der Subjektivität der Forscher nicht wichtig ist. Je besser das ›Menschliche‹ in einer Forschungsarbeit zu erkennen ist, desto deutlicher und aussagekräftiger wird eine Arbeit, gemessen an unseren Maßstäben: Aussagekräftig ist eine Arbeit dann, wenn es gelungen ist, einen möglichst klaren *Punchpoint* zu entwickeln, einen zentralen Punkt zum Aufzeigen der Widersprüche, der die Artikulation des Forschungsthemas ermöglicht. Je klarer Problematisierung und Subjektivität sind, desto eindeutiger ist der *Punchpoint.*

Wider die Macht des Konventionellen

Abweichungen vom Mainstream – egal, ob es sich um Weltbilder, Meinungen oder Lebensstile handelt – haben es gemeinhin schwer. Die wissenschaftliche Gesellschaft macht hier keine Ausnahme. Anders denkende Individuen oder Gruppen erfahren in ihr oft eine geringe Wertschätzung – und damit einhergehend einen geringen sozialen Status. Durch Wildflowers haben wir das manchmal recht drastisch gemerkt: Unsere Art, Fragen zu beantworten und Vorträge zu halten oder zu kommentieren, durchbrachen die bekannten Muster und ließen sich nicht in das Allgemeingut verwertbarer, gültiger »Wahrheiten« integrieren.

Vor meinem Aufenthalt in Japan hatte ich Kritische Theorie studiert und auch einige Protestaktionen mitgestaltet. In den Seminaren konnte ich damals leicht mithalten, mit meinem angelernten Wissen glänzen und durch Sachargumente die jeweils andere Seite einer Medaille aufzeigen. Durch Wildflowers hatte ich nun viel weiterreichende Erfahrungen gemacht. Unser subjektives Durchdringen von Fragestellungen wurde oft als Anmaßung, Ignoranz oder gar moralische Besserwisserei aufgenommen. Zurück aus Japan habe ich ironischerweise selbst meinen deutschen Professor für Kritische Theorie dazu veranlasst, an meiner intellektuellen Zurechnungsfähigkeit zu zweifeln, als ich ihn in einem Seminar fragte: »Was genau meinst du mit ›Protest‹?«

Mein Ziel war es – so, wie ich es in den vorangegangenen Jahren gelernt hatte – in Erfahrung zu bringen, auf welchen konstituierenden Überlegungen seine Aussage beruhte. Für alle Anwesenden schien es selbstverständlich zu sein, welche Annahmen dem Konstrukt Protest zugrunde lagen. Dass es sich meines Erachtens aber um ein hegemoniales Verständnis von Protest handelte, welches dadurch gefestigt wird, dass seine Annahmen nicht hinterfragt und immer wieder für Forschungsprojekte, die ihrerseits Herrschaftswissen erzeugten, genutzt wurde, blieb unbeachtet. Für ihn – und vermutlich die meisten anderen Seminarteilnehmer – war ich in diesem Moment einfach nur unbequem, möglicherweise sogar querulatorisch, und meine Frage überflüssig. Unschwer zu erkennen: In konventionellen Seminaren hatten wir es verständlicherweise zuweilen schwer.

Für eine Wissenschaft der Selbstbemächtigung

Unsere Art der Wissenschaft versucht, stets Raum für die Anzweiflung und Ablehnung auch des eigenen Ansatzes zu schaffen, um so weit wie möglich einen vielstimmigen demokratischen Austausch anzustoßen. Sie stemmt sich gegen eine effizienzgetriebene Wissenschaft, die sich selbst beschränkt. Es sind für uns die Individuen, die uns auf der Basis ihrer spezifischen Erfahrungen und Wahrnehmungen neue Erkenntnisse, Figuren und Handlungsoptionen des Denk- und Machbaren geben können. Dieses Neue sehen wir immer abhängig von einzelnen Personen und ihren spezifischen Erfahrungen, die sie der Gemeinschaft zur Verfügung stellen. Deshalb muss unsere Wissenschaft im höchsten Maße reflexiv sein.

Für uns erscheint evident, dass sowohl das Imaginäre und seine Produkte als auch die Schaffenskraft der Einzelnen weder »gut« noch »schlecht«, gleichwohl über die Zeit stark veränderbar sind. Die Engführung des gegenwärtigen, positivistisch geprägten Wissenschaftsbetriebes halten wir somit für eine unnötige Selbstbeschränkung. Wir glauben vielmehr, dass unterschiedliche Subjekte unterschiedliche Wissenschaftsansätze und Konzepte in die Gesellschaft einbringen können sollten, um durch gegenseitigen Austausch und durch Wort und Tat die konviviale Welt, in der sie als verbundene Individuen gerne leben wollen, selbst zu erschaffen. Die Möglichkeit, andere Meinungen anzuerkennen und zu verstehen, andere Perspektiven einzunehmen und die eigene Position zu überdenken oder zu revidieren, »*can thus be seen as a precondition for creativity and creation*«.[10]

Für unser Projekt Wildflowers heißt das, solche Regeln zu kreieren, die in der Lage sind, dieser Reflexivität zu entsprechen und die Teilnahme aller, die Lust an Rede und Gegenrede, am sokratischen Dialog haben, zu ermöglichen. Bei uns können sich alle Menschen auf Augenhöhe einbringen – mit ihren elementaren körperlichen, emotionalen und intellektuellen Bedürfnissen – und genau dadurch wird Empowerment, definiert als Selbstbemächtigung, möglich. Das Ziel von Kritik und Kommentaren ist es, das sich einbringende Individuum jeweils als Person zu stärken und aufzuzeigen, welche Möglichkeiten es gibt, die eigenen spezifischen Erfahrungen durch den intersubjektiven Austausch, das heißt wissenschaftlich, nutzbar zu machen. Der Keim des Empowerments geht dann auf, wenn der schöpferische Prozess beginnt, das Diskutieren und Ausprobieren, welches sich nicht nur auf scheinbar unverrückbare Fakten, »*sondern auf die imaginären gesellschaftlichen Bedeutungen und ihre mögliche Begründung bezieht*«.[11]

Fazit: Aufbruch in Richtung freie Wissenschaft

Es soll nicht verschwiegen werden: Wir haben leider auch einige Rückschläge hinnehmen müssen, so zum Beispiel durch die Exilierung unseres Professors oder durch die Behinderung mancher unserer Forschungsprojekte. Die meisten von uns sind Masterstudenten oder Doktoranden. Bedauerlicherweise bringen traditionell geprägte Hochschullehrer eher wenig Verständnis für eine Forschungsweise auf, die sich nicht mit der Suche nach der einfachen, leicht zu verwertenden Wahrheit zufrieden gibt und manchmal nicht sofort Anhaltspunkte für quantitativ überprüfbare Aussagen liefert. Aber unsere Wirklichkeit ist nun einmal kein lineares Gebilde, sondern ein vieldimensionaler Raum, ein Multiversum. So wurden Dissertationen verweigert und Abschlüsse von oberster universitärer Instanz verhindert. Dies mag damit zusammenhängen, dass es gerade in Japan noch immer wenig Platz für alternatives Denken und Handeln gibt. Aber auch in Deutschland treffe ich immer wieder auf ganz ähnliche universitäre Strukturen und Hindernisse, sogar bei liberalen Professoren und politisch engagierten Dozenten.

Unsere Gruppe hat sich mittlerweile über die ganze Welt verteilt. Nichtsdestotrotz tauschen wir uns weiter aus und treffen uns in unseren Online-Seminaren. Wer einmal erkannt hat, wie gut sich Wissenschaft anfühlen kann, geht nur schwerlich zurück in alte Strukturen.

ELTERN-AG – Ein Angebot für Eltern

Ein vielfach ausgezeichneter Empowerment-Ansatz

von Meinrad Armbruster und Janet Thiemann

Einführung

Einfach zugängliche Vorsorgekonzepte werden zunehmend erforderlich, weil die Gesellschaft es sich sowohl aus volkswirtschaftlichen und demografischen, aber auch aus ethischen Erwägungen heraus nicht länger leisten kann, Kinder und Jugendliche aus benachteiligten Familien zu verlieren. Unterschiedliche Schätzungen gehen von bis zu einem Fünftel eines Jahrgangs in Deutschland aus, dessen Entwicklung in Bezug auf Gesundheit, Bildung und Sozialkompetenzen weit unter den Möglichkeiten verläuft.[1] Nicht zuletzt der Erhalt des sozialen Friedens und des innergesellschaftlichen Ausgleichs hängen wesentlich davon ab, wie gut es gelingt, diese Menschen vom Rand wieder in die Mitte der Gemeinschaft zu integrieren.

Eltern sind die wichtigsten Kooperationspartner, wenn die Maßnahmen auf die Verbesserung der kindlichen Entwicklung im Vorschulalter ausgerichtet sind. Krumm et al. weisen nach,[2] dass die häuslichen Lebensbedingungen einen mindestens ebenso großen Einfluss auf die kindliche Entwicklung ausüben wie die institutionellen Angebote aus dem Vorschul- und Einschulbereich. Auch in Bezug auf die Schulleistungen eines Kindes werden bis zu zwei Drittel der Varianz durch den Einfluss der Familie auf die kindliche Entwicklung erklärt und nur zu einem Drittel durch Bedingungen in der Schule.[3] Eigentlich müsste es also eine Selbstverständlichkeit sein, Eltern durch frühpädagogische Bildungsangebote noch mehr für Erziehung zu stärken.

ELTERN-AG – ein Angebot für Eltern, die es nicht leicht haben

Wie Bauer und Bittlingmayer ausführen,[4] besteht das Präventionsdilemma darin, dass gerade benachteiligte Eltern von Angeboten zur Förderung der Erziehungskompetenz bislang kaum erreicht werden. Dafür gibt es gut nachvollziehbare Gründe. Besonders Eltern, die mit einer oder mehreren Herausforderungen kämpfen, befürchten zusätzliche Ausgrenzung und Stigmatisierung. Denn wer beispielsweise einen niedrigen Bildungsabschluss hat, arbeitslos oder Geringverdiener ist, einen Migrationshintergrund oder den Alleinerziehendenstatus aufweist, wird als Mutter oder Vater leicht in die Schublade »sozial schwach« einsortiert und mit einer Kaskade unerwünschter Aufmerksamkeiten bedacht: So müssen sie etwa mit Einbestellungen zum Elterngespräch, Beratungsterminen, Expertenratschlägen aus Hilfekonferenzen und aktenkundigen Kontrollbesuchen rechnen, wenn sie so leichtsinnig waren, einer professionellen Fachkraft über Probleme mit ihrem Kind zu erzählen. Diese fürsorgliche Belagerung definiert sehr schnell ein Oben und Unten, bestimmt, wer Experte und wer Laie, wer Hilfegewährer und wer Hilfeempfänger ist. Damit ist in der Regel nicht nur ein Eingriff in die Intimsphäre der Familie verbunden, sondern auch fortgesetzte Entmündigung und Demütigung.

Mit dem Präventionsprogramm ELTERN-AG wurde ein Angebot geschaffen, das jene zehn Prozent der Eltern erreicht, die konventionellen Hilfsprojekten skeptisch bis ablehnend gegenüberstehen. Die ELTERN-AG-Kursleiter, Mentoren genannt, arbeiten ausschließlich mit Gruppen sozial benachteiligter Eltern. Das Programm umfasst ein wissenschaftlich überprüftes leicht zugängliches Gruppenangebot zur Verbesserung der Erziehungs-, Vernetzungs- und Selbsthilfefähigkeiten.

Das Programm eignet sich besonders für die Arbeit mit Familien mit mehreren Risikofaktoren. Kernstück ist der Empowerment-Ansatz: Er umfasst eine zugehende und aufsuchende

Arbeitsweise, die Ressourcenorientierung, die Aktivierung der Selbstorganisationskräfte, die Wertschätzung der Lebenswelt sowie des subkulturellen Lebensstils. ELTERN-AG hat zwei Haupteffekte: Es dient einerseits der Verbesserung der kindlichen Entwicklung und dem gesunden Aufwachsen, der Steigerung der elterlichen Erziehungskompetenz und der familiären Harmonie; andererseits der Netzwerkbildung zwischen den Familien und der Steigerung der Kooperationsbereitschaft für Angebote aus dem Sozialraum.

ELTERN-AG konzentriert sich primär auf Eltern mit Kindern von der Geburt bis zur Einschulung. Dafür sprechen zwei gewichtige Gründe: Zum einen sind Eltern in der frühen Familienphase am empfänglichsten für alle Interventionen, die den Umgang mit ihren Kindern erleichtern und strukturieren. Zum anderen wird die menschliche Entwicklung durch die Gehirnreifung in den ersten Lebensjahren am nachhaltigsten geprägt, das heißt die Kinder sind in dieser Phase am meisten auf liebevolle Bindung, Stimulierung und Regulation durch ihre primären Bezugspersonen angewiesen.[5] Zwischenzeitlich wurde das Programm ELTERN-AG um ein Modul für den sensiblen Übergangszeitraum von Kindergarten zur Grundschule erweitert.

Ein Setting-Ansatz mit Lebenswelt- und Sozialraumorientierung

ELTERN-AG findet durch den Setting-Ansatz mit Lebensweltund Sozialraumorientierung bei den Adressaten der Zielgruppe eine hohe Akzeptanz. Das Programm richtet sich an Eltern, die in der Regel mit mehreren Herausforderungen gleichzeitig kämpfen wie zum Beispiel Migration, Arbeitslosigkeit, Teenager-Elternschaft oder chronische Belastung durch Krankheit – kurz, Familien mit Problemen, für die es oft schwer ist, den Weg zu Hilfsangeboten zu finden. Für diese Bevölkerungsgruppe gibt es kaum Programme, die auch tatsächlich ihren Bedürfnissen entsprechen. ELTERN-AG schafft es, zu nahezu 100 Prozent mit Eltern aus diesem Spektrum zu arbeiten.

Grund hierfür ist der besondere räumliche, methodische und didaktische Zugang. Die Treffen finden dort statt, wo die Eltern leben, sie werden konsequent an den Themen der Eltern ausgerichtet und bauen auf dem Erfahrungsaustausch und der Selbstorganisation in der Gruppe auf. Auf der Basis spezifischer Interventionstechniken erfahren sich Eltern im Verlauf des Kurses als Menschen mit Kompetenzen, sprich, als das, was sie sind: Die Experten ihrer eigenen Kinder und ihrer Lebenswelt. ELTERN-AG fokussiert über den Umweg der konkreten Elternarbeit die Förderung der emotionalen, sozialen und kognitiven Ressourcen der Vorschulkinder. Durch die Interaktion in der Gruppe und die Kooperation der ELTERN-AG mit professionellen Multiplikatoren im Sozialraum wird darüber hinaus die Integration der Familien in die Nachbarschaft gefördert.

Das Programm ELTERN-AG zeichnet sich durch folgende Merkmale aus:

- Niedrigschwelligkeit, einfache Struktur und Spaß
- Befähigung auf gleicher Augenhöhe
- Förderung von Selbstwert, Kontrollüberzeugungen und Selbstorganisation

Das Programm ELTERN-AG zielt auf:

- die Förderung der emotionalen, sozialen und kognitiven Fähigkeiten der Kinder im Elementarbereich
- die Verbesserung der Eltern-Kind-Beziehung und
- die Erweiterung der elterlichen Kooperationsmöglichkeiten mit relevanten frühpädagogischen und sozialen Einrichtungen.

ELTERN-AG-Mentoren – Ermöglicher von mehr elterlicher Selbständigkeit

Die Mentoren, meist diplomierte Sozialpädagogen und erfahrene Erzieher, agieren als *Begleiter* und *Ermöglicher*. Sie durchlaufen berufsbegleitend eine Praxisausbildung, in der sie sich intensiv mit Inklusions- und Partizipationsmethoden sowie Techniken der Aktivierung und der Positiven Psychologie, aber auch mit ihrer persönlichen Einstellung zu Empowerment und Subkulturalität (Diversity) beschäftigen. Die professionelle, oft kurative Helfer-Haltung macht einer authentischen Haltung Platz, durch welche sie den Müttern und Vätern die Zeit und den Raum für Elternthemen geben können, die sie benötigen. Im Zentrum ihres Handelns steht die Stärkung der Selbstwirksamkeit sowie die Ermutigung der Selbsthilfefähigkeiten und der Eigenverantwortung der Eltern.

Die Kurse verfolgen den Zweck, die Eltern zu Akteuren in eigener Sache zu machen. Deshalb lernen Eltern, ihre Selbsthilfe- und Selbstorganisationspotenziale wahrzunehmen und zu nutzen. Auf keinen Fall sollen Abhängigkeits- oder dauerhafte Helfer-Klient-Beziehungen aufgebaut werden. Deshalb ist für die Mentoren nach 20 Treffen definitiv Schluss. Sie nehmen dann die Initiierung der nächsten Gruppe in Angriff.

Wie das Programm verbreitet wird

ELTERN-AG versteht sich nicht als Konkurrenz zu den gängigen Elternschul-Angeboten, sondern als spezifisches Programm für benachteiligte Eltern von Kindern im Vorschulalter. Die Verbreitung erfolgt dezentral über die örtlichen und regionalen Träger der freien Wohlfahrtspflege. Die Träger als Kooperationspartner führen ELTERN-AG in ihrer Region autonom durch und können so adäquat auf lokale Bedarfe eingehen.

Die hohe Qualität des Programms ELTERN-AG wird unter anderem durch anonymisierte Ergebnisprotokolle für die Finanzierer und jährlich stattfindende eintägige Weiterbildungsangebote für die Mentoren gewährleistet.

So kann der Träger sicher sein, ein stets konkurrenzfähiges Produkt zu einem sehr fairen Preis anbieten zu können.

Die Struktur der Treffen

Didaktisch werden in der ELTERN-AG implizites Lernen, Learning-by-doing, spielerisches Lernen und Spaß miteinander verbunden. Dadurch wird die häufig vorhandene Vermeidungshaltung bei Menschen, die sich als Bildungs- oder Wohlstandsverlierer erleben, umgangen. Trotz aller gefühlten Leichtigkeit wird jedes Treffen von den Mentoren sorgfältig vorbereitet. Dabei ist die wichtigste Regel, dass sich die Mentoren zurücknehmen, ohne ihre Präsenz aufzugeben. Sie bieten den Eltern Raum und Flankierung an und ermuntern sie, sich einzubringen.

Im Rahmen des sehr speziellen Lernens auf mehreren Kanälen (zum Beispiel visuell, akustisch, motorisch) und auf verschiedenen didaktischen Ebenen (zum Beispiel Modelllernen, problemorientiertes Lernen, Kleingruppenaufgaben) erarbeiten sich die Eltern erziehungsrelevante Informationen, die zu einer Erweiterung und Umstrukturierung vorhandener kognitiver und aktionaler Muster führen. Die Mentoren knüpfen konsequent an die individuellen Ressourcen in der Gruppe an. Das pädagogische Instrumentarium zur Stabilisierung der neuen Muster entstammt vor allem der Reformpädagogik und der Positiven Psychologie. Es zielt zum einen auf die Befriedigung der vitalen Bedürfnisse nach einem liebevollen Umgang, lustvollen Erfahrungen und Sicherheit in der Gruppe. Zum anderen beinhaltet es die Befriedigung der Selbstverwirklichungsbedürfnisse nach Kompetenzerfahrung und Anerkennung durch authentisches Lob und Erfolgserlebnisse sowie die kontinuierliche Verstärkung beim Erproben von Problemlösungen.[6] Jedes Treffen läuft nach einem dreigliedrigen Schema mit jeweils 30 Minuten ab:

- Soziales Lernen in der Gruppe: »Mein Elternalltag«
- Stressmanagement: »Relax«
- Kognition: »Schlaue Eltern«

Mein Elternalltag. Im Kernelement »Mein Elternalltag« erzählen sich die Eltern, was sie in der vergangenen Woche mit ihren Kindern erlebt haben und zu welchen Ergebnissen die »Hausaufgaben«, welche sie aus der letzten Gruppenstunde mitgenommen haben, geführt haben. Sie nutzen diese Zeit, um bestimmte Erziehungsfragen vertieft zu »bequatschen«. Sie erfahren durch die Gruppe, dass sie mit ihren Sorgen und Problemen nicht alleinstehen und die anderen auch »nur mit Wasser kochen«. Die Mentoren begleiten diesen Prozess, welcher zum Ziel hat, das Bewusstsein der Eltern bzgl. ihrer Problemlösefähigkeiten im Alltag zu heben. Mentoren helfen dabei, einmal gefundene Strategien auf andere Ebenen des Erziehungsalltags, zum Beispiel die Interaktion mit der KiTa zu übertragen und zu verallgemeinern.

Relax. In Stresssituationen empfinden sozial benachteiligte Eltern die eigenen Kinder manchmal als große Belastung und schieben ihnen die Schuld für ihre Misere zu. Die Kinder als schwächstes Glied in der familiären Kette werden leicht zu Empfängern von negativen Emotionen und Handlungen. In »Relax« lernen die Eltern, ihre Emotionen besser wahrzunehmen und zu regulieren. Sie erfahren, was die »Schmetterlinge« im eigenen Bauch eigentlich sagen, wie sie sprachlich ausgedrückt werden können und wie man mit ihnen umgeht. Sie üben, für stressige Situationen die Verantwortung zu übernehmen, sie zu »managen« und Wege der Entspannung zu finden. Gemeinsam werden in der Gruppe Übungen für ein wirkungsvolles Stressmanagement gesucht. Schritt für Schritt lernen die Eltern, Wichtiges von Unwichtigem zu trennen, den Kopf frei zu bekommen, Stärken gezielt einzusetzen und sich Inseln in den Tag einzubauen, auf denen sie sich erholen können.

Schlaue Eltern. In diesem auf Ressourcen- und Kompetenzzuwachs ausgerichteten Teil haben die Eltern die Gelegenheit, fachkundige Informationen zu Themen rund um die kindliche Entwicklung (zum Beispiel Sauberkeitserziehung, Sprachentwicklung, Trotzalter, Meilensteine der Entwicklung) durch die Mentoren »abzugreifen«. Die Mentoren bereiten einen sechs- bis zehnminütigen Kurzvortrag beispielweise über Einnässen oder Trotzverhalten vor. In den folgenden 20 Minuten bringen die Eltern ihre eigenen Erfahrungen als »Experten ihrer Kinder« ein und besprechen bekannte und neue Lösungsansätze. Alle Beiträge werden ernst genommen und alle Anteile, die den »Sechs Goldenen Erziehungsregeln« entsprechen, werden nachdrücklich verstärkt.[7]

Eltern – Ko-Autoren der Konzeptentwicklung

Mentoren und Eltern arbeiten eng zusammen. Ziel ist es, das Konzept und die Inhalte der ELTERN-AG kontinuierlich zu verbessern. Die Eltern können jedes ELTERN-AG Treffen am Schluss durch wechselnde Messinstrumente, zum Beispiel einfache Bewertungsmethoden, Meinungsbilder und symbolische Abstimmungen beurteilen. Parallel dazu fertigen die Mentoren jeweils ein standardisiertes Kurzprotokoll an, welches immer Raum für Verbesserungsvorschläge enthält. Alle positiven Übungen, Spiele und Maßnahmen werden mittels eines Qualitätssicherungsprogramms gespeichert und später in eine ständig fortgeschriebene Methodensammlung übertragen. Alles, was sich in der Praxis wiederholt bewährt hat und der Überprüfung im Sinne des positiv-normativen Ansatzes standhält, wird als evidenzbasiert für die Weiterentwicklung verwendet. Fortlaufend fließen die neuen Erfahrungen und Erkenntnisse zusammen und finden sich, nach der Evaluation im Zentralteam, im Mentorenhandbuch, einer Loseblattsammlung, wieder.

Resultate der ELTERN-AG

Es konnte eine Reihe positiver Effekte nachgewiesen werden, die regelhaft auftreten und unserer Einschätzung nach vor allem auf die konsequente Umsetzung des Empowerment-Konzeptes zurückzuführen sind:

- Kinder aus sozial benachteiligten Familien erfahren zu einem biografisch frühen Zeitpunkt eine verantwortungsbewusstere und sensiblere Erziehung, Stimulation und Förderung durch ihre Eltern. Dadurch verbessern sich ihre Chancen auf eine gute psychosoziale Entwicklung und auf Schul- und Ausbildungserfolg.
- Eltern, die aufgrund ihrer Lebenssituation den traditionellen Unterstützungsangeboten eher ablehnend gegenüberstehen – sogenannte Modernisierungsverlierer, Bildungsferne und Migranten –, werden in der Phase der Nestbildung und der frühen Kindheit als entscheidende Erziehungs- und Bildungsinstanz aufgewertet und gestärkt.
- Durch das Empowerment lernen die Eltern, ihre Kompetenzen wahrzunehmen und bewusst einzusetzen sowie die Selbsthilfepotenziale der Gruppe zu nutzen und auf ihren Erziehungsalltag zu übertragen.

Das Empowerment-Programm ELTERN-AG wird erfolgreich an ca. 65 Standorten in 14 Bundesländern eingesetzt. Von 2004 bis Juni 2014 nahmen 2.376 Eltern mit 5.227 Kindern an den rund halbjährigen Kursen teil.

ELTERN-AG wurde vielfach ausgezeichnet (s. Homepage www.eltern-ag.de), zuletzt 2013 mit dem renommierten Jacobs Best Practice Preis.

Die Empowerment-Ausbildung in der ELTERN-AG

Ein Interview mit Janet Thiemann, Geschäftsführerin des Sozialunternehmens MAPP-Empowerment gGmbH

Janet Thiemann, Jahrgang 1980, hat die Elternschule ELTERN-AG von Beginn an maßgeblich mitgestaltet. Sie leitete in den ersten Jahren die meisten Ausbildungsgruppen und vermittelte mehreren Jahrgängen von ELTERN-AG-Mentoren den innovativen Empowerment-Ansatz. In ihrer Rolle als Geschäftsführerin der MAPP-Empowerment gGmbH verantwortet die Sozialpädagogin unter anderem die Bereiche Ausbildung, Finanzen und Personalführung. Sie spricht mit Ilona Wuschig und Meinrad Armbruster.

MEINRAD ARMBRUSTER: Janet, wie würdest du das Selbstverständnis der Erzieherinnen und Sozialpädagoginnen beschreiben, wenn sie ihre Ausbildung bei der ELTERN-AG beginnen?

JANET THIEMANN: Wir bringen den Kursleiterinnen der ELTERN-AG bei, als Mentorinnen zu arbeiten, da sie eher eine begleitende und moderierende Funktion in der Gruppe besitzen als eine dozierende. Mentorinnen sind Fachkräfte aus allen sozialen, erzieherischen und therapeutischen Bereichen. In den verschiedenen Berufsfeldern außerhalb ihrer Tätigkeit in der ELTERN-AG arbeiten die Mentorinnen und Mentoren mit Menschen, die oft am Rande der Gesellschaft stehen. Dass diese Aufgabe sehr anspruchsvoll ist, wird leider oft viel zu wenig anerkannt und wertgeschätzt. Das Klischee einer im sozialen Bereich tätigen Fachkraft ist in der Regel nicht mit einer hohen Leistungsbereitschaft, großer Fachkenntnis und Effektivität zu vereinbaren.

Das ist ganz einfach schon daran zu merken, wie Sozialarbeiter und Sozialarbeiterinnen in den Medien oft dargestellt werden. Weil sie ihre Aufgaben von außen nicht als wertvoll widergespiegelt bekommen, ist es für sie selbst auch unglaublich schwer, diese als wertvoll und wichtig zu betrachten. Und wie sollen sie dann, wenn sie schon das Problem haben, sich selbst wertvoll zu fühlen, ihre Klienten, die ja scheinbar noch weniger anspruchsvolle Dinge tun, wertschätzen?

Meinrad Armbruster: Ist fehlende Wertschätzung nicht ein typisches Problem aller Praktiker im Sozialbereich?

Janet Thiemann: Das sehe ich genau so. Ich möchte sogar einen Schritt weitergehen. Wertschätzung ist die Basis, um Menschen tatsächlich durch bestimmte pädagogische Werkzeuge, wie wir sie in der ELTERN-AG entwickelt haben, zu erreichen. Und wenn diese Basis fehlt, entwickeln viele pädagogische Methoden nicht die volle Wirksamkeit.

Ilona Wuschig: Meinst du damit jetzt die Menschen, die ihr normalerweise betreut, eure Klienten in der ELTERN-AG oder die Fachkräfte, die als Mentorinnen mitarbeiten?

Janet Thiemann: Zunächst möchte ich mich auf die Arbeit mit unseren Klienten, den Eltern in schwierigen Lebenslagen, beziehen. Da genügt eben nicht einfach nur eine Technik, die sie im Schnellverfahren zu Eltern mit besseren Erziehungskompetenzen macht. Vielmehr ist es notwendig, Wertschätzung als authentische Haltung zu entwickeln. Erst dann kann sie zum Werkzeug werden.

Das erfordert, dass die Mentorinnen, die die Organisation und Moderation unserer Elterngruppen übernehmen, die Stärken des Gegenübers sehen, auch dann, wenn es vielleicht nach unseren Mittelschichtsnormen auf den ersten Blick gar keine Stärken gibt. Unsere Klienten besitzen aber viele Stärken, die vielleicht erst auf den zweiten Blick deutlich werden: eine Überlebenskunst, eine Fähigkeit, eine Kompetenz, um mit den vielfältigen Herausforderungen des Alltags zurechtzukommen. Dieser zweite Blick fällt mir als professionelle Helferin im Sozialbereich aber unglaublich schwer, wenn ich selbst überhaupt nicht fühle, dass ICH effektiv und wertvoll bin, dass ICH Kompetenzen habe, dass *ICH* einen wichtigen Beitrag für die Gesellschaft leiste. Wie soll ich dann noch authentisch bei jemandem anderen Stärken finden?

MEINRAD ARMBRUSTER: Heißt das, dass du dich in der ELTERN-AG Ausbildung mit Erzieherinnen und Sozialpädagogen zunächst einmal auf die Heilung einer weit verbreiteten »Berufskrankheit« konzentrierst, indem du ihnen neue und wertschätzende Erfahrungen vermittelst?

JANET THIEMANN: Absolut. Mit dieser authentischen Wertschätzung und dem Aufzeigen und Bewusstmachen ihrer Leistung für die Gesellschaft, ihrer Wertschöpfung stärken wir die Fachkräfte. Wir bauen sie auf, empowern sie. Diese innere Stärkung brauchen sie, um sie von einer anderen Berufskrankheit – dem »Helfen wollen« – zu heilen. Die meisten haben zwar theoretisch schon verstanden, dass es, gerade in der präventiven Arbeit, nicht primär ums Helfen gehen sollte. Es hat sich auch mittlerweile herumgesprochen, dass das Helfersyndrom, ich überziehe hier bewusst, nicht unbedingt hilfreich in der Arbeit mit Klienten ist: Zum einen, weil es einem selber schadet, zum anderen weil es den Klienten tatsächlich nicht weiterhilft.

Das Problem ist aber, dass die Pädagoginnen und Sozialarbeiter in der Praxis trotzdem oft auch dann als reine »Helfer« agieren, wenn sie von Ressourcenorientierung und Hilfe zur Selbsthilfe sprechen. Sie glauben immer noch, nur dann gute Arbeit zu leisten, wenn sie den anderen erklären, zeigen oder mitgeben, wie sie es besser machen können. Der Denkfehler liegt dabei in ihnen selbst: Weil sie eine gegebene Situation als furchtbar interpretieren, meinen sie, den anderen aus der vermeintlich furchtbaren Situation heraushelfen zu müssen.

Aus meiner Perspektive hat Helfen einen stark hierarchischen Aspekt. Wenn ich jemandem helfe, so entsteht in meinem Kopf immer dieses Bild: Ich beuge mich zu jemanden hinunter, der unten liegt, weil er gestürzt ist, und helfe ihm auf. Voraussetzung damit das funktioniert, ist, dass ich oben bin und der andere unten. Aber *das* ist nicht Empowerment, nicht Hilfe zu Selbsthilfe, das ist Helfen! Ich stabilisiere sogar die Hierarchie, weil der andere nicht eigenständig lernt. Weil in dem Moment, wo ich dem anderen geholfen habe, nichts bleibt, was er auf seine eigenen Fähigkeiten zurückführen kann. Sein Zustand bleibt der gleiche, er bleibt der Unterlegene. Dieses unbewusste Vorgehen müssen wir in den Köpfen unserer Fachkräfte erstmal aufbrechen.

Die Fachkräfte vermeiden vielleicht das Wort Helfen. Aber was sie in Wirklichkeit tun, ist Entmächtigung statt Ermächtigung: Sie zeigen, was richtig oder falsch ist, sie übertragen die Maßstäbe ihrer eigenen Lebenswelt auf die der Klienten, sie geben Ratschläge. Und genau das müssen wir ihnen bewusst machen – wiewohl es völlig natürlich ist, dass jeder von uns einen spontanen Wunsch zu helfen in sich trägt.

Ich kenne das auch von mir selbst, dass, wenn mich jemand um Rat fragt, ich spontan einen starken Impuls und Reflex habe, ihm einen Rat zu geben – ihm zu helfen. Mein Gegenüber fragt mich, ich fühle mich wichtig, kompetent und sozial wertgeschätzt, ich gebe mein Wissen weiter. Wenn ich das aber in professionellen Zusammenhängen bemerke, trete ich ganz schnell auf die Bremse. Weil ich weiß, in dem Moment, wenn ich jemandem persönlich helfe, tue ich in erster Linie etwas für mein Ego, hole ich mir eine Dosis Glückshormone auf Kosten des Klienten.

Denn diesem Klienten ist nur mit dem – zugegeben langsamen – Prozess des Selbst-Erkennens und des Selbst-Machens geholfen.

Ich glaube, wir müssen uns dieses Reflexes bewusst sein. Die Idee muss sein, uns zu sagen: Gib dieser Versuchung nicht sofort nach. Tritt auf die Bremse, frage dich, was du tun kannst, dass der andere selbst die Lösung findet. Kann er nicht selbst mit den relevanten Leuten reden und gemeinsam mit ihnen eine Lösung finden? Warum muss ich als Fachkraft für ihn sprechen? Wenn ich ihm jetzt helfe, hilft ihm das beim nächsten Mal nicht weiter. Beim nächsten Mal fragt er mich wieder und ich hab eine Abhängigkeit geschaffen – und damit beginnt ein Kreislauf, aus dem wir beide nicht herausfinden.

Ilona Wuschig: Jetzt bist du bei eurem klassischen Empowerment-Ansatz angekommen. Aber wie geht das zusammen? Eingangs hast du gesagt, dass die Mentoren erstmal selbst lernen sollen, dass ihre Arbeit wertvoll ist, ihnen jedoch oft genau die Wertschätzung der Kollegen und Vorgesetzten fehlt. Dann sagst du, dass sie ihren Hilfewunsch niederringen sollen. Sie sollen also auf die Selbstbestätigung durch die Klienten verzichten. Woher sollen sie denn ihre Wertschätzung und ihr Selbstvertrauen beziehen?

Janet Thiemann: Ich glaube, dass man eine große innere Stärke braucht, um in den Momenten der Versuchung, stark genug zu sein, sich zurückzunehmen und sich zu sagen: Ich brauch jetzt diese Anerkennung durch Helfen nicht. Ich vertraue darauf, dass mein Klient das gleich alleine schafft oder dass wir gemeinsam irgendwie eine Lösung entwickeln. Aber das funktioniert nur, wenn ich nicht nach Wertschätzung und nach Anerkennung des anderen giere, wenn ich durch Self-Empowerment in einer inneren Balance bin. Ich muss ein wenig Geduld haben und stark sein, denn dieser Prozess wird auch Erfolg bringen und ich kann dann daraus meine Anerkennung ziehen.

Diese innere Stärke bekomme ich, wenn ich selber keinen Mangel habe, sondern weiß, ich mache eine gute Arbeit, ich bin genau richtig auf meiner Stelle, mein Job ist sicher und ich werde wertgeschätzt. Wenn ich diese innere Gewissheit habe, dann kann ich der Versuchung besser widerstehen – soweit meine Theorie.

Meinrad Armbruster: Nun hast du es ja mit Leuten zutun, die bereits zum Teil 20 Jahre oder länger im Beruf sind und die alte Helferrolle verinnerlicht haben. Wie erreicht die ELTERN-AG den Umschwung zur Empowerment-Haltung?

Janet Thiemann: Ganz wichtig: Wir kennen unser Arbeitsfeld und seine Tücken sehr gut, weil wir selber Pädagoginnen sind und in sozialen Bereich tätig sind. Wir wissen, wie anspruchsvoll die Aufgaben sind, wie herausfordernd der Alltag ist, wie hart die Arbeit mit Familien sein kann. Wir wissen aus eigener Erfahrung und aus dem Kontakt mit anderen Fachkräften, in welchen Zwängen sich die Pädagoginnen vor Ort befinden. Sparzwänge, Finanzierungszwänge, Hilfepläne – das lässt oft wenig Chancen, auf die Ressourcen der Familien zu gucken.

Hilfepläne müssen zum Beispiel hervorheben, was in einer Familie nicht gut läuft, um dann die passenden Interventionen aufzuzeigen, und das unterschlägt die Potenziale. Nur wenn die Pädagogen die Defizite in drastischen Worten aufgeschrieben haben, kriegen sie die amtliche Hilfe. Wenn man bei einem sozialen Träger arbeitet, dann spürt man wirklich viel Finanzierungsdruck, auch auf der Leitungsebene. Da fehlt oft schlicht und einfach die Zeit für die Wertschätzung der Mitarbeiterinnen und ihrer Leistungen.

Im Klartext bedeutet das, die Pädagoginnen sind oft über Jahrzehnte gezwungen, gegen ihre oft vorhandene ressourcenorientierte Einstellung zu arbeiten. Dazu kommen häufig schlechte Bezahlung, befristete Verträge und das abwertende Klischee des birkenstocktragenden, kiffenden Sozialarbeiters, der die ganze Zeit nur über Bauchgefühle und Befindlichkeiten reden will. Damit sind die vielen Kolleginnen und Kollegen, mit denen wir zusammenarbeiten, tagtäglich konfrontiert.

Um auf deine Frage zurückzukommen, wie wir den Umschwung in der Haltung erreichen: Ab dem Moment, in welchem die Fachkräfte und zukünftigen Mentoren und Mentorinnen auf uns treffen, stehen sie im Mittelpunkt, mit ihren Fortbildungsinteressen, mit dem, was sie an Erfahrungen haben, was sie mitbringen. Bevor die Menschen überhaupt zum ersten Schulungstag kommen, gibt es bereits persönliche Telefongespräche, wir heißen sie herzlich Willkommen. Wir sorgen in der Schulung für eine tolle Atmosphäre und tolle Räume, womit wir Wertschätzung erlebbar machen.

Unsere Dozentinnen in der Fortbildung signalisieren: *Wir* sind Experten auf dem kleinen Gebiet der niedrigschwelligen empowernden Elternarbeit – für ELTERN-AG, *Sie* sind für uns die Experten auf vielen anderen Gebieten: für Ihren Träger, für die Klienten, die Sie betreuen und für die Kommunen, in denen Sie arbeiten. Und wir spiegeln den Kursteilnehmerinnen ihre Kompetenz an jeder Stelle wider und nehmen uns genügend Zeit, gemeinsam Konzepte auszuarbeiten, die für sie und ihre Träger passen. Mit dieser Haltung vorzugehen bedeutet, dass wir anerkennen, dass die Leute in ihrem beruflichen Alltag ihr Bestes geben. Es bedeutet aber gleichermaßen, dass wir im Hinterkopf haben: Sie müssen lernen, ihrem Helfersyndrom nicht nachzugeben, weil sie ansonsten Gefahr laufen, auszubrennen oder kaputtzugehen.

MEINRAD ARMBRUSTER: Die Kursteilnehmer erfahren also vom ersten Moment, dass sie als Subjekte, als Personen im Mittelpunkt stehen.

JANET THIEMANN: Ja, aber auch ohne dabei ins Psychologisieren oder so ein esoterisches Reflexions-, Gefühls- und Spielgedöns zu verfallen. Wir nutzen Methoden aus ganz unterschiedlichen Arbeitsfeldern, sowohl aus dem pädagogisch-therapeutischen Bereich als auch aus der typischen Unternehmensberatung.

So sind unsere Übungen zwar durchaus sehr kreativ und ungewöhnlich, haben aber eine hohe Praxisnähe und einen hohen Nutzwert. Sehr wichtig ist uns, dass bei der Arbeit in der ELTERN-AG Spaß und Freude im Fokus stehen. Die Teilnehmerinnen der Fortbildungen lernen, wie man mit den Übungen eingeschliffene Routinen aufbrechen kann. Verkrustungen versuchen wir abzubauen, indem wir sie mit Leichtigkeit und Humor quasi umkreisen, listig hinterfragen und mit ihnen spielen. Diese Übungen sind wesentlicher Teil unserer Ausbildung. Gemeinsam zu lachen und wieder freudvoller auf die Tätigkeiten zu gucken, die zuhause warten, wenn die zwölf Fortbildungstage vorbei sind, ist unser definitives Ziel. Darüber hinaus legen wir natürlich Wert darauf, viele Informationen zu vermitteln. Unsere Fortbildungen dauern in der Regel bis zu elf Stunden pro Tag – und oft sagen uns die Leute trotzdem, dass die Tage sehr anstrengend, aber viel zu kurz sind.

ILONA WUSCHIG: Verstehe ich das richtig: Ihr wollt die Leute kreativ verunsichern?

JANET THIEMANN: Ja, das passiert durch unsere Dozentinnen manchmal fast automatisch. Wenn die Teilnehmerinnen zu uns in den Seminarraum kommen und dort zwei Ausbildungsleiterinnen stehen, die manchmal 20 Jahre jünger sind als sie selbst, die im Businessoutfit stark und selbstsicher auftreten, beginnt die Verunsicherung. Durch die Übungen gleich am Anfang werden sie in Situationen hineingeworfen, die sie so nicht kennen. Und sie bekommen Fragen von uns, die sie im ersten Augenblick versuchen politisch korrekt zu beantworten, um dann festzustellen, dass die politisch korrekte Antwort an dieser Stelle nicht die richtige, die ehrliche ist. Gemeinsam schauen wir uns an, was hinter der politisch korrekten Antwort eigentlich steht. Wir sammeln die verschiedenen Einschätzungen und arbeiten mit diesen. So kommen die Teilnehmerinnen mit einem Spirit in Kontakt, der für sie neu ist. Das ist für viele dann schon echt verstörend.

ILONA WUSCHIG: Verstörend ist aber auch, dass diese Leute eine wichtige Arbeit machen, aber weder finanziell noch sonstwie die angemessene gesellschaftliche Anerkennung bekommen.

Janet Thiemann: Das stimmt. Aber das können wir mit der Ausbildung ja nicht ad hoc verändern. Wir arbeiten mit unserer Empowerment-Haltung, wir machen Lobbyarbeit. Wir wissen, welches Potenzial die Leute haben, was sie leisten. Und wenn wir am Schluss Feedbackbogen verteilen, steht dort: Ich fühle mich wertgeschätzt, mir macht meine Arbeit wieder Freude, ich gehe wieder gern zu Arbeit, ich kann wieder positiver darauf schauen, ich kann was. Das sind die Rückmeldungen, die wir kriegen. Das ist nichts, was wir strategisch angehen, das passiert einfach. Durch die Art, wie wir die Kurse aufbauen.

Jede Dozentin hat gelernt, die Ressourcen und Kompetenzen der Fachkräfte zu sehen. Sie sind geschult darin, ihre Beobachtungen auf eine Art und Weise zu verbalisieren, die weder anmaßend, aufgesetzt noch einschmeichelnd ist. Sie formulieren authentisch, im besten Fall dialogisch und verbunden mit einem Beispiel und dem Hinweis auf bestimmte Handlungen, die zeigen, dass die Wertschätzung realistisch ist. Stell dir vor, jemanden fragt dich immer wieder nach deiner Meinung oder deiner Einschätzung zu einer Situation und du wirst aufgefordert, deinen Input einzubringen und gemeinsam eine Lösung zu finden, wie würdest du dich fühlen? Du fühlst dich ernst genommen! Für viele Leute ist das einfach schon richtige Wertschätzung, wenn sie so behandelt werden und sich jemand die Zeit dafür nimmt. Und das baut die Leute auf, und wenn sie dann erst ins Tun kommen, haben sie spürbare Erfolgserlebnisse und werden noch stärker. Das nehmen sie dann mit nach Hause und an ihren Arbeitsplatz.

Ilona Wuschig: Wie wichtig sind die Hierarchien, in denen die Leute normalerweise arbeiten? Wie störend sind sie für eure Arbeit?

Janet Thiemann: Überhaupt nicht! Ich bin ein Fan von Hierarchien.

Ilona Wuschig: Welche?

Janet Thiemann: Ich finde Hierarchien in der Regel richtig, wenn sie organisatorischer, funktionaler Art und transparent sind. Ich will das am Beispiel der Zentralverwaltung der ELTERN-AG veranschaulichen. Bei uns begründet sich eine höhere Hierarchieposition durch mehr Wissen und Erfahrung. So hat die Teamleiterin normalerweise einen besseren Überblick über mehrere Arbeitsbereiche. Sie erkennt aber an, dass jede ihrer Kolleginnen in ihrem Spezialgebiet mehr weiß als sie. Für bestimmte Einzelherausforderungen erarbeitet sie gemeinsam mit ihren Mitarbeiterinnen Lösungen. Entscheidungen, die hingegen den Gesamtzusammenhang betreffen, kann sie besser überblicken und nach ausgiebiger Diskussion allein fällen.

Ilona Wuschig: Es gibt also gute und schlechte Hierarchien?

Janet Thiemann: Naja, vielleicht organisationsbedingt passendere und nicht so passende Hierarchien. Viele unserer Mentoren kriegen Probleme mit ihren Trägern, wenn sie nach unserer Ausbildung zurückgehen, weil sie plötzlich andere Erwartungen an ihre Leitungen herantragen. Ja, weil sie auf einmal mehr Transparenz und Partizipation verlangen. Ich glaube, vielen aus diesen Kursen ist es eher peinlich zu sagen, dass sie sich auch mehr Wertschätzung wünschen. Das würde sie emotional angreifbar machen. Und deshalb verbalisieren sie den Wunsch nach mehr Teilhabe und Offenheit. Das ist toll, aber für beide Seiten sicherlich auch schwierig.

Meinrad Armbruster: An der Stelle würde ich gern ein bisschen Advocatus Diaboli spielen: Viele Begrifflichkeiten, die du gebrauchst, finden wir auch in anderen Ansätzen zum Beispiel Ressourcenorientierung, Potenzialförderung, Erfolgserlebnisse durch Tun, Transparenz, Partizipation und Funktionshierarchien. Was ist das Besondere an der empowernden ELTERN-AG-Konzeption?

Janet Thiemann: Ich glaube, wir reden über zwei Paar Schuhe. Es ist ein großer Unterschied, ob ich darüber rede oder ob ich es tue. Und ich glaube, es wird über viele Dinge sehr, sehr viel geredet. Aber die Umsetzung in die Praxis ist das, was unglaublich herausfordernd ist! Und sie kostet viel Energie und Zeit und somit Geld. Empowerment braucht aber Zeit und eine Wertschätzungskultur, das ist meine Erfahrung. Und nicht zuletzt Geld für Fortbildung und Umstrukturierung, und deswegen ist die Umsetzung subjektiv so langsam. Deswegen schaffen es ganz viele Leute nicht, diejenigen Wertvorstellungen umzusetzen, denen sie sich eigentlich verpflichtet fühlen. Und es fehlt auch noch Handwerkszeug, um die Begrifflichkeiten in die Praxis zu überführen. Dazu kommt, dass sich viele allein nicht stark genug fühlen, Empowerment umzusetzen – sie brauchen den Rückhalt einer Gruppe.

Meinrad Armbruster: Was vermittelt ihr in der ELTERN-AG-Empowerment-Ausbildung konkret?

Janet Thiemann: Das Wichtigste ist, die Fähigkeiten der Pädagogen sichtbar zu machen und zu stärken, damit sie Zugang zu ihrem fachlichen und menschlichen Reichtum erhalten. Sie lernen, sich neu zu sehen, wieder an sich selber zu glauben und ihren Wert zu fühlen. So haben sie es nicht länger nötig, sich auszupowern. Wir haben ganz methodisch Werkzeuge für bestimmte Begrifflichkeiten entwickelt, zum Beispiel zum Thema *Diversity*. Dabei vermitteln wir in unseren Kursen, dass es legitim ist, Unterschiede zwischen Angehörigen der sozialen Unterschicht und der Mittelschicht offen zu machen, ohne dass damit eine Abwertung verbunden ist. Damit enttabuisieren wir Klischees. Wir lüften den Deckmantel der *Political Correctness* und machen damit Klischees und Tabus sichtbar.

Ilona Wuschig: ... ein Teil dieser Klischees trifft doch dummerweise zu!

Janet Thiemann: Wir alle haben Klischees und Vorurteile im Kopf. Sie sind wie Ordner, die uns das Leben einfacher machen. Wichtig ist zunächst, dass sie mir bewusst werden und dass ich mir das auch ehrlich eingestehe. Und dann muss ich den Kontext unterscheiden: Bin ich Privatperson oder befinde ich mich in einem fachlichen, dienstlichen oder pädagogischen Kontext? Habe ich Freizeit oder soll ich mit einem Klienten arbeiten?

MEINRAD ARMBRUSTER: Wie lernen die Teilnehmer, nicht beim Klischee stehen zu bleiben?

JANET THIEMANN: Ich sehe den Menschen als Ganzes, also mit dem, was mir gefällt und auch nicht gefällt. Wir müssen erstmal verstehen, welche Klischees wir haben und wozu sie dienen. Plötzlich erkennt man viel Trennendes, aber auch viel Gemeinsames in Hinblick auf andere soziale Schichten und andere Subkulturen. Man erkennt, dass die anderen ebenso Klischees im Kopf haben wie man selbst, das ist okay. Und wenn man die Unterschiede sieht, ohne sie sofort abzuwerten, dann kann man auch die Kompetenzen der anderen sehen.

MEINRAD ARMBRUSTER: Also heißt das, die Mentoren lernen, die Menschen so zu sehen wie sie sind, nichts schön zu reden – und sie trotz der Unterschiede zu verstehen und wertzuschätzen?

JANET THIEMANN: Ja.

MEINRAD ARMBRUSTER: Die Mentoren bemühen sich um Einfühlung und stülpen kein Werturteil über andere?

JANET THIEMANN: Ja, denn das brauchen sie ja auch nicht mehr, weil sie wissen, dass ihre eigenen Vorstellungen, ihre eigenen Normen okay sind, auch wenn andere davon abweichende haben, die auch okay sind.

ILONA WUSCHIG: Viele Menschen machen sich über die Werte und Normen, nach denen sie leben, keine Gedanken, warum auch. Solange ich nicht Hartz-IV-Empfänger bin und nicht sonst wie ausgegrenzt bin, dann funktioniert die Welt ja auch. Das hieße, ihr macht den Mentoren zunächst klar, welche eigenen Werte und Normen sie haben, egal, welcher Hintergrund da ist?

JANET THIEMANN: Ja, genau.

Meinrad Armbruster: Gibt es da nicht eine mögliche Ambivalenz zwischen den beruflichen Anforderungen der Mentoren an ihrem Arbeitsplatz und der neuen Haltung, die sie durch die Empowerment-Schulung erwerben?

Janet Thiemann: Ja, das ist tatsächlich ein Problem. Das kann man nur darüber lösen, dass man von Anfang an ganz klar macht, was die Ziele und die Methoden von ELTERN-AG sind. Das ELTERN-AG ein Empowerment-Ansatz ist, der Zeit braucht. Wenn ich deutlich mache, dass es ein Konzept ist, bei dem nicht jemand von außen die Inhalte dieses Elternkurses vorgibt. Wo niemand sagt, die Eltern müssen das, das und das lernen. Vielmehr bestimmen die Eltern selbst, was Thema und Ziel ist. Dieses Konzept wird nur ein Träger bei sich implementieren, wenn er ein modernes, innovatives Jugendamt im Rücken hat, das versteht, dass dieses Konzept ein erfolgreicher Weg zu mehr Erziehungskompetenz sein kann. Zum Glück gibt es mittlerweile viele innovative Jugendämter, die verstehen, dass man die Dinge vor allem präventiv angehen muss.

Mir ist ganz wichtig, Folgendes zu sagen: ELTERN-AG ist kein Ersatz für bestimmte invasive Hilfen, wie beispielsweise Sozialpädagogische Familienhilfe (SPFH) oder im schlimmsten Fall die Entnahme eines Kindes aus einer Familie. ELTERN-AG kann keine pädagogische Fachkraft in einer Familie ersetzen, die dort zehn Stunden in der Woche direkte Unterstützung leistet. Aber unser Programm kann in diesem Fall eine perfekte Ergänzung sein. Vor allem ist es jedoch eine präventive Maßnahme und kann belastete Familien vor Krisen schützen. Es kann davor bewahren, dass sie stärkere Maßnahmen der Unterstützung überhaupt erst benötigen.

Da die Eltern die Themen selbst bestimmen, arbeiten sie auch direkt an ihrem subjektiven Bedarf und nicht an einem von Experten angenommenen. Wenn das alles transparent ist und wenn ein möglicher Stadtkämmerer das weiß – und so modern und innovativ und auch ein bisschen mutig ist – dann ist er auch bereit, dafür zu bezahlen, weil er weiß, welche Qualität er dafür bekommt. Das setzt allerdings voraus, dass er den Eltern zutraut, dass sie in der ELTERN-AG auch Dinge besprechen und bearbeiten, die im Interesse des Jugendamtes sind.

Meinrad Armbruster: Statt Anpassung an vorgegebene Normen und Erwartungen mehr Respekt und Wertschätzung für die Unterschichtseltern? Ist das nicht ein bisschen utopisch?

Janet Thiemann: Naja, da muss man vorsichtig sein. Ich glaube, dass in den meisten Jugendämtern ein modernes Menschenbild existiert, theoretisch. Aber da kommen dann wieder die Zwänge ins Spiel. Wie ich anfangs sagte, Empowerment braucht Zeit und Geld. Es braucht andere Strukturen und geschultes Personal, wenn man zum Beispiel will, dass sich eine Gruppe von alleinerziehenden, sozial benachteiligten Müttern in der KiTa aktiv einbringen. Inklusion ist ein großes Thema. Und wenn eine Kommune so wenig Geld hat, dass sie den Cent fünfmal umdrehen muss, dann herrschen extreme Zwänge. Sie kann es sich meist gar nicht leisten, dieses Menschenbild umzusetzen. Es gilt dann, Prävention ist der Kuration nachgeordnet.

Meinrad Armbruster: Ist es denn realistisch, dass Mütter und Väter aus ELTERN-AG-Gruppen so viel Selbstwertgefühl entwickeln, sich in der KiTa einzubringen?

Janet Thiemann: Absolut. Für uns sind das typische ELTERN-AG-Familien. Ich finde es großartig, dass genau die Sachen, die für sie in der KiTa wichtig sind, plötzlich eine Stimme haben. Jetzt trauen sie sich und haben keine Angst mehr vor den Erzieherinnen, sie werden unüberhörbar und haben Erfolgserlebnisse.

Meinrad Armbruster: Wir müssen langsam zum Schluss kommen: Wie können sich die Mentoren die Empowerment-Haltung, die sie sich im ELTERN-AG-Kurs angeeignet haben, möglichst lange bewahren? Wie funktioniert Self-Empowerment?

Janet Thiemann: Die Mentoren lernen viel darüber, was sie selbst tun können, um langfristig gut und energiereich zu arbeiten, was sie von den Kolleginnen bekommen können, was sie sich selber Gutes tun können, um den stressigen Alltag zu bewältigen. Sie erfahren vor allem, dass sie sich nicht total verausgaben müssen, um gute Pädagoginnen zu sein. Denn das brauchen sie auch gar nicht mehr, weil sie ja nicht mehr für alle Probleme und Fragen der Klienten eine Antwort benötigen, wenn sie empowern. Im Gegenteil, es ist eine Schwäche, wenn sie sich maßlos verausgaben, und eine Stärke, wenn sie sich Grenzen setzen und abgeben. Das ist schon mal die halbe Miete für die Burnout-Prävention.

Meinrad Armbruster: Was würdest du einem Mentor konkret raten?

Janet Thiemann: Sich pflegen und gut mit seinem Körper umgehen, Dinge tun, die einem wirklich Spaß und Freude machen. Sich immer wieder sagen, dass man nicht alle retten muss und dass man nicht allen helfen kann. Manchmal sollte man sich erlauben, nicht alles ernst zu nehmen und sich auch selbst nicht so wichtig zu nehmen.

Meinrad Armbruster: Das bringt mich auf das wichtige Thema der eigenen Bedürfnisse.

Janet Thiemann: Ja. Wir sprachen ja eingangs über das Helfersyndrom: Zwanghaftes Helfen führt zu keiner echten Bedürfnisbefriedigung der Pädagoginnen. Zu erkennen, welche Bedürfnisse uns im Leben wirklich wichtig sind, macht die Ausbildung manchmal sehr anstrengend und zuweilen auch schmerzhaft. Weil der Blick in sich rein manchmal verdammt weh tut.

Meinrad Armbruster: Sich selber über die Schulter gucken und auch mal über sich selber lachen, seine Grenzen kennen, nicht die Welt retten, Zeit für die eigene Regeneration – ist das Self-Empowerment?

Janet Thiemann: Wer empowert, nimmt sich selbst nicht so wichtig und steht auch mal über den Dingen. Und das geht nur, wenn ich in meinem Inneren stark bin. Die sympathischsten Menschen sind diejenigen, die in sich selbst ruhen, die selbstsicher sind. Es hilft ungemein, ein gesundes Selbstbewusstsein zu haben und mit einem Lächeln auf sich selbst und in die Welt zu gucken.

Meinrad Armbruster: Da fällt mir ein Sprichwort ein. »Ein Lächeln, das du verschenkst, kehrt zu dir zurück.«

Janet Thiemann: Ja, wer etwas Positives anstößt, erhält es doppelt und dreifach zurück – das verstehe ich unter Empowerment!

Ilona Wuschig und Meinrad Armbruster: Janet, wir danken dir für dieses Gespräch!

Anhang

Die Autorinnen und Autoren

Meinrad M. Armbruster ist Professor für Pädagogische Psychologie. Nach dem Studium von Pädagogik, Psychologie und Philosophie leitete er eine Erziehungsberatungsstelle und forschte an der Uni-Kinderklinik Heidelberg. Er versteht sich gleichermaßen als Psychotherapeut und Wissenschaftler, vor allem jedoch auch als Social Entrepreneur. Sein gemeinnütziges Empowerment-Programm ELTERN-AG erhielt zahlreiche Auszeichnungen. 2008 wurde er Fellow von Ashoka, einer internationalen Non-Profit-Organisation zur Förderung des sozialen Unternehmertums.

Inés Brock ist Gründerin der Familienbildungsstätte IRIS-Regenbogenzentrum und des Nathusius-Instituts für Psychologie, Bildung und Beratung in Halle; Schwerpunkte sind Sexualberatung und Psychocoaching. Als Kinder- und Jugendlichenpsychotherapeutin ist sie Dozentin, Lehrgangsleiterin und Supervisorin am MAPP-Institut.

Daniel Joachim war über mehrere Jahre Stipendiat an der Chūō Universität Tokio und forschte zum Themenfeld der japanischen Zivilgesellschaft. Danach führte er seine wissenschaftliche Arbeit an der Universität Tokio sowie der Martin-Luther-Universität Halle-Wittenberg fort. Seit 2013 ist er Assistent am MAPP-Institut Magdeburg.

Janet Thiemann ist Geschäftsführerin der MAPP-Empowerment gGmbH und verantwortet die Bereiche Ausbildung,

Finanzen und Personalführung. Die Sozialpädagogin hat die Elternschule ELTERN-AG von Beginn an maßgeblich mitgestaltet.

Ilona Wuschig war über 20 Jahre TV-Journalistin bei WDR und MDR. Seit 2006 ist sie Professorin für TV und Cross Media an der Hochschule Magdeburg-Stendal. Ihr besonderes Interesse gilt der Plattform *DieWaehlerischen.de* und der Entwicklung des Journalismus.

Anmerkungen

1. Empowerment und Zeitenwende

[1] Rappaport, 1985
[2] Roth und Rucht, 2008
[3] Brock, 2014
[4] Hoffman, 2003
[5] Blanchard et al., 1998
[6] Rogers, 2003
[7] Dazu auch die Idee des Weltethos; Küng, 2012
[8] Sen, 2000

2. Empowerment: Eine Anleitung

[1] Gronemeyer, 2009
[2] Kabat-Zinn, 2013
[3] Boal, 2013
[4] Bandura, 1997
[5] Hofmann et al., 2014
[6] Adloff und Leggewie, 2014
[7] Rogers, 1972
[8] Petzold und Orth, 2005; Petzold, 2007

3. Empowerment und Bedürfnisse

[1] Keynes, 1956
[2] Zum Beispiel Skidelsky und Skidelsky, 2013
[3] Zum Beispiel Homann und Suchanek, 2000
[4] Zum Beispiel Rogers, 1972; Maslow, 1981; Küng, 1990; Nussbaum, 1999; Hasselmann, 2002
[5] Lauth et al., 1966
[6] Grawe, 2004
[7] Seligman, 2002; Schueller und Seligman, 2010
[8] Maaz, 2014
[9] Helfferich und Wimmer-Puchinger, 1996
[10] Rogers, 1972
[11] Maslow, 1981
[12] Tausch, 2008
[13] Frankl, 2006
[14] Schnell, 2013
[15] Bude, 2014
[16] Axelrod, 2006

[17] Hunecke, 2013

[18] Konkurrenz und Statusdenken führen oft zu externaler Orientierung und innerer Leere. Sie gehen einher mit einer uneingestandenen Scham und einer massiven Unsicherheit über die Berechtigung, auf diese Art zu leben. Allerdings machen wir unsere Ängste selten öffentlich, denn dann droht die Überflüssigkeit (Trojanow, 2013).

[19] Klemenz, 2011

[20] Trösken und Grawe, 2003

[21] Willutzki, 2003

[22] Kaimer, 2008

4. Empowerment und Lebenswissenschaften

[1] Lux, 2012; Sassone-Corsi und Christen, 2012; Roth, 2013; Roth und Strüber, 2014; Benecke, 2014

[2] Leuzinger-Bohleber et al., 2013

[3] Sorrell, 2007

[4] Kahneman, 2013

[5] Rosa, 2005

[6] Welzer, 2005; 2013

[7] Heider, 1977

[8] Aronson et al., 2008

[9] Seligman, 1975

[10] Wundt, 1921

[11] Kahneman und Tversky, 1979

[12] Kahneman, 2011

[13] Gottman, 2012; Rozin et al., 2010

[14] Baumeister et al., 2001

[15] Offer, 2006

[16] Simonson und Rosen, 2014

[17] Goffman, 1974

Ökologie, Zeitenwende und Empowerment. Ein Essay von Meinrad Armbruster

[1] Crutzen, 1995

[2] Paech, 2011

[3] Wilkinson und Pickett, 2009

[4] Ostrom, 1991

[5] Stern, 2007

[6] Arendt, 2002

[7] Keynes 1956

[8] James, 2007

[9] Rawls, 1979

[10] Zum Beispiel Felber, 2012; Werner, 2012; Schieritz, 2013
[11] Bund, 2014

Empowerment und Lust. Ein Essay von Inés Brock
[1] Kurt, 2010
[2] Quindeau u. Brunik, 2012, S. 11
[3] Quindeau und Brunik, 2012, S. 31
[4] Quindeau und Brunik, 2012, S. 36
[5] Haug-Schnabel, 1997, S. 79
[6] Quindeau und Brunik, 2012 S. 36
[7] Wanzeck-Sielert, 2004, S. 39 f.
[8] Quindeau und Brunik, 2012, S. 8
[9] Henningsen und Beck, 2014, S. 21
[10] Quindeau und Brunik, 2012, S. 196
[11] Jessen, 2014, S. 33
[12] Funk und Lenz, 2005
[13] Wendt, 2009, S. 74
[14] Schöner, 2014, S. 65
[15] Quindeau und Brunik, 2012, S. 201
[16] Lippert, 2005
[17] Die amerikanische Psychoanalytikerin Susie Orbach in: Focus online vom 15.7.2013; Zugriff am 24.9.2014
[18] Funk und Lenz, 2005, S. 317
[19] Schmidt, 2014, S. 35
[20] Interview in DIE ZEIT, 2014, Nr. 36, S. 35
[21] Quindeau, 2014, S. 103 ff.
[22] Maaz, 2009, S. 15 f.
[23] Matthiesen, 2007, S. 73
[24] Willi, 2007, S. 107

Die Waehlerischen.de. Ein Beispiel von Ilona Wuschig
[1] Schulz, 2012, S. 115
[2] Sarcinelli, 2010, S. 168
[3] Sarcinelli, 2010, S. 67 ff.
[4] Olk, 2010, S. 29

Wildflowers. Ein Beispiel von Daniel Joachim
[1] Berger und Luckmann, 2010
[2] Castoriadis, 1990
[3] Castoriadis, 1990, S. 141
[4] Sadria, 2008
[5] Sadria, 2008, S. 56 ff.

[6] De Sousa Santos, 1998, S. 81

[7] Ebd.

[8] Ebd. S. 82

[9] Sadria, 2008, S. 9; Freire, 1970, S. 8

[10] Straume, 2008, S. 12

[11] Castoriadis, 1990, S. 154

ELTERN-AG. Ein Beispiel von Meinrad Armbruster und Janet Thiemann

[1] Armbruster, 2006

[2] Krumm et al., 1999

[3] Textor, 1997

[4] Bauer und Bittlingmayer, 2005

[5] Grawe, 1998; 2004

[6] Grawe, 2004

[7] Eine ausführliche Darstellung von ELTERN-AG findet sich bei Armbruster, 2006

Literatur

Adloff, F. und Leggewie, C. (Hrsg.) (2014): *Das konvivialistische Manifest. Für eine neue Kunst des Zusammenlebens.* Bielefeld: transcipt Verlag.

Arendt, H. (2002): *Vita activa oder vom tätigen Leben.* München. Piper.

Armbruster, M. (2006): *ELTERN-AG. Das Empowerment-Programm für mehr Elternkompetenz in Problemfamilien.* Heidelberg: Auer Verlag.

Armbruster, M. et al. (2008): Magdeburger Memorandum: Denkanstöße zur Entwicklung der Bürgergesellschaft. *Zukünfte, 57*, 29.

Aronson, E., Wilson, T. D. und Akert, R. M. (2008): *Sozialpsychologie.* London: Pearson Studium.

Axelrod, R. (2006): *The Evolution of Cooperation.* London: Basic Books.

Bandura, A. (1997): *Self-efficacy: The exercise of control.* New York: Freeman.

Bauer, U. und Bittlingmayer, U. H. (2005): Wer profitiert von Elternbildung? *Zeitschrift für Soziologie der Erziehung und Sozialisation, 25* (3), 263–280.

Böhm, B. und Schneider, M. (2013): Erste Ergebnisse der Evaluation des Elternprogramms ELTERN-AG. In Röhrle, B. und Christiansen, H. (Hrsg.): *Prävention und Gesundheitsförderung Bd. V. Hilfen für Kinder und Jugendliche in schwierigen Situationen.* Tübingen: dgvt-Verlag.

Bauman, Z. (2000): *Liquid modernity.* Cambridge: Polity Press.

Bauman, Z. (2007): *Consuming Life.* Cambridge: Polity Press.

Baumeister, R. F., Bratslavsky, E., Finkenauer, C. und Vohs, K. D. (2001): Bad Is Stronger Than Good. *Review of General Psychology, 5*, 323.

Benecke, C. (2014): *Klinische Psychologie und Psychotherapie: Ein integratives Lehrbuch.* Stuttgart: Kohlhammer.

Berger, P. L. und Luckmann, T. (1980): *Die gesellschaftliche Konstruktion der Wirklichkeit.* Frankfurt/M.: Fischer.

Blanchard, K., Carlos, J. P. und Randolph, A. (1998): *Das neue Führungskonzept: Mitarbeiter bringen mehr, wenn sie mehr dürfen.* Hamburg: Rowohlt Verlag.

Bowden, C. (2014) Sie wissen, wer du bist. http://www.zeit.de/2014/23/datenschutz-ueberwachung-privatsphaere. Zugriff am 30.09.2014.

Brock, I. (Hrsg.) (2014): *Psychotherapie und Empowerment. Impulse für die psychosoziale Praxis.* Opladen: Verlag Barbara Budrich.
Bude, H. (2014): Generation Null Fehler. *DIE ZEIT, 37.*
Bund, K. (2014): *Glück schlägt Geld. Generation Y: Was wir wirklich wollen.* Hamburg: Murmann Verlag.
Castoriadis, C. (1990): *Gesellschaft als imaginäre Institution.* Frankfurt/M.: Suhrkamp.
Crutzen, P. J. (2002): Geology of mankind. *Nature 415*, (23).
Diamond, J. (2011): *Kollaps. Warum Gesellschaften überleben oder untergehen.* Frankfurt/M.: Fischer.
Ellis, A. (1993): *Grundlagen der Rational-Emotiven Verhaltenstherapie.* München: Pfeiffer.
Felber, C. (2012): *Gemeinwohlökonomie. Das Wirtschaftsmodell der Zukunft.* Wien: Deuticke Verlag.
Festinger, L. (1997): *A Theory of Cognitive Dissonance.* Stanford: Stanford University Press.
Foucault, M. (1991): *Die Ordnung des Diskurses.* Frankfurt/M.: Fischer Taschenbuch.
Frankl, V. (2006): *Der Mensch vor der Frage nach dem Sinn. Eine Auswahl aus dem Gesamtwerk.* München: Piper.
Freire, P. (1973): *Pädagogik der Unterdrückten. Bildung als Praxis der Freiheit.* Reinbek: Rowohlt.
Funk, H., und Lenz, K. (2005): *Sexualitäten. Diskurse und Handlungsmuster im Wandel.* Weinheim: Juventa.
Garfinkel, H. (1967): *Studies in Ethnomethodology.* Englewood Cliffs, NJ: Prentice Hall.
Goffman, E (1974): *Frame Analysis.* Cambridge: Harvard UP.
Goffman, E. (2009): *Interaktion im öffentlichen Raum.* Frankfurt/M.: Campus.
Gordon, R. (2014): Ungleichheit ist eine große Bedrohung. *Institutional Money, 1,* 50–58.
Gottman, J. und Silver, N. (2012): *What Makes Love Last? How to Build Trust and Avoid Betrayal.* New York: Simon und Schuster.
Grawe, K. (1998): *Psychologische Therapie.* Göttingen: Hogrefe.
Grawe, K. (2004): *Neuropsychotherapie.* Göttingen: Hogrefe.
Gronemeyer, M. (2009): *Die Macht der Bedürfnisse. Überfluss und Knappheit.* Darmstadt: Wissenschaftliche Buchgesellschaft.
Habermas, T. (1999): *Geliebte Objekte: Symbole und Instrumente der Identitätsbildung.* Frankfurt/M.: Suhrkamp.
Haug-Schnabel, G. (1997): *Sexualität ist kein Tabu.* Freiburg: Herder.

Heider, F. (1977): *Psychologie der interpersonalen Beziehungen*. Stuttgart: Klett.

Helfferich, C. und Wimmer-Puchinger, B. (1996): Die Bedeutung der Ottawa-Charta für die Gesundheit von Frauen. *Prävention, 19* (2), 43–45.

Henningsen, A. und Beck, M. (2014): Sexuelle Bildung und ihr gewaltpräventiver Charakter in der Kindertagesstätte. *Frühe Kindheit, 3.*

Herriger, N. (2006): *Empowerment in der Sozialen Arbeit.* Stuttgart: Kohlhammer.

Herriger, N. (2006): *Ressourcen und Ressourcendiagnostik in der Sozialen Arbeit.* Düsseldorf: Materialien 5 (unveröffentl. Manuskript).

Hoffmann, E. (2003): Empowerment als Strategie in der Entwicklungshilfe. *Neue Kritik aus Schule und Hochschule, 5.*

Hofmann, W., Wisneski, D. C., Brandt, M. J. und Skitka, L. J. (2014): Morality in everyday life. *Science, 345*, 1340.

Homann, K. und Suchanek, A. (2000): *Ökonomik: Eine Einführung.* Tübingen: Mohr Siebeck Verlag.

Hunecke, M. (2013): *Psychologie der Nachhaltigkeit. Psychische Ressourcen für die Postwachstumsgesellschaft.* München: oekom.

James, W. (1890): *The Principles of Psychology.* New York: Holt and Macmillan.

James, O. (2007): *Affluenza.* London: Vermillion.

Jessen, J. (2014): Porno oder prüde? Zur neuen Doppelmoral. *DIE ZEIT, 35.*

Kabat-Zinn, J. (2013): *Achtsamkeit für Anfänger.* Freiburg: Arbor.

Kahneman, D. (2011): *Thinking fast and slow.* New York: Farrar, Straus and Giroux.

Kahneman, D. und Tversky, A. (1979): Prospect theory: An analysis of decision under risk. *Econometrica, 2,* (47), 263–291.

Kaimer, P. (2008): Narrative Ansätze: Nützliche Geschichten als Quelle für Hoffnung und Kraft. In Frank, R. (Hrsg.): *Therapieziel Wohlbefinden. Ressourcen aktivieren in der Psychotherapie,* 93–110. Heidelberg: Springer.

Keynes, J. M. (1956): Wirtschaftliche Möglichkeiten für unsere Enkelkinder. In Rosenbaum, E.: *Politik und Wirtschaft. Männer und Probleme. Ausgewählte Abhandlungen von John Maynard Keynes.* Tübingen: Mohr/Siebeck und Polygraphischer Verlag.

Klemenz, B. (2011): *Ressourcenorientierte Psychologie. Ermutigende Beiträge einer menschenfreundlichen Wissenschaft.* Tübingen: dgvt Verlag.

Krumm, V., Wetzek, G., Tietze, W. et al. (1999): *European Child Care and Education Study. School-age Assessment of Child Development. Long-term impact of Pre-school Experiences on School Success, and Family-School Relationships.* Brüssel: Final Report for Work Package, 2.

Kurt, H. (2010): *Wachsen! Über das Geistige in der Nachhaltigkeit.* Stuttgart: Mayer.

Küng, H. (2012): *Handbuch Weltethos. Eine Vision und ihre Umsetzung.* München: Piper.

Lauth, R., Fuchs E. und Gliwitzky, H. (Hrsg.) (1966): *Fichte, J. G.: Gesamtausgabe der Bayerischen Akademie der Wissenschaften.* (1. Reihe: Werke: Werke 1794–1796: Bd. I, 3): Stuttgart-Bad Cannstatt: Frommann-Holzboog.

Leuzinger-Bohleber, M., Emde, R. N. und Pfeifer, R. (Hrsg.) (2013): *Embodiment – ein innovatives Konzept für Entwicklungsforschung und Psychoanalyse.* Göttingen: Vandenhoeck und Ruprecht.

Lippert, A. (2005): Attraktivität und Schönheit aus psychologisch-wissenschaftlicher Sicht. In Vogt, I.: *Frauen-Körper. Lust und Last,* 93–120. Tübingen: dgvt-Verlag.

Luckner, A. (2001): *Martin Heidegger »Sein und Zeit«. Ein einführender Kommentar.* Stuttgart: UTB.

Lux, V. (2012): *Genetik und psychologische Praxis.* Wiesbaden: Springer VS.

Maaz, H.-J. (2009): *Die neue Lustschule. Sexualität und Beziehungskultur.* München: C.H. Beck.

Maaz, H.-J. (2014): *Die narzisstische Gesellschaft.* München: dtv.

Marx, K. (1968): *Ökonomisch-philosophische Manuskripte aus dem Jahre 1844*, MEW Ergänzungsband, 1. Teil, 465–588. Berlin: Dietz Verlag.

Marx, K. (1969): *Marx-Engels Werke (Bd. 3).* Berlin: Dietz Verlag.

Maslow, A. H. (1981): *Motivation und Persönlichkeit.* Reinbek bei Hamburg: Rowohlt.

Matthiesen, S. (2007): *Wandel von Liebesbeziehungen und Sexualität.* Gießen: Psychosozial-Verlag.

Maturana, H. (1982): *Erkennen: Die Organisation und Verkörperung von Wirklichkeit.* Wiesbaden: Vieweg.

Nussbaum, M. (1999): *Gerechtigkeit oder das gute Leben.* Frankfurt/M.: Suhrkamp.

Offer, A. (2006): *The Challenge of Affluence.* Oxford: Oxford University Press.

Olk, T. und Klein, A. (2010): *Engagementpolitik: Die Entwicklung der*

Zivilgesellschaft als politische Aufgabe. Bürgergesellschaft und Demokratie. Wiesbaden: VS Verlag.

Ostrom, E. (1991): *Governing the Commons.* Cambridge: University Press.

Ostrom, E. und Helfrich, S. (2011): *Was mehr wird, wenn wir teilen. Vom gesellschaftlichen Wert der Gemeingüter.* München: oekom.

Quindeau, I. (2014): *Sexualität.* Gießen: Psychosozial-Verlag.

Quindeau, I. und Brunik, M. (2012): *Kindliche Sexualität.* Weinheim und Basel: Beltz Juventa.

Paech, N. (2011): *Befreiung vom Überfluss: Auf dem Weg in die Postwachstumsökonomie.* München: Oekom.

Panizza, O. (1898): *Die kriminelle Psychose, genannt Psichopatiacriminalis.* München: Matthes und Seitz.

Petzold, H. G. (2004): *Integrative Therapie.* Paderborn: Junfermann.

Petzold, H. G. und Orth, I. (Hrsg.) (2005): *Sinn, Sinnerfahrung, Lebenssinn in Psychologie und Psychotherapie.* Bielefeld: Aisthesis Verlag.

Petzold, H. G. (2007): Trost und Trauer: Konzepte und Modelle. *Thema, 3,* 40–49.

Piketty, T. (2014): *Capital in the Twenty-First Century.* Cambridge: Belknap Press.

Pleines, J.-E. (2006): Praktische Philosophie – nicht ethos oder mores. Beispiel Aristoteles (S. 9–21): In Dörpinghaus, A. und Helmer, K. (Hrsg.): Ethos, Bildung, Argumentation. Würzburg: Königshausen und Neumann.

Putnam, H. W. (1990): *Die Bedeutung von »Bedeutung«.* Frankfurt/M.: Klostermann.

Rawls, J. (1979): *Eine Theorie der Gerechtigkeit.* Frankfurt/M.: Suhrkamp.

Rescher, N. (2002): *Fairness. Theory und Practice of Distributive Justice.* New Jersey: Transaction Publishers.

Rogers, C. R. (1972): *Die nicht direktive Beratung.* München: Kindler Studienausgabe.

Rosa, H. (2005): *Beschleunigung. Die Veränderung der Zeitstrukturen in der Moderne.* Frankfurt/M.: Suhrkamp.

Roth, G. (2013): *Persönlichkeit, Entscheidung und Verhalten: Warum es so schwierig ist, sich und andere zu ändern.* Stuttgart: Klett-Cotta.

Roth, G. und Strüber, N. (2014): *Wie das Gehirn die Seele macht.* Stuttgart: Klett-Cotta.

Roth, R. und Rucht, D. (Hrsg.) (2003): *Die Sozialen Bewegungen in Deutschland seit 1945: Ein Handbuch.* Frankfurt/M.: Campus.

Rozin, P., Haidt, J., und McCauley, C. R. (2010): Disgust. In Lewis, M. und Haviland, J. (Hrsg.): *Handbook of Emotions*, 575–594. New York: Taylor und Francis.

Sadria, M. (2008): Hegemony, Ethics and Reconciliation. In Rothfield, P., Fleming, C. und Komesaroff, P. A.: *Pathways to reconciliation. Between theory and practice*, 53–65. Burlington: Ashgate Publishing.

Sarcinelli, U. (2010): *Politische Kommunikation in Deutschland: Medien und Politikvermittlung im demokratischen System*. Wiesbaden: VS Verlag.

Sassone-Corsi, P. und Christen, Y. (Hrsg.) (2012): *Epigenetics, Brain and Behavior*. Wiesbaden: Springer.

Schieritz, M. (2013): Ran an die Reichen. *DIE ZEIT, 43.*

Schmidt, M. (2014): Porno gucken, eine kleine Anleitung. *DIE ZEIT, 35.*

Schnell, T. (2013): Mehr als angenehm – über Partizipation und Sinnerleben. In Köhler, T. und Mertens, C. (Hrsg.): *Jahrbuch für Politische Beratung 2012/2013*, 39–49. Wien: Böhlau Verlag.

Schöner, J. (2014): Die große Erregung. *DIE ZEIT, 21.*

Schueller, S. M. und Seligman, M. E. P. (2010): Pursuit of pleasure, engagement, and meaning: Relationships to subjective and objective measures of well-being. The *Journal of Positive Psychology, 5* (4), 253–263.

Schütz, A. (1971): *Gesammelte Aufsätze 1. Das Problem der Wirklichkeit*. Den Haag: Martinus Nijhoff.

Schulz, W. (2012): Politische Kommunikation: Theoretische Ansätze und Ergebnisse empirischer Forschung. In Michitsch, C., Goutrié, C. und Wuschig, I. (Hrsg.): *Think CROSS – Change MEDIA: Eine Standortbestimmung im Jahr 2012*. Magdeburg: Books on Demand.

Seligman, M. E. P. (1975): *Helplessness. On Depression, Development and Death*. San Francisco: Freeman and Comp.

Seligman, M. E. P. (2002): *Authentic Happiness: Using the New Positive Psychology to Realize Your Potenzial for Lasting Fulfillment*. New York: Free Press.

Sen, A. (1984): The living standard. In *Oxford Economic Papers, 36*, 74–90.

Sen, A. (1985): *Commodities and Capabilities*. Amsterdam: North-Holland.

Sen, A. (1987): *On Ethics and Economics*. London: Blackwell Publishing Ltd.

Sen, A. (1998): The living standard. In Crocker, D. und Linden, T.

(Hrsg.): *The Ethics of Consumption, 287–311.* New York: Rowman and Littlefield.

Sen, A. (1999): *Development as Freedom.* Oxford: Oxford University Press.

Sen, A. (2000): *Ökonomie für den Menschen. Wege zu Gerechtigkeit und Solidarität in der Marktwirtschaft.* München: Hanser.

Shell (2012): http://www.shell.de/home/content/deu/aboutshell/our_commitment/shell_youth_study/2010/politics/, Zugriff am 31.05.2014.

Simonson, I. und Rosen, E. (2014): *Absolute Value.* New York: HarperBusiness.

Skidelsky, R. und Skidelsky, E. (2013): *Wie viel ist genug? Vom Wachstumswahn zu einer Ökonomie des guten Lebens.* München: Kunstmann.

Sorrell, S. (2007): *The rebound effect: An assessment on the evidence for economy-wide energy savings from improved energy efficiency.* London: UK Energy Research Group.

Sousa Santos, B. de (2007): Beyond Abyssal Thinking: From Global Lines to Ecologies of Knowledges. *Review – Fernand Braudel Center for the Study of Economies, Historical Systems, and Civilizations, 30* (1), 45–89.

Stern, N. (2007): *The Economics of Climate Change. The Review.* Cambridge: Cambridge University Press.

Stiehler, M. (2010): *Der Männerversteher. Die neuen Leiden des starken Geschlechts.* München: Beck.

Straume, I. S. (2012): A common world? Arendt, Castoriadis and political creation. *European Journal of Social Theory. 15* (1), 367–383.

Tausch, R. (2008): Sinn in unserem Leben. In Auhagen, A. (Hrsg.): *Positive Psychologie,* 97–113. Weinheim: Beltz.

Textor, M. R. (1997): Neue Formen der Elternarbeit. *Wehrfritz Wissenschaftlicher Dienst 64/65,* 20–23.

Trösken, A. und Grawe, K. (2003): Das Berner Ressourceninventar. Instrumente zur Erfassung von Patientenressourcen aus der Selbst- und Fremdperspektive. In Schemmel, H. and Schaller, J. (Hrsg.): *Ressourcen. Ein Hand- und Lesebuch zur therapeutischen Arbeit.* Tübingen: dgvt.

Turner, S. J. (2013): *A global environmental right.* Abingdon: Routledge.

Tybora, J., Sotke, D. und Armbruster, M. (2006): Forschung. In Armbruster, M.: *Eltern-AG. Das Empowerment-Programm für mehr Elternkompetenz in Problemfamilien.* Heidelberg: Auer Verlag.

Wanzeck-Sielert, C. (2004): *Kursbuch Sexualerziehung. So lernen Kinder sich und ihren Körper kennen.* München: Don Bosco.

Weber, M. (1904): Die protestantische Ethik und der Geist des Kapitalismus. *In Archiv für Sozialwissenschaft und Sozialpolitik 20,* 1–54.

Weinert, F. E. (2001): Vergleichende Leistungsmessung in Schulen – eine umstrittene Selbstverständlichkeit. In Weinert, F. E. (Hrsg.): *Leistungsmessung in Schulen.* Weinheim: Beltz-Verlag.

Welzer, H. (2005): *Wie aus ganz normalen Menschen Massenmörder werden.* Frankfurt/M.: Fischer Taschenbuch.

Welzer, H. (2013): *Selbst denken. Eine Anleitung zum Widerstand.* Frankfurt/M.: S. Fischer.

Wendt, E.-V. (2009): *Sexualität und Bindung.* Weinheim und München: Juventa.

Wenger, E. (1998): *Communities of practice: learning, meaning, and identity.* Cambridge: Cambridge University Press.

Werner, G. W. (2012): *Einkommen für alle.* Köln: Bastei Lübbe.

Wilkinson, R. und Pickett, K. (2009): *The Spirit Level – why more equal societies almost always do better.* London: Penguin.

Willi, J. (2007): *Psychologie der Liebe.* Hamburg: Rowolt.

Willutzki, U. (2003): Ressourcen: einige Bemerkungen zur Begriffserklärung. In Schemmel, H. und Schaller, J. (Hrsg.): *Ressourcen: Ein Hand- und Lesebuch zur therapeutischen Arbeit,* 91–109. Tübingen: dgvt.

Wundt, W. (1921): *Erlebtes und Erkanntes.* Stuttgart: Alfred Kröner.

Wygotski, L. S. (1986): *Sprechen und Denken.* Frankfurt/M.: Fischer Taschenbuch.